Peter Bimmel   Bernd Kast   Gerhard Neuner

Deutschunterricht planen
Arbeit mit Lehrwerkslektionen

Fernstudieneinheit 18

Fernstudienprojekt
zur Fort- und Weiterbildung
im Bereich Germanistik
und Deutsch als Fremdsprache

Teilbereich Deutsch als Fremdsprache

Kassel · München · Tübingen

Langenscheidt

Berlin · München · Wien · Zürich · New York

Fernstudienprojekt des DIFF, der Universität Kassel und des GI
allgemeiner Herausgeber: Prof. Dr. Gerhard Neuner

Herausgeber dieser Fernstudieneinheit:
Uwe Lehners und Christa Merkes-Frei, Goethe-Institut, München

Redaktion: Eva-Maria Jenkins

Das Fernstudienprojekt „Deutsch als Fremdsprache und Germanistik" ist ein gemein-
sames Projekt der Universität Kassel und des Goethe-Instituts, München (GI), bis 2005
auch des Deutschen Instituts für Fernstudien an der Universität Tübingen (DIFF) unter
Beteiligung des Deutschen Akademischen Austauschdienstes (DAAD) und der Zen-
tralstelle für das Auslandsschulwesen (ZfA).

Das Projekt wurde vom Bundesminister für Bildung und Wissenschaft (BMBW), dem
Auswärtigen Amt (AA) und der Europäischen Kommission (LINGUA/SOKRATES)
gefördert.

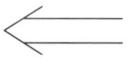   Dieses Symbol bedeutet „Verweis auf andere Fernstudieneinheiten".

*   Mit diesem Zeichen versehene Begriffe werden im Glossar erklärt.

In der neuen deutschen Rechtschreibung auf der Grundlage des über-
arbeiteten Regelwerks. Ausnahmen bilden Texte und Realien, bei denen
historische, künstlerische, philologische oder lizenzrechtliche Gründe
einer Änderung entgegenstehen.

Zu dieser Fernstudieneinheit wurde 1992 eine Unterrichtsdokumentation auf Video erstellt. Diese Videokassette ist auf Anfrage beim
Goethe-Institut in München, Bereich 313 „Fortbildungsdidaktik" in
einer PAL-Version erhältlich.

Verlagsredaktion: Manuela Beisswenger, Mechthild Gerdes

Titelgrafik: Uli Olschewski
Gestaltung (DTP): Uli Olschewski
Druck: Heenemann, Berlin
Printed in Germany

ISBN 978 – 3 – 468 – **49659** – 2

4. 5. 6. * 10 09 08 07

Inhalt

Einleitung

Liebe Lehrerin, lieber Lehrer,

die vorliegende Studieneinheit unterscheidet sich von anderen Studieneinheiten dadurch, dass sie nicht eine einzelne Fertigkeit, kein Einzelphänomen, keine Teildisziplin des Deutschunterrichts zum Thema hat, sondern Ihren Unterricht insgesamt und all das, was mit diesem Unterricht zu tun hat:

➤ Ihre Vorbereitung des Unterrichts,

➤ die Rolle Ihrer Schüler und Ihre eigene Rolle während des Unterrichts,

➤ die Phasen, in denen Lernen und Unterricht stattfindet,

➤ das Lehrwerk in seinen vielfältigen Beziehungen zu allen Faktoren, die den Unterricht bestimmen und beeinflussen,

usw.

Diese Studieneinheit ist praxisorientiert angelegt und spricht viele Aspekte Ihres Berufes an, die in anderen Studieneinheiten wieder aufgegriffen und dort systematischer behandelt werden, und versucht, sie unter einen Hut zu bringen. Insofern könnte sie am Anfang einer systematischen Fortbildung mit dem Fernstudienangebot „Fremdsprachlicher Deutschunterricht in Theorie und Praxis" stehen. Durch ihr elementares Thema eignet sie sich aber auch besonders gut für die Lehrerausbildung, wie der langjährige Einsatz der Erprobungsfassungen gezeigt hat.

Die Studieneinheit geht ausführlich auf die Rolle ein, die ein Lehrwerk im Leben eines Lehrers und eines Schülers spielt und spielen sollte. Darüber hinaus werden vor allem im ersten Teil die teilweise recht komplexen Beziehungen, in die ein Lehrwerk eingebunden ist, beschrieben: seine Beziehungen zu Lehrplänen und Curricula, zu Lehrenden und Lernenden, zur Unterrichtssituation insgesamt.

Da uns daran gelegen war, dieses Thema möglichst anschaulich zu präsentieren, gibt es als Ergänzung zu dieser Fernstudieneinheit die Video-Dokumentation einer Unterrichtsstunde, die eine polnische Kollegin 1992 abgehalten hat.[1] Wer sie studiert, wird sehen, dass es sich dabei nicht um Modellunterricht handelt, allerdings auch nicht um eine ganz „normale" Unterrichtsstunde mit all ihren Stärken und Schwächen, wie sie jeden Tag stattfindet, denn der Demonstrationscharakter der Stunde äußert sich sowohl bei den Schülern und Schülerinnen als auch bei der Lehrerin unverkennbar: an der festlichen Kleidung, an der Nervosität auf beiden Seiten, an den neuen Wegen, die die Lehrerin beschreitet. Es handelt sich aber auf jeden Fall um eine sehenswerte und diskussionswürdige Unterrichtsstunde.

In der dokumentierten Unterrichtsstunde arbeitet die Lehrerin mit einer Lehrwerklektion aus dem inzwischen nicht mehr erhältlichen Lehrwerk für Jugendliche *Deutsch konkret*. Es wird gezeigt, wie das Lehrwerkangebot relativiert und ergänzt werden kann.

In dieser Fernstudieneinheit werden die verschiedenen Faktoren, die bei der Unterrichtsplanung bedacht werden wollen, in ihrem Zusammenspiel analysiert.

Im **Kapitel 1** steht dabei das Lehrwerk auf dem Prüfstand, und zwar in Bezug auf die Lehrsituation, die jeweilige Lernergruppe, die verschiedenen Lernertypen und, *last but not least*, Sie selbst, die Lehrenden.

Im **Kapitel 2** werden, ausgehend von dem *Modell Didaktische Analyse*, die Lernphasen, die Frage nach Grammatik, Übungssequenzen und Hausaufgaben beleuchtet.

Kapitel 3 zeigt, wie Unterrichtsvorbereitung fixiert werden kann, und **Kapitel 4** spricht über Evaluation und den Umgang mit Fehlern.

Wir wünschen Ihnen bei der Arbeit mit dieser Studieneinheit sowie für Ihre zukünftige Unterrichtsplanung Erfolg und Freude und sind für Anregungen und Kritik dankbar.

---

[1] Angesichts der großen Zeitspanne, die zwischen dem Entstehen der Video-Dokumentation und dem Abschluss der vorliegenden Fernstudieneinheit liegt, haben sich die Herausgeber entschlossen, das Video nicht mehr als integralen Bestandteil der Studieneinheit anzubieten. Das Video ist auf Anfrage beim Goethe-Institut Inter Nationes in München, Bereich 325 „Fernstudienprojekt", in einer PAL-Version erhältlich.

1 Das Lehrwerk im Unterricht

1.1 Ihre eigenen Erfahrungen mit Lehrwerken

Als Deutschlehrerin oder Deutschlehrer haben Sie bereits Erfahrungen mit dem Einsatz von Lehrwerken im Unterricht. Sie wissen, dass es Lehrwerke gibt, die jeden Unterrichtsschritt ganz genau festlegen; andere Lehrwerke wiederum sind nicht mehr als eine strukturierte Stoffsammlung, die einem viel Freiheit in der Unterrichtsgestaltung lässt.

Bevor wir uns Fragen der Gestaltung des Unterrichts mithilfe von Lehrwerken zuwenden, möchten wir Sie bitten zu überlegen,

– wie Sie selbst mit dem Lehrwerk im Unterricht umgehen,

– was Ihrer Meinung nach ein gutes Lehrwerk auszeichnet und

– wie Sie selbst die Qualität des Lehrwerks einschätzen, mit dem Sie gerade unterrichten oder das Sie genauer kennen.

Aufgabe 1

> 1. Welche Rolle spielt das Lehrwerk in Ihrem eigenen Unterricht? Kreuzen Sie bitte an, was für Ihre Situation zutrifft:
>   a) Ich unterrichte das Lehrbuch Seite für Seite und lasse nichts aus. ☐
>   b) Ich verwende in meinem Unterricht kein Lehrwerk, sondern eigene Materialien. ☐
>   c) Das Lehrwerk bildet die Grundlage meines Unterrichts, aber ich verwende auch eigene Arbeitsblätter, Texte usw. ☐
> 2. Notieren Sie auf einem Extrablatt in ein paar Sätzen, warum Sie a), b) oder c) angekreuzt haben.

Wenn Sie die Möglichkeit hätten, selbst ein Lehrwerk für Ihren Unterricht auszuwählen – oder selbst eines zu verfassen: Was wären Ihrer Meinung nach die wichtigsten Kriterien für ein „gutes Lehrwerk"?

Aufgabe 2

> Was gehört Ihrer Meinung nach zu einem „guten Lehrwerk"? Kreuzen Sie bitte in der linken Spalte an. (Lassen Sie die rechte Spalte zunächst außer Acht.)

			Das gilt für „mein" Lehrwerk:
1.		**Lehrwerkteile**	
1.1	☐	Schülerbuch	☐
1.2	☐	Arbeitsbuch	☐
1.3	☐	Lehrerhandbuch	☐
1.4	☐	Hörkassetten	☐
1.5	☐	CD-ROM	☐
1.6	☐	Folien/Dias	☐
1.7	☐	Glossar	☐
1.8	☐	Zusatzlesestoff	☐
1.9	☐	Online-Angebote	☐
usw.			

2.   Inhalte

2.1 ☐   Themen, die die Schüler ansprechen ☐

2.2 ☐   Situationen und Rollen, die die Schüler ☐
zum Mitmachen anregen

2.3   **Texte**

☐   authentische Texte ☐

☐   von den Autoren geschriebene Texte ☐

☐   literarische Texte ☐

2.4   **Tests**

☐   keine ☐

☐   im Lehrwerk selbst ☐

☐   eigenes Testheft ☐

2.5   **Gestaltung**

☐   attraktive Gestaltung des Lehrwerks ☐

☐   übersichtliche Gestaltung ☐
(Inhaltsverzeichnis; Kapitelaufbau;
Hervorhebungen usw.)

3.   Welches der **Sprachsysteme** soll im Lehrbuch
besonders betont werden?   (wird besonders betont)

3.1 ☐   Grammatik ☐

3.2 ☐   Wortschatz ☐

3.3 ☐   Aussprache ☐

3.4 ☐   Rechtschreibung ☐

4.   Welcher **Fertigkeitsbereich** ist Ihrer Meinung nach
besonders wichtig?   (wird besonders berücksichtigt)

4.1 ☐   Lesen ☐

4.2 ☐   Hören ☐

4.3 ☐   Sprechen ☐

4.4 ☐   Schreiben ☐

5.   Methodische Grundlagen

5.1 ☐   Das Lehrwerk soll den Unterrichtsablauf Schritt für Schritt ☐
festlegen (geschlossenes methodisches Konzept).

5.2 ☐   Mir ist es lieber, wenn mir das Lehrwerk zwar den Lehr- ☐
stoff vorgibt, mir aber bei der konkreten Unterrichtsgestaltung möglichst viel Spielraum lässt (offenes metho
disches Konzept).

5.3 ☐   Für mich ist eine Mischung aus 5.1 und 5.2 wichtig: ☐
An manchen Stellen – besonders im Bereich der
Übungen – hätte ich gern die Möglichkeit, den Schülern
unterschiedliche Möglichkeiten anzubieten (Differenzierung).

5.4 ☐   Die Schüler müssen auf jeden Fall korrektes Deutsch ☐
lernen. Das Lehrbuch sollte deshalb möglichst viele
Übungen enthalten, die zum korrekten Deutsch führen
und bei denen die Schüler möglichst wenige Fehler
machen können.

5.5 ☐   Ich bevorzuge ein Lehrwerk, das die Schüler in seinen ☐
Aufgaben und Übungen dazu anregt, möglichst frei zu
sprechen, auch wenn sie dabei Fehler machen.

5.6 ☐ Das Lehrwerk soll gute Lerntechniken enthalten, damit ☐
die Schüler besser und selbstständiger lernen.

6. Medienkonzeption

6.1 ☐ Mir wäre es am liebsten, wenn im Lehrbuch alles ent- ☐
halten wäre, was ich für meinen Unterricht brauche; zu
viele Lehrwerkteile, Kassetten, Videos usw. bringen nur
Verwirrung und man kann sie sowieso meist nicht verwenden.

6.2 ☐ Meiner Meinung nach kann man ohne auditive und ☐
visuelle Medien keinen guten Sprachunterricht gestalten.
Ich setze gerne Medien ein, auch wenn damit gelegentlich
mehr Aufwand verbunden ist.

7. Lehrerhandreichungen

7.1 ☐ Ob es zu meinem Lehrwerk ein Lehrerhandbuch gibt, ☐
weiß ich nicht. Ich würde es auf jeden Fall nicht benutzen.

7.2 ☐ Lehrerhandreichungen zu einem Lehrwerk sind wertlos, ☐
wenn die Hinweise zur Unterrichtsgestaltung zu vage und
allgemein gehalten sind.

7.3 ☐ Lehrerhandreichungen zu einem Lehrwerk sind wertlos, ☐
wenn sie versuchen, mich bei meiner Unterrichtsgestaltung
durch sehr detaillierte Vorschriften zu gängeln.

7.4 ☐ Das Lehrerhandbuch sollte brauchbare Anregungen zur ☐
Unterrichtsgestaltung geben, alternative Wege für die
Unterrichtsgestaltung aufzeigen und zusätzliches Material
enthalten.

Wie schätzen Sie das Lehrwerk ein, mit dem Sie unterrichten?

Aufgabe 3

Sicher hat auch das Lehrwerk, mit dem Sie unterrichten oder das Sie genauer kennen, seine Stärken und Schwächen.

Sehen Sie bitte noch einmal die Punkte 1. – 7. in Aufgabe 2 durch. Kreuzen Sie nun in den Kästchen in der rechten Spalte an, in welchen Punkten Ihr Lehrwerk Ihren Vorstellungen von einem „guten Lehrwerk" entspricht.

– *Wo liegen seine besonderen Vorzüge?*
– *Welche Schwachpunkte haben Sie festgestellt?*

1.2 Entstehungsbedingungen von Lehrwerken

Diesem Teilkapitel liegt eine Frage zugrunde, die Sie sich vermutlich auch schon manches Mal gestellt haben: Warum gibt es nicht **das** optimale Lehrwerk für **den** optimalen Unterricht? Dann müsste man sich nicht immer wieder den Anforderungen neuer Lehrwerke stellen und neue Vorgehensweisen für den Unterricht entwickeln.

Drei **Fragenkomplexe** wollen wir in diesem Zusammenhang ansprechen:

– Warum werden immer wieder neue Lehrwerke entwickelt?
– Warum sind diese Lehrwerke so unterschiedlich?
– Gibt es einen Zusammenhang zwischen Lehrwerken und Lehrmethoden?

In einigen Sprachen werden Lehrwerke „Methoden" genannt, wie z. B. im Französischen: Lehrwerk = méthode; Deutschlehrwerk = méthode d'allemand.

Im Verlauf der Geschichte des Fremdsprachenunterrichts wurden immer wieder neue Lehrmethoden oder Lehrverfahren entwickelt. Es entstehen also immer neue Generationen von Lehrwerken.

Wenn Sie sich eingehender mit verschiedenen Lehrmethoden in den letzten hundert Jahren beschäftigen möchten, empfehlen wir Ihnen die Fernstudieneinheit *Methoden des fremdsprachlichen Deutschunterrichts*.

Aufgabe 4

Überlegen Sie zunächst einmal selbst:

– *Warum verändern sich die Lehrmethoden und warum entstehen immer wieder neue Lehrwerke?*

– *Kann man nicht erwarten, dass es irgendwann einmal doch das „ideale Lehrwerk" gibt?*

Wenn wir versuchen, auf diese Fragen Antworten zu finden, erkennen wir, dass bei der Entwicklung von Lehrwerken für den fremdsprachlichen Unterricht viele Faktoren zusammenwirken. Und jeder dieser Faktoren ist historischen Veränderungen unterworfen.

Wir wollen diesen Faktoren an dieser Stelle nur einen kleinen theoretischen Exkurs widmen. Umfassendere Darstellungen finden Sie in Kapitel 1 der oben erwähnten Fernstudieneinheit *Methoden des fremdsprachlichen Deutschunterrichts*.

Exkurs: Faktoren, die die Entwicklung und Gestaltung von Lehrwerke beeinflussen

Dazu gehören:

➤ Übergreifende soziokulturelle Faktoren

Das sind zum Beispiel:

– die Beziehungen eines Landes zum Zielsprachenland (sie bestimmen u. a. die positive oder negative Wahrnehmung bestimmter Aspekte der Geschichte und Landeskunde des Zielsprachenlandes und die entsprechende Auswahl, Gewichtung und Darstellung im Lehrwerk; in Bezug auf Deutschland zum Beispiel: stärkere Wahrnehmung rechtsextremer Strömungen in Deutschland in Ländern, die unter dem Nationalsozialismus gelitten haben, als in Ländern, die weiter entfernt sind),

– die im eigenen Land vorherrschenden gesellschaftlichen Normen und Werte (sie bewirken z. B., dass bestimmte Tabu-Themen im Lehrbuch nicht dargestellt werden oder dass Sachverhalte aus der Soziokultur* der Zielsprache mit einer Wertung versehen werden; in Bezug auf Deutschland zum Beispiel: Sexualität von Jugendlichen, freizügige Kleidung, Bierkonsum),

– Lerntraditionen, die den Unterricht in allen Unterrichtsfächern bestimmen (z. B. Auswendiglernen und lehrerzentrierter Frontalunterricht* oder mehr kooperative Lernformen. Sie können z. B. die Art, wie neuer Lernstoff präsentiert und geübt wird, nachhaltig beeinflussen.).

➤ Allgemein pädagogische und allgemein didaktische Faktoren

Das sind zum Beispiel:

– allgemeine Vorstellungen zu Bildungs- und Erziehungszielen (etwa zur Rolle der Frau, zur Persönlichkeitsentwicklung und Individualität, zu kulturellen Werten, die in jedem Unterrichtsfach vermittelt werden sollen),

– Vorstellungen zu Rolle und Qualifikation der Lehrenden (Lehrerin/Lehrer als Vorbild und Autorität bzw. Berater im Lernprozess; Anforderungen an Ausbildung, Berufspraxis und Fort- und Weiterbildung von Lehrenden),

- Vorstellungen zur Rolle des Lehrbuchs im Unterricht (Vermittlung verbindlicher Lehrgegenstände oder nur Leitmedium mit Auswahlmöglichkeit und Einsatz eigener Unterrichtsmaterialien),
- Stellung der Zielsprache im Fächerkanon der Schule (Deutsch als erste/zweite/ dritte Fremdsprache, Anzahl der Unterrichtsstunden, angestrebtes Abschlussniveau),
- finanzielle Ausstattung der Schulen (Vorhandensein und Verfügbarkeit von Lehrmedien und Medienträgern),
- Möglichkeit zur Herstellung eigener Lehrmaterialien (Kopiergerät, PC usw.).

➤ **Fachspezifische Faktoren**

Das sind zum Beispiel:

- Verarbeitung der aktuellen Befunde der Fachwissenschaften (Sprachwissenschaft, Literaturwissenschaft, Textwissenschaft usw.),
- Integration von Erkenntnissen der Sprach-, Gedächtnis- und Entwicklungspsychologie sowie der Lerntheorie (etwa Unterschiede zwischen dem Fremdsprachenlernen im Kindes- und im Erwachsenenalter; bewusstes* versus imitatives* Lernen usw.),
- Vorgaben von Lehrplänen (Verteilung von Lernstoff auf Lernjahre, Grammatikprogression, Formulierung von Lernzielen usw.),
- Form von Tests und Abschlussprüfungen (mehr grammatikorientiert oder an kommunikativen Fertigkeiten* orientiert).

➤ **Faktoren des Fachunterrichts**

Das sind zum Beispiel:
- Vorschläge zur Unterrichtsgliederung (z. B. Einführungs-, Übungs-, Anwendungsphase),
- Vorschläge zu den Sozialformen (Frontalunterricht, Einzel-, Partner-, Gruppenarbeit),
- Vorschläge zur Unterrichtsdurchführung.

Wenn wir versuchen, diese Einflussfaktoren in einer Grafik darzustellen, dann könnte das so aussehen:

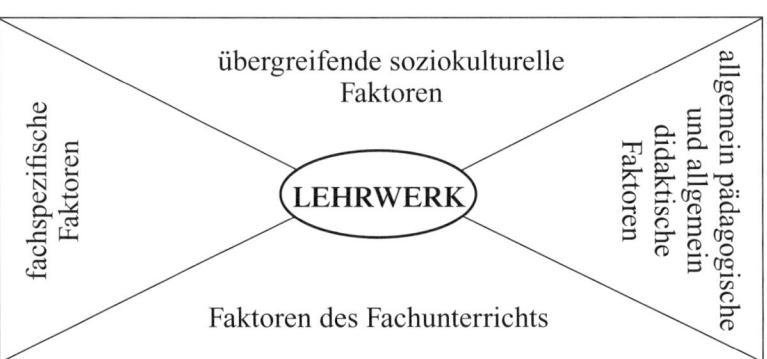

Zwei weitere wichtige Faktoren, die die Entwicklung von Lehrwerken beeinflussen, haben wir noch gar nicht genannt: Es sind
- die Autoren und
- der Verlag.

Vergleichen Sie einmal – wenn Sie die Möglichkeit dazu haben – mehrere Lehrwerke, die der gleichen Unterrichtsmethode (z. B. dem kommunikativen Ansatz*) verpflichtet und etwa im selben Zeitraum (zwischen 1980 und 2000) im gleichen Land (z. B. Deutschland) erschienen sind, im Hinblick auf die Organisation des Lernstoffs, den Aufbau der Lektionen, die Auswahl von Themen, die Fantasie und Kreativität in der Text- und Übungsgestaltung sowie in Bezug auf die gesamte Ausstattung (Illustrationen, Farbigkeit usw.).

Wenn Sie zum Beispiel die Lehrwerke *Themen neu* (Hueber), *Deutsch aktiv Neu* (Langenscheidt), *Stufen International* (Klett), *Sprachbrücke* (Klett), *Die Suche* (Langenscheidt), *Tangram* (Hueber), *Moment mal!* (Langenscheidt), *Passwort Deutsch* (Klett), die sich alle am kommunikativen Ansatz orientieren, vergleichen können, werden Sie in diesen Punkten erhebliche Unterschiede feststellen.

Zu den „objektiven" Faktoren, die wir auf Seite 9f. genannt haben, kommen also auch noch persönliche und rein finanzielle Faktoren hinzu: das Wissen, das Können und die Fantasie der Autoren und Autorinnen sowie die Bereitschaft des Verlages, für die Ausstattung eines Lehrwerks (Layout, Grafiker, Farbe, Bilder usw.) finanzielle Mittel zu investieren, um die „Ware Lehrwerk" auf dem „Bildungsmarkt" durchzusetzen.

Überlegen Sie bitte:

Hat sich im Verlauf des letzten Jahrzehnts bzw. der letzten beiden Jahrzehnte in Ihrem Land der Deutschunterricht nachhaltig verändert?

Welche der genannten Faktoren waren Ihrer Meinung nach in besonderer Weise dafür verantwortlich?

Aufgabe 5

Wir haben schon zu Beginn dieses Kapitels darauf hingewiesen, dass die genannten Faktoren sich im Laufe der Zeit verändern. Diese Veränderungen können plötzlich und tief greifend sein, sie können sich aber auch erst allmählich entwickeln. Der Bedarf an neuen Lehrwerken entsteht immer dann, wenn sich mehrere dieser Faktoren im gleichen Zeitraum verändern. Zur Illustration solcher Veränderungen möchten wir hier nur zwei Beispiele anführen.

Veränderungen

Nehmen wir einmal die *übergreifenden soziokulturellen Faktoren*.

soziokulturelle Faktoren

Die Beziehungen eines Landes zum Zielsprachenland, aber auch die Verhältnisse im Zielsprachenland selbst können sich verändern, aus politischen und ideologischen Gegnern können Partner werden. So haben sich zum Beispiel die Beziehungen der Länder des ehemaligen „Ostblocks" zu Deutschland seit der „Wende" Ende der 1980er-Jahre radikal gewandelt. Nicht nur wegen der Wiedervereinigung Deutschlands und der veränderten landeskundlichen Fakten mussten in Ost und West die vorhandenen Lehrwerke überarbeitet oder neue entwickelt werden. In den so genannten Reformstaaten im Osten hatten die gesellschaftlich-politischen Veränderungen darüber hinaus tief greifende Auswirkungen sowohl auf die *allgemein pädagogischen* als auch auf die *fachspezifischen Faktoren*. So änderten sich zum Beispiel die Leitvorstellungen zu Bildung und Erziehung und auch der Deutschunterricht öffnete sich neuen Themen und Betrachtungsweisen. Durch die Öffnung nach Westen wurden gleichzeitig „westliche", kommunikativ orientierte Unterrichtsmodelle bekannt, die – wenn auch in den einzelnen Ländern in unterschiedlichem Maße – in den neuen Lehrwerken ihren Niederschlag fanden. Ähnliche tief greifende Entwicklungen gab es z. B. auch im ehemaligen Jugoslawien.

Die Veränderung *fachspezifischer Faktoren* in den Bereichen Linguistik (z. B. Pragmalinguistik*) und Lernpsychologie* lässt sich deutlich an den seit Anfang der 1980er-Jahre entwickelten „kommunikativen" Lehrwerken* und der wachsenden Vermittlung von Lernstrategien* und Lerntechniken* in den Lehrwerken der 1990er-Jahre ablesen.

fachspezifische Faktoren

Zusammenfassung

Lehrmethoden – und folglich auch Lehrwerke – sind „Kinder ihrer Zeit"; Lehrwerke verändern sich mit der Veränderung der genannten Bedingungen.

Man muss deshalb von der Vorstellung Abschied nehmen, dass es irgendwann einmal **die** universell gültige Lehrmethode für den Fremdsprachenunterricht geben wird oder das „ideale Lehrwerk", das „alle Probleme löst". Das gilt nicht nur für Lehrwerke für Deutsch als Fremdsprache, die in Deutschland „für die ganze Welt" (so genannte universalistische Lehrwerke) entwickelt werden. Denn auch wenn diese oft nach dem neuesten Stand der Fachdidaktik und -methodik gestaltet und in ihrer Aufmachung attraktiv sind, bedeutet das noch nicht, dass sie zwangsläufig in jedem Land zu einem besseren Unterricht führen. Sehr oft müssen sie an die länderspezifischen, regionalen bzw. ganz konkreten Unterrichtsbedingungen, wie sie sich aus den oben genannten Faktoren ergeben, angepasst, ergänzt und weiterentwickelt werden.

Das gilt auch für Lehrwerke, die in anderen Ländern entwickelt wurden und vielleicht schon über Jahrzehnte „bewährt" sind. Auch sie müssen den veränderten Bedingungen angepasst werden.

Entscheidend ist, dass Sie als Lehrerin bzw. Lehrer sich mit den tatsächlichen Bedingungen, wie sie für Ihre Klasse gelten, auseinander setzen und dass Sie andererseits die Gelegenheit bekommen, verschiedene Lehrwerke und Lehrmethoden kennen zu lernen.

Aufgabe 6

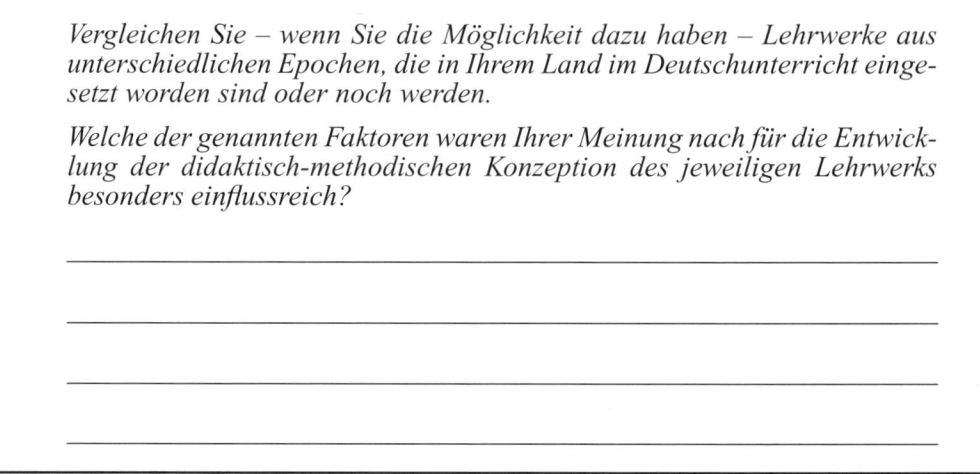

Vergleichen Sie – wenn Sie die Möglichkeit dazu haben – Lehrwerke aus unterschiedlichen Epochen, die in Ihrem Land im Deutschunterricht eingesetzt worden sind oder noch werden.

Welche der genannten Faktoren waren Ihrer Meinung nach für die Entwicklung der didaktisch-methodischen Konzeption des jeweiligen Lehrwerks besonders einflussreich?

Das Lehrwerk allein macht allerdings noch keinen (guten) Unterricht. Es kommt darauf an, wie Sie das Angebot des Lehrwerks im Unterricht umsetzen. Mit dieser Frage beschäftigen wir uns im folgenden Kapitel 1.3.

1.3 Zum Einsatz von Lehrwerken im Unterricht

1.3.1 Allgemeine Einflussfaktoren

Mit einem „Gebilde", das unter so komplexen Bedingungen entstanden ist, wie wir sie im Exkurs (S. 9ff.) geschildert haben und das zudem auch eine starke persönliche Komponente (Autoren, Autorinnen, Verlag) enthält, sollen Sie nun Ihren Unterricht gestalten?!

Dabei sind ja nicht nur die Entstehungsbedingungen von Lehrwerken komplex, komplex ist auch die Situation, in der Sie das Lehrwerk benutzen sollen. Auch hier wirken unterschiedliche Faktoren zusammen, die Sie berücksichtigen müssen.

Aufgabe 7

Faktoren, die den Einsatz des Lehrwerks im Unterricht beeinflussen

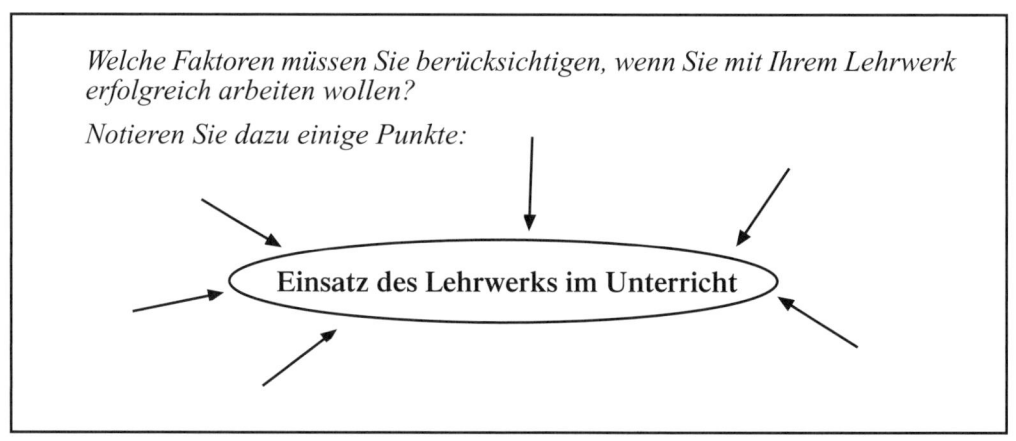

Welche Faktoren müssen Sie berücksichtigen, wenn Sie mit Ihrem Lehrwerk erfolgreich arbeiten wollen?

Notieren Sie dazu einige Punkte:

Einsatz des Lehrwerks im Unterricht

Haben Sie den **Lehrplan*** als wichtigen Faktor genannt? Oder das **Curriculum***?

Wissen Sie überhaupt, ob es für Ihre Klassenstufe einen Lehrplan gibt?

Exkurs: Lehrplan, Rahmenrichtlinien*, Curriculum

Unter einem *Lehrplan* im engeren Sinne verstehen wir eine Art Stoffverteilungsplan, der von einer übergeordneten Instanz (Schulleitung, Ministerium) für eine bestimmte Klassenstufe aufgestellt worden ist. Er enthält meist Angaben zu Unterrichtsprinzipien allgemein, zur Verteilung des Lehrstoffs auf mehrere Lernjahre sowie Angaben zur Anzahl der Wochenstunden und Jahresstunden.

Rahmenrichtlinien machen Aussagen allgemeiner Art zu einer bestimmten Schulstufe (Primarstufe, Sekundarstufe usw.). Oft umfassen sie mehrere zusammengehörige Fächer, z. B. die Fremdsprachen. Sie geben allgemeine Hinweise zu Grundlagen und Prinzipien der Unterrichtsgestaltung.

Curricula gehen auf die Grundlagen und Voraussetzungen des Faches im Schulsystem des Landes ein und bemühen sich um eine Begründung der Didaktik und Methodik des Unterrichtsfaches.

Curriculum, Rahmenrichtlinien und Lehrplan sind in der Regel aufeinander bezogen und an denselben Grundprinzipien orientiert.

Lehrplan

Rahmenrichtlinien

Curricula

Wenn Sie nicht wissen, ob es einen Lehrplan für Ihre Jahrgangsstufe gibt oder wenn Sie ihn nicht kennen: Bitte erkundigen Sie sich und/oder besorgen Sie sich den Lehrplan für Ihre Jahrgangsstufe und prüfen Sie, welche Angaben dieser Lehrplan enthält und inwieweit das Lehrbuch, das Sie benutzen, mit den Anforderungen des Lehrplans übereinstimmt.

Aufgabe 8

Wenn es statt eines Lehrplans nur Rahmenrichtlinien oder nur ein Curriculum gibt, dann übertragen Sie Aufgabe 8 darauf.

Wir wissen nicht, mit welchem Lehrwerk Sie arbeiten (möchten) und welche Angaben „Ihr" Lehrplan enthält, deshalb geht unsere nächste Aufgabe von einer fiktiven Annahme aus. Das Beispiel ist aber durchaus real.

Überlegen Sie bitte: Was würden Sie tun, wenn das Lehrwerk, das Sie benutzen (wollen), das Perfekt erst im zweiten Band einführt, der Lehrplan die Behandlung des Perfekts aber aus kommunikativen Gründen („die Schüler sollen erzählen, was Sie am Wochenende gemacht haben") schon sehr früh vorschreibt?

Oder stellen Sie es sich umgekehrt vor: In modernen Lehrwerken wird das Perfekt häufig schon relativ früh eingeführt, in „Ihrem" Lehrplan wird es jedoch als „schwierige, da zusammengesetzte Form", erst für das zweite Lernjahr vorgesehen.

Aufgabe 9

_____

_____

_____

_____

Ein weiterer Faktor, der in engem Zusammenhang mit dem Lehrplan oder dem Curriculum steht, sind die *Lernziele**.

Lernziele	Das Lehrstoffangebot in Ihrem Lehrwerk ist nach bestimmten *Lernzielen* ausgewählt und aufgebaut. Das können grammatische Lernziele sein (z. B. bestimmte Regeln kennen, bestimmte Strukturen anwenden können), das kann die Beherrschung bestimmter Wortschatzbereiche sein (z. B. Wortschatz zum Thema *Familie* oder *Umwelt* usw.), das können bestimmte Fertigkeiten sein (z. B. Kommunikation in verschiedenen Alltagssituationen oder Schreiben bestimmter Gebrauchstexte usw.). Die Lernziele bestimmen nicht nur Auswahl, Gewichtung und Präsentation des Lernstoffs, sondern auch die Übungsformen (z. B. Strukturübungen zum Einschleifen grammatischer Strukturen, Simulation von Kommunikation in Rollenspielen usw.)
die Lernenden	Ein Faktor, der für Sie vielleicht sogar der wichtigste ist, sind die *Lernenden*, Ihre Schülerinnen und Schüler.
die Unterrichtssituation	Lehrwerke werden generell für eine Lernstufe – also etwa für den Anfangsunterricht mit 11-jährigen Schülern oder für fortgeschrittene Lernende in der Gymnasialstufe usw. – erstellt und nicht für eine bestimmte Klasse. Lehrwerkautoren schreiben quasi für eine „Phantomgruppe", sie kennen Ihre Schülerinnen und Schüler nicht, das Vorwissen, die Vorlieben und die Interessen der Lernenden sind aber ein wichtiger Aspekt, der bei der Unterrichtsvorbereitung berücksichtigt werden muss.
	Die Lehrwerkautoren wissen auch nicht, unter welchen realen Arbeitsbedingungen das Lehrwerk eingesetzt werden wird. Das betrifft zum Beispiel die Klassenstärke (15 oder 35 Schüler), die räumlichen Verhältnisse (festgeschraubte oder frei stehende Tische und Stühle). Häufig kennen sie auch die institutionellen Bedingen nicht, z. B. die Zahl der zur Verfügung stehenden Unterrichtsstunden (pro Woche oder Schuljahr), die Ausstattung mit Medien usw. Sie müssen das Lehrwerk also in jedem Fall an Ihre Unterrichtssituation anpassen.
die Lehrenden	Ein wichtiger „Unterrichtsfaktor" sind natürlich auch Sie selbst! Und Sie gestalten den Unterricht! Dazu kommt: Auch wenn das Lehrwerk Ihnen insgesamt gefällt (das sollte zumindest der Fall sein) und Sie möglichst viel daraus verwenden wollen, so wird es doch immer wieder Teile geben, die Ihren Vorstellungen von einem „guten Unterricht" oder von einem „guten Lehrwerk" oder von einem interessanten Text, einer guten Übung usw. nicht entsprechen und die Sie deshalb nach Ihren Vorstellungen abändern wollen.
Lehrwerk als Angebot für die Unterrichtsgestaltung	Aus alledem wird klar: Das „Lehrwerk" ist nicht „identisch" mit dem Unterricht, den Sie mit Ihrer Klasse durchführen. Das Lehrwerk ist vielmehr ein Angebot zur Unterrichtsgestaltung, das Sie

➤ im Hinblick auf einen eventuell existierenden Lehrplan und

➤ gemäß ihren eigenen Vorstellungen

➤ an die ganz konkrete Lehrsituation in der ganz konkreten Klasse und

➤ an die Schüler dieser Klasse

anpassen müssen.

Dieses Koordinatensystem könnte man grafisch so darstellen:

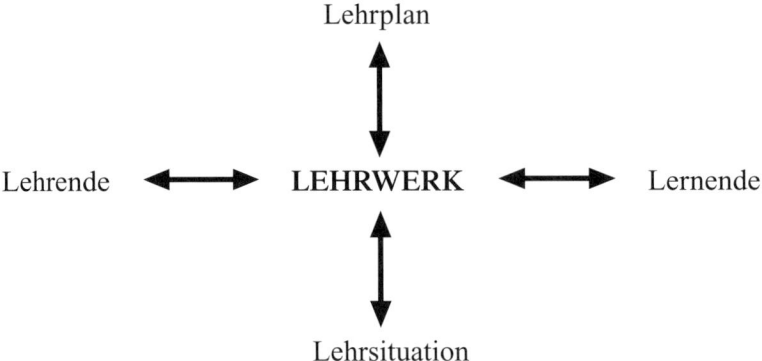

Organisation des Lehrstoffs im Lehrwerk	Ein weiterer Faktor, der Ihre Unterrichtsplanung betrifft, liegt in der Organisation des Lehrstoffs im Lehrwerk.

Bitte lesen Sie die folgenden drei Zitate aus den Lehrerhandbüchern zu den Lehrwerken
Tangram 1A (1) *Deutsch aktiv Neu 1A* (2) und *Passwort Deutsch* 1 (3) und lösen Sie
Aufgabe 10.

Tangram ist transparent und flexibel: Der Aufbau der Lektionen orientiert sich am Unterrichtsverlauf und ist so für Lehrende und Lernende leicht nachvollziehbar. Jede Lektion ist in mehrere Sequenzen unterteilt, jede Sequenz behandelt einen thematischen Aspekt in einem kompletten methodischen Zyklus:

Alke u. a. (1998), III

Didaktisches Konzept: offen, flexibel, lerner-orientiert

Dieses bewährte Konzept macht den Lehrer nicht zum Sklaven des Lehrbuchs, sondern ermuntert ihn, seinen Unterricht selbst kreativ zu gestalten.

Neuner u. a. (1988), 8

• **Das Kursbuch:** Es enthält alles, was Sie brauchen, um den Lernstoff im Kurs zu vermitteln. Dank des transparenten und kleinschrittigen Aufbaus können Ihre Lernenden, wenn sie einmal eine Stunde versäumt haben, die Seiten auch allein nacharbeiten bzw. sicher zu Hause wiederholen. Mehr Spaß macht natürlich die Arbeit in der Gruppe, mit Ihrer Unterstützung.

Zeisig/Ghahraman-Beck (2001), 4

Bei welchen der drei Lehrwerkkonzeptionen ist es Ihrer Meinung nach leichter, das Lehrwerkangebot entsprechend Ihren Unterrichtsbedingungen zu adaptieren, auszuwählen usw.?

Bei welchen der drei Lehrwerkkonzeptionen sind Sie als Lehrer bzw. Lehrerin Ihrer Meinung nach gerade in der Phase der Unterrichtsplanung und -vorbereitung mehr gefordert?

<u>Aufgabe 10</u>

	Tangram 1A	*Deutsch Aktiv Neu 1A*	*Passwort Deutsch 1*
leichter zu adaptieren			
eher schwer zu adaptieren			
fordert mehr Unterrichts-vorbereitung			
fordert weniger Unterrichts-vorbereitung			

Vielleicht gingen Sie bisher davon aus, dass ein Lehrwerk, bei dem sich „der Aufbau der Lektionen am Unterrichtsverlauf orientiert", oder ein Lehrwerk mit „transparentem, kleinschrittigem Aufbau" weniger Aufwand bei der Unterrichtsvorbereitung bedeutet als ein Lehrwerk mit einem „offenen, flexiblen Konzept"? Vielleicht dachten Sie, dass man ein eher linear aufgebautes Lehrwerk einfach so übernehmen und Seite für Seite „durchziehen" kann?

Bei unseren bisherigen Überlegungen zum Einsatz von Lehrwerken ist sicher schon deutlich geworden, dass man kein Lehrwerk Seite für Seite einfach durchnehmen kann und dass alle Lehrwerke an Ihre besondere Unterrichtssituation angepasst werden müssen. Wir möchten sogar behaupten, dass Lehrwerke mit „geschlossenen Konzepten", bei denen durch die Anordnung der Teile im Buch ein bestimmter Unterrichtsverlauf quasi abgebildet werden soll, sich überhaupt nicht leicht an Ihre Unterrichtssituation vor Ort anpassen lassen und größere Schwierigkeiten bei der Unterrichtsvorbereitung bereiten können als Lehrwerke mit „offenen Konzepten", bei denen die Teile nicht so stringent aufeinander bezogen und nur locker verknüpft sind.

Aufgabe 11

Überlegen Sie, warum es nicht so leicht ist, „geschlossene Lehrwerksysteme" an unterschiedliche Unterrichtssituationen zu adaptieren.

Notieren Sie bitte einige Gesichtspunkte auf einem Extrablatt.

Lehrwerke mit offeneren Konzepten bieten häufig Hilfen an, wie die Teile miteinander verknüpft werden können. Als Beispiel zeigen wir Ihnen, wie das in dem Lehrwerk *Deutsch aktiv Neu 1A* gelöst wurde. Ähnliche Lösungen finden Sie auch in anderen Lehrwerken.

Aufgabe 12

Beispiel 1

Schauen Sie sich bitte in Beispiel 1 den Auszug aus dem Inhaltsverzeichnis des Lehrbuchs „Deutsch aktiv Neu 1A" an und überlegen Sie, wie die Texte (Teil A) im Lehrbuch mit der Grammatik (Teil B) und beides mit den Übungen verknüpft werden könnten. Machen Sie einen Vorschlag.

Neuner u. a. (1986), 3

Aufgabe 13

Überprüfen Sie nun Ihren Vorschlag anhand von Beispiel a - c (S. 17/18) aus Kapitel 4 von „Deutsch aktiv Neu 1A".

Die Operation fängt an — 4A

4

Die Operation

Vater und Mutter sind nicht zu Hause. Maria, Nikolaus und Alexander machen eine Operation. Nikolaus ist Chefarzt: Professor Dr. Nikolaus. Alexander ist Assistent, Maria ist Krankenschwester.
Das Sofa ist sehr krank. Es stöhnt laut.
Maria holt ein Messer, eine Schere und Wäscheklammern. Die Operation fängt an:

Nikolaus schneidet den Bauch auf. Da ist alles krank und kaputt. Alexander hält die Wunde auf. Maria zieht die Spiralen raus und wirft sie weg. Dann holt sie ein Kissen. Dann näht Nikolaus das Sofa wieder zu. Die Operation ist fertig. Alexander klebt die Wunde zu. Das Sofa stöhnt nicht mehr. Alle sind zufrieden.

B2

Ü9 Die Operation

anfangen: „Die Operation fängt an.
aufschneiden: Nikolaus . . . . .
aufhalten: Alexander . . . . .
rausziehen: Maria . . . . .
wegwerfen: . . . . .
zunähen: Nikolaus . . . . .
zukleben: Alexander . . . . .“

Ü10 Wie geht die Geschichte weiter?

„Die Operation ist fertig. Das Sofa stöhnt nicht mehr. Alle sind sehr zufrieden. Es klingelt! . . . . .“

Ü11 Eine andere Geschichte erzählen:

anrufen / anfangen / einladen / mitbringen

„Es ist Samstag. Herr Bauer möchte ins Kino gehen. Er . . . . .“

Neuner u. a. (1986), 53

Trennbare Verben

án/fangen

Wann (fängt) die Operation (an) ?

Die Operation (fängt) gleich (an) .

(Fängt) die Operation gleich (an) ?

zú/kleben

Alexander (klebt) die Wunde (zu) .

(Klebt) Alexander die Wunde (zu) ?

Wie (klebt) er die Wunde (zu) ?

eín/kaufen

Was (kauft) Frau Braun (ein) ?

Sie (kauft) Tomaten (ein) .

(Kauft) sie auch Oliven (ein) ?

Ü 3, 4

Neuner u. a. (1986), 59

Ü3 Ergänzen Sie die Sätze bitte

án/fangen
áuf/schneiden
áuf/halten
ráus/ziehen
wég/werfen
zú/nähen
zú/kleben

1. Wann ..... der Kurs .....? – Der Kurs ..... um 9 Uhr .... Ihr Kurs auch so früh .....?

2. Das Essen ist fertig. Wir .... !

3. Die Operation: Nikolaus ..... den Bauch ..... .
Alexander ..... die Wunde ..... .
Maria ..... die Spiralen ..... und ..... sie ..... .
Dann ..... Nikolaus das Sofa wieder ..... .
Alexander ..... die Wunde ..... .

Ü4 Antworten Sie bitte

Beispiel: Wo warst du? } **Ich war in Berlin.** / Wo wart ihr? } **Wir waren in Berlin.**
Wo waren Sie? } Wo waren Sie? }

Aufgabe: 1. Wo wart ihr? (in München) – 2. Wo warst du? (in Barcelona) – 3. Wo waren Sie? (zu Hause) – 4. Wo warst du? (in Italien) – 5. Wo wart | ihr? (in Paris) – 6. Wo warst du? (hier) – 7. Wo waren Sie? (beim Arzt)

Neuner u. a. (1986), 61

Sehen Sie sich nun Ihr eigenes Lehrbuch an:

1. *Ist es eher nach einem „offenen" oder eher nach einem „geschlossenen Konzept" gestaltet?*

   _____

2. *Im Falle eines „offenen" Konzepts: Gibt es Angaben (Hilfen) zur Verknüpfung der Teile?*

   _____

3. *Ist Ihr bisheriger Aufwand für die Adaption an Ihre Unterrichtssituation eher gering oder eher groß? Warum?*

   _____

   _____

   _____

Im folgenden Teilkapitel 1.3.2 wollen wir einige der Faktoren, die wir hier nur „angetippt" haben, näher betrachten.

1.3.2   Die Lehrsituation

Die Lehrsituation (oder: Unterrichtssituation) wird durch die realen Arbeitsbedingungen sowie die institutionellen Rahmenbedingungen an Ihrer Schule bestimmt. In der folgenden Aufgabe möchten wir diese Bedingungen konkret fassen.

1. *Bitte machen Sie hier Angaben zu der Lehrsituation, in der Sie Ihr Lehrwerk einsetzen.*

   Klassenstärke: _____

   Stunden pro Woche: _____

   Stunden pro Lernjahr/pro Lernstufe: _____

   Ausstattung des Unterrichtsraums: (Bestuhlung, Tafel, Wände, Verdunkelungsmöglichkeit, eigener Sprachenraum ...)

   _____

   _____

   _____

   Einsatzmöglichkeiten von Medien: _____

   _____

   Anderes: _____

2. *In welchen Punkten gibt es Probleme mit dem Lehrwerk? Warum?*

   _____

   _____

   _____

   _____

Die folgenden, hier beispielhaft genannten Punkte können mit den Intentionen des Lehrwerks „kollidieren":

Klassenstärke

– *Klassenstärke:* Mit einer Klasse, in der nur 15 – 20 Schüler sind, kann man erfahrungsgemäß einen anderen Unterricht gestalten als mit einer Klasse, in der 50 Schüler sitzen (z. B. flexible Handhabung der Sozialformen*; schüleraktivierende Aufgabenstellungen; entdeckendes Lernen*; Projektarbeit* usw.). Entsprechend muss auch der Einsatz des Lehrwerks und der Begleitmedien der jeweiligen Klassensituation angepasst werden.

Unterrichtsraum

– *Unterrichtsraum:* In manchen Ländern ist der Frontalunterricht die übliche Unterrichtsform, in anderen wird vieles in Gruppenarbeit erledigt. Entsprechend ist das Mobiliar der Klassenzimmer ausgewählt und angeordnet. Für den Frontalunterricht ist es am besten, wenn der Lehrer auf einem Podium steht und die Bänke der Schüler in fest gefügten Reihen, die hintereinander stehen, angeordnet sind. Für Gruppenarbeit eignen sich dagegen „locker" angeordnete Vierertische, die man zur Seite schieben kann, wenn man in der Mitte des Klassenraums eine „Bühne zum Spielen" braucht, usw.

In manchen Schulen gibt es einen separaten Raum für den Deutschunterricht, der mit Plakaten, Fotomontagen und Texten dekoriert und mit einer Handbibliothek versehen ist. In anderen Schulen muss der Deutschunterricht im Physikraum (mit festgeschraubten, ansteigenden Sitzreihen) durchgeführt werden, weil akuter Raummangel herrscht.

Medien

– *Medien:* In der Schule wird ein „modernes" Lehrwerk eingeführt und Sie müssen im Nachhinein feststellen, dass sich der Einsatz der zum Lehrwerk gehörenden audiovisuellen Unterrichtsmedien, die fest im didaktischen Konzept des Lehrwerks verankert sind, nicht verwirklichen lässt, weil Sie z. B. nicht ständig einen Tageslichtprojektor oder ein Videogerät in Ihrer Klasse zur Verfügung haben (oder weil – ganz einfach – wieder einmal der Strom ausgefallen ist!).

Es kann sein, dass Sie zwar einen schon ziemlich alten, verkratzten Tageslichtprojektor haben, den Raum aber nicht verdunkeln können: Die Folien sind nutzlos, man sieht nichts.

Zu den institutionellen Erschwernissen kann auch gehören, dass die Tafel schon so schlecht ist, dass sie einem „Acker" gleicht und man darauf nichts schreiben kann usw.

Umweltbedingungen

– *Umweltbedingungen:* In manchen Klassenzimmern behindern Hitze/Kälte/Luftfeuchtigkeit usw. oder der Lärm, der von draußen ins Klassenzimmer dringt, die Entfaltung des didaktisch-methodischen Konzepts.

Für solche und viele ähnliche Fälle, die Sie ja besser kennen als wir, müssen Sie bei Ihrer Unterrichtsplanung Vorsorge treffen, indem Sie das Lehrwerkkonzept und die realen Arbeitsbedingungen aufeinander abstimmen.

1.3.3 Die konkrete Lernergruppe

Haben Sie im Unterricht auch schon die Erfahrung gemacht, dass eine Lektion, die in einer Lernergruppe „gut ankommt", im Parallelkurs oder im Folgejahr „danebengeht"? Das liegt ganz einfach daran, dass jede Lernergruppe anders ist, eine andere Dynamik entfaltet und ein anderes Lernerprofil entwickelt.

Deshalb genügt es nicht, eine Lektion „ein für alle Mal" vorzubereiten und dann immer wieder nach demselben Schema zu unterrichten. Sie müssen Ihre Unterrichtsplanung für jede Lernergruppe neu durchdenken. Dafür können Sie folgenden **Punktekatalog** verwenden.

Aufgabe 16

Bitte notieren Sie folgende Angaben zu Ihrer derzeitigen (oder einer früheren) Lernergruppe:

Altersgruppe: _____

Schultyp: (Berufsschule, Wirtschaftsgymnasium, humanistisches Gymnasium ...)

_____

Muttersprache(n): _____

Deutsch als wievielte Fremdsprache: _____

Bisherige Erfahrungen mit dem Lernen einer Fremdsprache:

_____

Beziehung zur deutschen Sprache:

_____

Beziehung zu den deutschsprachigen Ländern:

_____

(Vor-)Wissen über die deutschsprachigen Länder:

_____

Lerntraditionen: _____

Zusammensetzung der Klasse (Jungen/Mädchen): _____

Dynamik/Sozialverhalten/Konzentrationsfähigkeit:

_____

Motivation: _____

Leistungsbereitschaft: _____

Vorlieben/Abneigungen (bestimmte Themen, Methoden ...):

_____

Besondere Begabungen (szenisch, zeichnerisch, musikalisch ...):

_____

Alle diese Faktoren – und sicher noch weitere – können das Unterrichtsgeschehen in ganz erheblichem Maß beeinflussen. Werden sie nicht im Vorfeld bedacht, können sie eine noch so ausgefeilte Planung einer Unterrichtseinheit zunichte machen oder dem Unterricht eine ganz unerwartete Wendung geben.

Eine gute Hilfe bei der Unterrichtsvorbereitung ist deshalb, dass man den jeweiligen Abschnitt im Lehrwerk nicht nur mit der Absicht einer möglichst perfekten Aufgliederung und Präsentation des Lehrstoffs aufbereitet, sondern ihn auch „aus der Perspektive der Lernenden" betrachtet.

Leitfragen hierfür könnten sein:

➤ Was könnte die Schüler an diesem Abschnitt interessieren?

➤ Wo gibt es voraussichtlich Probleme?

➤ Wo kann man an Vorwissen und Vorerfahrung anknüpfen?

➤ Wie kann man den Lernprozess anregen und unterstützen?

➤ Was müsste man weglassen, was ergänzen?

Usw.

Perspektive
der Lernenden

Manchmal zwingen einen die Umstände auch, das Lehrwerk ganz beiseite zu legen und auf pädagogische Fragen einzugehen (z. B. Konflikte; Störungen in der Klasse) oder es ergibt sich die Gelegenheit, auf eine aktuelle Frage einzugehen, die die Lernenden selbst in den Unterricht einbringen. Erfahrene Lehrerinnen und Lehrer legen sich deshalb bei der Planung und Gestaltung nicht auf ein starres Unterrichtsschema, einen minutiös geplanten Unterrichtsablauf und „programmiertes" Schülerverhalten fest, das sie dann „um jeden Preis durchzudrücken" suchen. Sie überlegen vielmehr auch bereits bei der Unterrichtsplanung, was sie machen können, wenn unvorhergesehene Probleme auftauchen.

Solche **Probleme** können zum Beispiel sein:

– Man hat mit viel Überlegung zu Hause Folien für den Tageslichtprojektor vorbereitet – und dann funktioniert das Gerät nicht!

– Man möchte ein Gedicht erarbeiten, aber die Klasse ist wegen eines Vorfalls in der Pause ganz verstört und unruhig – keine Atmosphäre für Gedichte in dieser Stunde!

– Die Schüler sind völlig unkonzentriert und nervös, weil in der nächsten Stunde eine wichtige Mathe-Schularbeit stattfindet, usw.

Aufgabe 17

> *Sehen Sie sich jetzt bitte einmal die nächste Lektion in Ihrem Lehrwerk an und versuchen Sie, diese Lektion ganz bewusst „mit der Brille Ihrer Schülerinnen und Schüler" zu sehen!*
> – *Was würde Sie als Schüler oder Schülerin an den Themen, Situationen und Rollen interessieren, was würde Sie langweilen?*
> – *Welche Aufgaben und Übungen würden Sie als Schüler oder Schülerin gern bearbeiten, welche würden Sie nicht gern machen?*
> – *Was müsste man an der Lektion verändern, weglassen, ergänzen usw., damit sie für Ihre Schülerinnen und Schüler attraktiver würde?*

Es gibt auch noch andere schülerbezogene Aspekte, die Sie berücksichtigen sollten. Dabei geht es aber weniger um die Klasse als Ganzes, sondern mehr um einzelne Schülerinnen und Schüler, nämlich um die Frage, welchem Lernertyp sie angehören. Diese Frage wollen wir kurz im nächsten Teilkapitel ansprechen.

1.3.4 Lernertypen

Es gibt ganz unterschiedliche Lernertypen. Die Ausprägung solcher Lernertypen hat unter anderem mit der Wahrnehmung der Welt durch unsere Sinne und mit der Arbeits- und Wirkungsweise bestimmter Regionen und Funktionen des Gehirns zu tun. Wir unterscheiden einige **Haupttypen**:

➤ den visuellen, mehr durch Sehen lernenden Typ,

➤ den auditiven, mehr durch Hören lernenden Typ,

➤ den haptischen, besonders durch den Tastsinn lernenden Typ,

➤ den verbalen, mehr durch sprachlich-abstrakte Erklärung bzw. durch Lesen lernenden Typ,

➤ den interaktionsorientierten, durch Tätigkeit, sozialen Kontakt und Gespräch lernenden Typ.

In der Praxis sind allerdings meist Mischformen anzutreffen.

Aufgabe 18

> *Sehen Sie sich die Charakterisierung der verschiedenen Lernertypen oben noch einmal an:*
> *Was für ein Lernertyp sind Sie selbst?*

Es liegt auf der Hand, dass bestimmte Lernertypen durch bestimmte Lehrverfahren „blockiert" oder besonders gefördert werden.

Hier einige **Beispiele**:

– Die audiolinguale* Präsentation des neuen Lehrstoffs (d. h. über das Hören/ Nachsprechen) bevorzugt eindeutig den auditiven Lernertyp und benachteiligt die anderen.

– Die audiovisuelle* Methode (d. h. über Ton und Bild) bevorzugt den visuellen Lernertyp und benachteiligt z. B. den verbalen Lernertyp.

– Beim verbalen Lernertyp, der durch Erklärung und Analyse lernt, lässt der Strukturendrill (Pattern drill*) als dominierende Übungsform wichtige Lernpotenziale brachliegen.

– Der interaktionsorientierte Lernertyp (lernt am besten im Austausch mit anderen) wird durch den kommunikativen Ansatz nachhaltig gefördert.

Eine ausführliche Darstellung der verschiedenen Herangehensweisen finden Sie in der Fernstudieneinheit *Methoden des fremdsprachlichen Deutschunterrichts*.

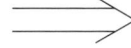

Aufgabe 19

> *Wählen Sie eine Schülerin oder einen Schüler in Ihrer Klasse und versuchen Sie zu bestimmen, was für ein Lernertyp sie/er ist.*
>
> *Überlegen Sie sich dann, welche didaktisch-methodischen Schwerpunkte Ihr Lehrwerk setzt: Wird diese Schülerin/dieser Schüler durch das Lehrwerk eher gefördert oder eher benachteiligt?*

1.3.5 Die Lehrenden

In diesem Teilkapitel geht es um Sie selbst, um Ihre Rolle beim Einsatz des Lehrwerks im Unterricht. Wir hoffen, dass Sie mit dem Lehrwerk, das Sie vielleicht nicht selbst ausgewählt haben, gern unterrichten und dass es im Wesentlichen Ihren Vorstellungen von einem guten Lehrwerk entspricht. Das Lehrwerk allein aber macht ja noch keinen Unterricht. Den Unterricht „machen" Sie und die Lernenden. Das Lehrwerk ist dabei nur ein Mittel zum Zweck, ein Angebot, das erst Sie und Ihre Schülerinnen und Schüler zum Leben erwecken. Was müssen Sie konkret dazu tun? Und welche Rolle spielt das Lehrwerk in Ihrem Unterricht? Diesen Fragen wollen wir mit der nun folgenden Aufgabe 20 nachgehen.

Aufgabe 20

> *1. Bitte notieren Sie hier noch einmal stichwortartig, was Sie zur Vorbereitung einer ganz normalen Deutschstunde tun und wie viel Zeit Sie etwa mit den verschiedenen Aktivitäten verbringen.*

Aktivitäten vor dem Unterricht	*Zeit*

2. Notieren Sie nun stichwortartig, was Sie (und die Schülerinnen und Schüler) während des Unterrichts tun und welchen zeitlichen Anteil die Aktivitäten etwa haben (z. B. Arbeit mit dem Lehrbuch, Test, Freiarbeit ...).

Aktivitäten während des Unterrichts	Zeit

Liegen wir falsch mit der Annahme, dass Sie und Ihre Schülerinnen und Schüler wahrscheinlich ziemlich viel Zeit mit dem Lehrwerk (Lehrbuch, weitere zum Lehrbuch angebotene Materialien wie Folien, Kassetten usw.) verbringen, und zwar sowohl vor dem Unterricht (Unterrichtsplanung anhand des Lehrwerkangebots) als auch im Unterricht selbst (Arbeit mit dem Lehrwerk)?

Untersuchungen zum Englischunterricht in der Erwachsenenbildung aus dem Jahr 1987 haben ergeben, dass etwa 80 % der Unterrichtszeit mit dem Lehrwerk bestritten werden (Helbig u. a. 2001, 1037). Neuere Untersuchungen gibt es nicht, es ist aber anzunehmen, dass sich diese Zahl nicht wesentlich verändert hat. Aus diesem hohen Anteil der Arbeit mit dem Lehrwerk leiten wir folgende Feststellungen für unser Thema ab:

1. Das Lehrwerk spielt eine eminent wichtige Rolle im Sprachunterricht.
2. Lehrer und Schüler verbringen viel Zeit mit dem Lehrwerk.
3. Der Lehrer bzw. die Lehrerin verbringt noch mehr Zeit mit dem Lehrwerk als die Schüler.
4. Der Lehrer verbringt mindestens so viel Zeit mit dem Lehrwerk bei der Unterrichtsvorbereitung wie im Unterricht selbst, vielleicht sogar mehr.
5. Könnte man ein Lehrwerk Seite für Seite, Zeile für Zeile so abarbeiten, wie es ist, müsste man weniger Vorbereitungszeit investieren.
6. Es ist eminent wichtig, über die Vorbereitungsphase intensiv nachzudenken.

Diesen letzten Gedanken möchten wir mit der folgenden Aufgabe 21 vertiefen.

Aufgabe 21

Was machen Sie eigentlich in der Vorbereitungsphase? Welche Überlegungen stellen Sie an? Wie gehen Sie vor? Haben Sie Leitfragen, die Sie abarbeiten? Machen Sie sich Notizen? In welcher Form? Was machen Sie mit den Notizen?

Notieren Sie bitte dazu stichwortartig einige Antworten.

Es wäre sicher sehr interessant, die Antworten all jener zu vergleichen, die mit dieser Fernstudieneinheit arbeiten, und mit ihnen darüber zu diskutieren. Vielleicht haben Sie Gelegenheit, dies in Arbeitsgruppen mit einigen Kollegen und Kolleginnen zu tun.

Wir listen hier mehr oder weniger ungeordnet einige Fragen auf, die man sich bei der **Vorbereitung des Unterrichts** stellen kann:

- Was bietet das Lehrwerk/die anstehende Lektion (in Lehrbuch, Arbeitsbuch, Zusatzmaterialien)?
- Welche Lernziele verfolgt das Lehrwerk/die anstehende Lektion? Welche Lernziele verfolge ich (in Übereinstimmung mit dem Lehrplan usw.)?
- Wie kann ich die Lehrwerkteile im Unterricht sinnvoll kombinieren?
- Was fehlt im Lehrwerk? Welche zusätzlichen Texte, Übungen, Materialien brauche ich?
- Wie organisiere ich den Unterrichtsverlauf? Womit fange ich an, wie geht es weiter und dann ...? Enthält das Lehrwerk sinnvolle Vorgaben oder will ich es anders machen?
- Welche Texte/Übungen/Grammatikerklärungen übernehme ich direkt aus dem Lehrwerk? Was mache ich anders, adaptiere ich ...?
- Wie erkläre ich ...?
- Was interessiert meine Schüler, was interessiert sie voraussichtlich nicht? Wie kann ich sie motivieren?
- Wie bringe ich Abwechslung in den Unterricht?
- Wie organisiere und initiiere ich die verschiedenen Arbeitsformen/Sozialformen (z. B. Einzel-, Partner-, Gruppenarbeit, Simulationen, Rollenspiele).
- Was soll an der Tafel stehen? Welche Folien muss ich vorbereiten? Was sollen die Schüler ins Heft schreiben?
- Welche Aktivitäten kann ich aus dem Unterricht hinausverlagern?
- Hilft das Lehrerhandbuch, mir einige dieser Fragen zu beantworten?

Usw.

Schon an der Fülle dieser Fragen wird deutlich, welch intensive Auseinandersetzung die Lehrerinnen und Lehrer hier leisten müssen. Deshalb ist es nur zu verständlich, wenn die Begeisterung auf einen Lehrwerkwechsel häufig nicht allzu groß ist, denn viele Lehrerinnen und Lehrer haben sich in langjähriger Arbeit ihr Lehrwerk für ihren Unterricht „präpariert" und vielfältige Ergänzungsmaterialien selbst erstellt und zusammengestellt, also quasi durch ihre „Zuarbeit" ein neues Lehrwerk geschaffen.

Natürlich erschöpft sich die ganze vorbereitende Arbeit des Lehrers nicht mit diesem Fragenkatalog. Weitere detaillierte „Unterrichtshandlungen" müssen geplant werden, wir nennen hierzu nur einige wenige **Beispiele**:

- Wie rege ich das szenische Anspielen des Lehrbuchdialogs an?
- Wie werden die Dialogpartner bestimmt?
- Wie kann ich möglichst viele Schüler zum Sprechen bringen?
- Wie formuliere ich Arbeitsaufträge für Gruppenarbeit?
- Mische ich mich ein oder bleibe ich „stiller Beobachter"?
- Wie viel Zeit berechne ich für das stille Lesen eines Textes?

Notieren Sie bitte noch weitere Fragen, die Sie sich bei der Unterrichtsvorbereitung stellen und die Sie lösen müssen.

_____

_____

_____

_____

Hilbert Meyer (1987a, 21) spricht von einer „Inszenierung des Unterrichts durch die zielgerichtete Organisation der Arbeit, durch soziale Interaktion und sinnstiftende Verständigung mit den Schülern".

Hinweis Für die Vorbereitung dieser „szenischen Inszenierung" brauchen wir eine möglichst klare Handlungsanleitung. Eine solche Handlungsanleitung werden Sie in Kapitel 2 dieser Fernstudieneinheit kennen lernen.

1.4 Die Lehrerhandreichungen

In Punkt 7 unseres kleinen Fragebogens in Aufgabe 2 (S. 6ff.) haben Sie schon einige Fragen zu den Lehrerhandreichungen aus Ihrer Perspektive beantwortet.

In den Lehrbuchverlagen ist man davon überzeugt, dass ein Lehrwerk ohne Lehrerhandreichung unverkäuflich ist. Infolgedessen werden zu jedem Lehrwerk mehr oder weniger umfangreiche, mehr oder weniger ausführliche Lehrerhandreichungen angeboten. Allerdings sind die Verkaufszahlen oft sehr niedrig.

Dem entspricht die Realität: Bei wiederholten Umfragen in Lehrerfortbildungsveranstaltungen zeigte sich: Nur sehr wenige Lehrerinnen und Lehrer – oft nicht einmal 10 % – benutzen die Lehrerhandbücher regelmäßig zur Unterrichtsvorbereitung. Wie ist das bei Ihnen? Sind Sie unter denjenigen, die im Fragebogen die Nummer 7.1 angekreuzt haben, unter denjenigen also, die gar nicht wissen, ob es zu ihrem Lehrwerk ein Lehrerhandbuch gibt und wenn es eines gäbe, dieses auch gar nicht benutzen würden? Oder schauen Sie gelegentlich hinein? Die Gründe für die geringe Benutzung von Lehrerhandbüchern sind gewiss vielfältig: Am meisten fallen dabei wohl Zeitprobleme und Unzufriedenheit mit dem Angebot ins Gewicht. Häufig ist es auch eine Kostenfrage. Andererseits gilt auch: Ein guter Lehrer braucht keine Lehrerhandreichungen.

Was eigentlich erwarten wir von einer Lehrerhandreichung?

Aufgabe 23

Was würden Sie von einer guten Lehrerhandreichung zu einem Lehrwerk erwarten? Kreuzen Sie bitte an.

☐ Erläuterungen zum methodisch-didaktischen Konzept:

☐ ausführlich ☐ eher kurz und knapp

☐ Angaben zu den Lehr- und Lernzielen

☐ Angaben zum Lernstoff (Sprachausschnitt, Umfang des Wortschatzes usw.)

☐ Erklärungen zum Aufbau des gesamten Lehrwerks

☐ Erklärungen zum Aufbau der einzelnen Lektionen

☐ Erläuterungen zur Landeskunde, zu den Inhalten, zu den Bildern usw.

☐ Erläuterungen zum Einsatz der Medien

☐ zusätzliche Texte, Übungen, Bilder, landeskundliche Erklärungen

☐ Vorschläge zur Unterrichtsgestaltung:

☐ exemplarisch ☐ zu jeder Lektion

☐ tabellarisch-übersichtsartig ☐ beschreibend

☐ einen genauen Unterrichtsfahrplan

☐ Alternativvorschläge zur Unterrichtsgestaltung

☐ Lösungsvorschläge zu den Aufgaben und Übungen

☐ Transkriptionen der Hörtexte

☐ Vorschläge zu Spielen

☐ ...

Soll die Handreichung möglichst

☐ kurz und knapp gehalten sein oder

☐ detailliert und ausführlich?

Aufgabe 24

1. *Bitte schauen Sie nun – falls vorhanden – in das Lehrerhandbuch zu Ihrem Lehrwerk oder in andere Lehrerhandbücher, zu denen Sie Zugang haben, und überprüfen Sie, welche der in Aufgabe 23 genannten Komponenten dort enthalten sind.*

   Notieren Sie, was aus Ihrer Sicht fehlt oder sich in anderen Lehrwerkteilen befindet (z. B. Lösungen im Kursbuch, Hörtexte in einem Textheft zu einer CD, Spiele auf der Online-Komponente usw.).

   _____

   _____

   _____

   _____

2. *Geben Sie „Ihrem" oder einem anderen der zur Verfügung stehenden Lehrerhandbücher eine Note. Kreuzen Sie an:*

	„mein" Lehrerhandbuch	Lehrerhandbuch X
sehr gut	☐	☐
gut	☐	☐
befriedigend	☐	☐
ungenügend	☐	☐

Was für die Lehrwerke gilt, gilt auch für die Lehrerhandreichungen: Sie sind sehr unterschiedlich in Umfang, Aufbau und Inhalt. Bei den einen handelt es sich um (mehrere) schmale Heftchen (z. B. *Themen neu 1, Sichtwechsel 1, 2, 3*), andere wiederum wachsen sich zu veritablen wissenschaftlichen Werken aus (z. B. *Sprachbrücke 1*, 294 Seiten).

Neuerdings gehen Verlage auch dazu über, Lehrerhandreichungen ins Internet zu stellen, wo sie fortlaufend ergänzt werden können, gegebenenfalls auch durch Beiträge von Lehrerinnen und Lehrern, die das Lehrwerk benutzen.

Andere Verlage wiederum bieten Lehrerhandbücher an, die den Lehrerinnen und Lehrern „die schnelle Orientierung auf einen Blick" ermöglichen und ihnen eine aufwändige Unterrichtsvorbereitung abnehmen sollen. Ein Modell dafür sind die Lehrerhandbücher des Lehrwerks für Jugendliche *sowieso*, bei denen um jede (vierfarbig wiedergegebene) Doppelseite des Kursbuches die Erläuterungen für die Lehrer abgedruckt sind. Ein anderes Modell sind die Lehrerhandbücher zum Lehrwerk für Erwachsene *Tangram*, bei dem zu jeder einzelnen (vierfarbig wiedergegebenen) Lehrbuchseite die gegenüberliegende Seite ausführliche Erläuterungen für die Lehrer enthält. (Beide Modelle gibt es übrigens in Deutschland schon lange für den schulischen Unterricht, z. B. für die Fächer Biologie, Chemie und Erdkunde.)

Solche Lehrerhandreichungen sind natürlich in der Herstellung sehr kostenintensiv und entsprechend teuer. Sie mögen vielen Lehrerinnen und Lehrern sehr attraktiv erscheinen, aber sie bieten nicht nur Vorteile.

Zur Veranschaulichung dessen zeigen wir Ihnen in Beispiel 3 (S. 28) einen Ausschnitt aus einem der beiden Modelle.

Aufgabe 15

Beispiel 3

Bitte sehen Sie sich Beispiel 3 an und überlegen Sie:

Welche Vorteile sehen Sie bei dieser Art Lehrerhandbuch und welche Nachteile könnte man nennen? Schreiben Sie Ihre Ergebnisse auf ein Extrablatt.

3 Hören der Kassette. Was verstehen die Lernenden? Sammeln Sie die Wörter ebenfalls an der Tafel oder auf Folie.

Kopieren Sie die Zeichnung auf eine Folie, decken Sie jeweils nur einen Teil auf und spielen Sie den dazugehörigen Dialog vor. Nachsprechen in der Gruppe.

„Zoff" heißt hier die Gruppe, die ein Konzert gibt; mit „Zoff" ist nicht Streit/Ärger gemeint.

4 Anschließend Partnerarbeit, die Schüler üben die Dialoge.

Spielen Sie gemeinsam mit einem Schüler einen Dialog vor (mit dem Namen des Schülers). Die Lernenden üben dann wieder in Partnerarbeit und spielen anschließend die Begrüßung vor der Klasse.

5 Spielen Sie das Lied einmal vor: Welche Wörter haben die S. erkannt? Anschließend: Hören und Mitsingen mit Text (auf Folie oder an der Tafel):

In Paule Puhmanns Paddelboot, da paddeln wir auf See.

Wir paddeln um die halbe Welt. Alohahohahee!

Guten Tag, auf Wiedersehn!
Guten Tag, auf Wiedersehn!

Hallo, wie heißt du?

3 Hallo, wie heißt du? – Hört und lest die Dialoge.

1
● Hallo, ich heiße Marco, und du?
○ Janine.
● Magst du „Zoff"?
○ Ja, und du?

2
● Hallo Luise.
○ Tag, Sophie, wie geht's?
● Danke, gut, und dir?
○ Auch gut, danke.

3
● Hi, Olli! Echt cool hier.
○ Oh, ja! Guten Abend, Herr Schmidt.

4
● Tschüs, Sophie.
○ Tschau, Frau Maier.

5
● Auf Wiedersehen, Herr Müller.
○ Auf Wiedersehen, Tom. Bis bald.

4 Übt die Dialoge aus Aufgabe 3 mit anderen Namen.

5 Ein Lied: Paule Puhmanns Paddelboot.

Gu-ten Tag, auf Wie-der - sehn! Gu-ten Tag, auf Wie-der - sehn!

8 acht

Funk u. a. (2003), 20

Im ersten Kapitel dieser Fernstudieneinheit ging es darum, sich das komplexe Beziehungsgeflecht zwischen Lehrsituation, Lehrwerk(-lektionen), Lehrenden und Lernenden, das dem konkreten Unterricht zugrunde liegt, noch einmal in Erinnerung zu rufen. Im folgenden Kapitel wollen wir uns mit der Frage beschäftigen, welches Instrumentarium den Lehrenden zur Verfügung steht, um eine Unterrichtsstunde konkret vorzubereiten.

2 Systematische Darstellung

2.1 Vorbereitung einer Unterrichtsstunde: das *Modell Didaktische Analyse*

Im ersten Kapitel haben Sie sich ganz allgemein mit der Frage beschäftigt, warum Lehrwerke nicht einfach „so wie sie sind" im Unterricht eingesetzt werden können und warum jeder Unterricht mit einem Lehrwerk sorgfältig vorbereitet werden muss. Dabei haben Sie insbesondere über folgende Punkte nachgedacht:

- das Verhältnis von Lehrwerk – Lehrplan,
- das Verhältnis Lehrwerk – Lehrsituation,
- das Verhältnis Lehrwerk – Lernende/Lerntypen,
- das Verhältnis Lehrkraft – Lehrwerk,
- das Verhältnis Lehrwerk – neue Fachdidaktik.

Sie haben auch überlegt, inwieweit Lehrerhandbücher für die konkrete Unterrichtsvorbereitung eine Hilfe sein können.

In diesem Kapitel gehen wir dichter an unsere Fragestellung heran: Wie und mithilfe welcher „Instrumente" können wir eine konkrete Unterrichtsstunde vorbereiten?

Zu Beginn Ihrer Unterrichtstätigkeit und/oder im Rahmen Ihrer Ausbildung sollte diese Vorbereitung immer schriftlich in Form eines so genannten Stundenentwurfs geschehen. Wir werden Ihnen aber in diesem Kapitel auch zeigen, dass dieser Stundenentwurf ein wichtiges Durchgangsstadium ist, das durch andere Formen der (schriftlichen) Vorbereitung abgelöst wird.

Bei einer konkreten Stundenvorbereitung trifft jede Lehrerin und jeder Lehrer eine Reihe von Entscheidungen. Das Modell, das die Grundlage für diese Entscheidungen sein kann und das wir Ihnen hier vorstellen wollen, heißt *Modell Didaktische Analyse* (*Modell DA*). Dieses Modell bietet die Möglichkeit, solche Entscheidungen **begründet** und **schrittweise** zu treffen. Unterrichtsstunden, die nach dem *Modell DA* vorbereitet sind, haben den Vorteil, dass die Lehrkraft all diese Entscheidungen überdenken muss. Die Entscheidungen werden also nicht zufällig oder willkürlich getroffen, sie werden auch nicht primär durch das Lehrwerk gesteuert, sondern anhand logischer, begründbarer Entscheidungskriterien.

Der Begriff *Didaktische Analyse* wurde in Deutschland von dem Bildungstheoretiker und Erziehungswissenschaftler Wolfgang Klafki in die Diskussion eingeführt. Das Modell beschreibt die Planungskriterien für einen didaktisch begründeten Unterricht, mit Klafkis Worten: *Didaktische Analyse als Kern der Unterrichtsvorbereitung* (1962). Klafkis Modell gilt für Unterrichtsvorbereitungen ganz allgemein. Wir orientieren uns hier an Gerard Westhoff (1981; 1987), der das *Modell DA* für den Fremdsprachenunterricht bearbeitet hat.

Mit den folgenden Aufgaben lernen Sie,

- welche Entscheidungen Sie bei der Unterrichtsvorbereitung treffen, d. h., welche Fragen Sie dabei beantworten müssen,
- in welcher Reihenfolge diese Entscheidungen am besten getroffen werden können.

Bei der folgenden Aufgabe, wie auch bei den Aufgaben 34, 38, 41, 45 ist es wichtig, dass Sie die Fragen wirklich aufgrund eigener Reflexion beantworten. Nur so können Sie die aufeinander folgenden Schritte des *Modells Didaktische Analyse* gedanklich nachvollziehen.

Lesen Sie deshalb immer erst weiter, wenn Sie die entsprechende Frage beantwortet haben.

Mit welcher Entscheidung fangen Sie bei Ihrer Unterrichtsvorbereitung an? Welche der folgenden Fragen beantworten Sie zuerst? Warum? Bitte überlegen Sie sich, bevor Sie antworten, die Konsequenz Ihrer Entscheidung, denn diese legt mehr oder weniger die Reihenfolge aller weiteren Entscheidungen fest.

1. Was muss der Lehrer/die Lehrerin in der Stunde tun?
2. Welche Medien/Hilfsmittel (z. B. Rekorder, Bücher, Karten, Folien) braucht der Lehrer/die Lehrerin?
3. Was sollen die Schüler lernen?
4. Arbeiten die Schüler individuell, in Gruppen oder ...?
5. Was sollen die Schüler tun?
6. Mit welchem Material (z. B. Text, Arbeitsblatt, Hörtext, Foto, Aufgabe) wird gearbeitet?

1. Welche dieser sechs Fragen beantworten Sie zuerst?

_____

2. Warum beantworten Sie diese Fragen zuerst?

_____

_____

_____

_____

2.1.1 Lernziele

allgemeine Ziele von Unterricht

Im *Modell DA* ist die erste Frage, die die Lehrkraft bei der Unterrichtsvorbereitung beantwortet:

• **Was sollen die Schüler lernen?**

Warum steht diese Frage ganz am Anfang?

In jedem Unterricht geht es um bewusst angestrebte Veränderungen im Lernenden. Ziel jeden Unterrichts ist es, dafür zu sorgen, dass der Lernende am Ende der Stunde „weiter" ist als zu Beginn der Stunde. Er hat einen Lernweg zurückgelegt, er hat sich „verändert": Die angestrebte Veränderung kann z. B. darin bestehen, dass der Lernende nach dem Unterricht etwas weiß, was er vorher noch nicht wusste; dass er etwas kann, was er vorher nicht konnte; dass er eine Haltung gegenüber einem Thema, einem Problem usw. einnimmt, die er vorher so nicht einnahm.

Für die angestrebte Veränderung im Lernenden benutzen wir den Begriff *Lernziel*.

Worin können Ihrer Meinung nach Lernziele, d. h. angestrebte Veränderungen im Schüler, bestehen? Worauf können sie sich beziehen?

_____

_____

_____

_____

Das folgende Schema soll verdeutlichen, worum es bei der Veränderung im Lernenden geht.

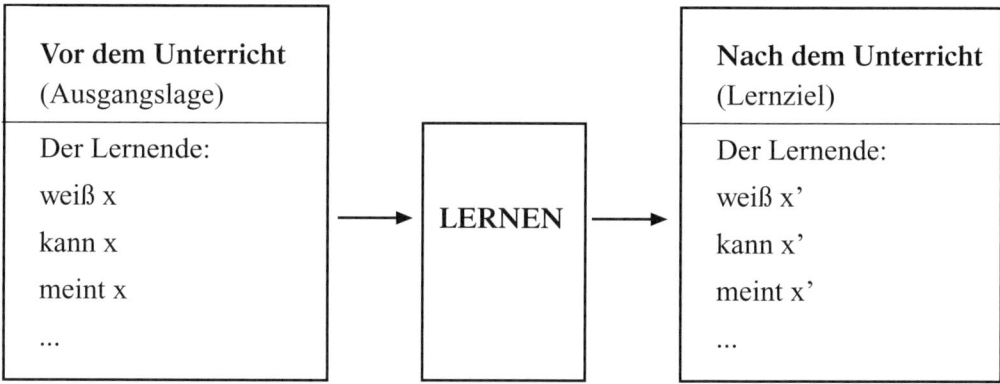

Woran erkennt man nun Lernziele?

Welcher der folgenden beiden Sätze beschreibt ein Lernziel? Warum?

a) Am Ende der Stunde habe ich die Wechselpräpositionen behandelt.

b) Am Ende der Stunde können die Schüler nach dem Weg fragen und Antworten auf Ihre Frage(n) verstehen.

Lernziel, weil _____

_____

kein Lernziel, weil _____

_____

Aufgabe 28

Der Lernende ist kein unbeschriebenes Blatt. Er weiß am Anfang des Lernprozesses schon einiges, er kann schon einiges, hat schon bestimmte Überzeugungen usw.

Aus der Lernpsychologie wissen wir, dass wir etwas Neues nur lernen, wenn es an etwas bereits Bekanntes anknüpft, wenn wir es in etwas, von dem wir schon etwas wissen oder gehört haben, einordnen können. Bei der Unterrichtsvorbereitung müssen wir also genau bestimmen, was der Lernende bereits weiß, was er bereits kann usw., damit der Lernprozess an bereits vorhandene Kenntnisse, Fertigkeiten, Überzeugungen usw. anschließen kann. Außerdem lässt sich auch nur so vermeiden, dass Schüler in der Unterrichtsstunde etwas lernen sollen, was sie bereits gelernt haben oder was sie überfordern würde, weil der Stoff, der gelernt werden soll, nicht an das anschließt, was die Schüler „mitbringen". Anders gesagt: Wir müssen bei der Unterrichtsvorbereitung sehr präzise folgende Fragen beantworten:

➤ Wo steht der Lernende zu Beginn des Unterrichts?
Was kann er? Was weiß er? Was bringt er schon mit?
Wir müssen also fragen:
Was ist seine **Ausgangslage**?

➤ Was soll der Lernende am Ende des Unterrichts können und wissen?
Welchen Lernweg soll er zurückgelegt haben?
Das heißt:
Was ist das **Lernziel**?

➤ Wird der Lernende mit dem angestrebtem Lernziel nicht über- oder unterfordert?

Die Frage, die wir hier stellen müssen, lautet: Wie formuliert man **Lernziele**?

Diese Frage haben sich schon viele Erziehungswissenschaftler und Fachdidaktiker gestellt – und sehr unterschiedlich beantwortet. Wir möchten Sie hier nicht mit dieser

Neues mit Bekanntem verknüpfen

Diskussion konfrontieren, sondern Ihnen die Informationen anbieten, von denen wir glauben, dass sie bei Ihrer Unterrichtsvorbereitung hilfreich sein können.

Aufgabe 29

> *Die folgenden Lernziele sprechen unterschiedliche Bereiche an. Welches Lernziel gehört in welchen Bereich? Ordnen Sie bitte zu.*
>
> | *Lernziele:* | *Lernzielbereiche:* |
> |---|---|
> | *1. Die Schüler können in einem Restaurant etwas zu trinken und zu essen bestellen.* | *A Kenntnisse* |
> | *2. Die Schüler zeigen die Bereitschaft, die eigene Vorstellungs- und Erfahrungswelt durch die Beschäftigung mit einer anderen Kultur zu ändern.* | *B Fertigkeiten* |
> | *3. Die Schüler wissen, wann bei den Wechselpräpositionen „auf" und „in" der Dativ bzw. der Akkusativ verwendet wird.* | *C Haltungen* |

Lernziele können sich also beziehen auf:

Kenntnisse

➤ **Kenntnisse**, d. h., wir möchten erreichen, dass die Schüler nach der Unterrichtsstunde etwas **wissen**, was sie vorher noch nicht wussten.

Fertigkeiten

➤ **Fertigkeiten**, d. h., wir möchten erreichen, dass die Schüler nach der Unterrichtsstunde etwas **können**, was sie vorher noch nicht konnten.

Haltungen

➤ **Haltungen**, d. h., wir möchten erreichen, dass die Schüler nach der Unterrichtsstunde etwas **fühlen**, **finden** oder **wollen**, was sie vorher noch nicht fühlten, fanden oder wollten, dass sie ihre Haltungen (Einstellungen, Attitüden) gegenüber Menschen, Problemen usw. ändern.

Lernziele bestehen also immer darin, dass ganz bewusst eine **Veränderung** in den Kenntnissen, Fertigkeiten oder Haltungen der Lernenden angestrebt wird. Es hat Vorteile, diese angestrebte Veränderung so zu beschreiben, dass daraus ersichtlich wird, welches beobachtbare *Verhalten* des Lernenden angestrebt wird. Wenn dies gelingt, können wir am Ende des Unterrichts kontrollieren, ob und in welchem Umfang ein Lernender die angestrebten Lernziele erreicht hat; dann nämlich, wenn man beim Schüler wahrnehmen kann, ob sich bei ihm etwas verändert hat. Eine solche Überprüfung, ob ein bestimmtes Lernziel erreicht worden ist, nennt man *Evaluation*. Wir greifen dieses Thema in Kap. 2.1.6 (S. 54) und Kapitel 4 (S. 144) noch einmal auf.

Hinweis

beobachtbare/
nicht beobachtbare
Lernziele

In unseren Beispielen in Aufgabe 29 sind die Lernziele 1 und 3 beobachtbare Lernziele, Lernziel 2 ist nicht in dieser Form beobachtbar, es ist aber trotzdem ein wichtiges Lernziel, das in einer interkulturellen Didaktik nicht vernachlässigt werden darf. Nicht oder nur teilweise beobachtbare Lernziele aus dem Bereich *Haltungen* beziehen sich auf Verhaltensdispositionen bei Schülern. Damit werden Fähigkeiten bezeichnet, die nicht unmittelbar beobachtbar sind, aber doch gelernt werden können.

Aufgabe 30

> *Schauen Sie sich einmal die folgenden Verben an. Welche beschreiben ein **beobachtbares Verhalten** der Lernenden? Welche nicht? Oder anders formuliert: Welche Verben eignen sich zum Formulieren von Lernzielen? (Am besten, Sie versuchen mit den Verben kurze konkrete Lernziele zu beschreiben, dann fällt Ihnen die Antwort bestimmt leichter.)*
>
> | *Verben* | *konkretes Lernziel* |
> |---|---|
> | *schreiben* | *Der Schüler kann einen kurzen persönlichen Brief schreiben.* |
> | | |

Verben	konkretes Lernziel
kennen	
beantworten	
lösen	
entwerfen	
denken	
konstruieren	
beherrschen	
zeichnen	
auswählen	
erklären	
zu würdigen wissen	
identifizieren	
auf etwas eingehen	
differenzieren	
Zusammenhänge durchschauen	
festlegen	
die Fähigkeit entwickeln	
benennen	
auflisten	
verbinden	
wissen	
ordnen	
klassifizieren	
sich erinnern	
zuordnen	
skizzieren	
vertraut sein	
die Bedeutung erfassen	
vortragen	
verstehen	

Zum Formulieren beobachtbarer Lernziele	
gut geeignete Verben	*weniger geeignete/ungeeignete Verben*

Ein konkretes und beobachtbares Lernziel könnte zum Beispiel sein:

- *Die Schüler können am Ende der Stunde auf Deutsch nach dem Weg fragen.*

Jetzt können wir die Frage, warum Entscheidungen über das Lernziel ganz am Anfang stehen, wieder aufgreifen.

Erst wenn wir genau wissen, was ein Schüler lernen soll, d. h., erst wenn wir das Lernziel genau bestimmt haben, können wir weitere Entscheidungen treffen. Es ist für die gesamte Organisation des Lernprozesses, also für die ganze Planung der Unterrichtsstunde, von großem Unterschied, ob es darum geht, dass der Lernende am Ende der Stunde etwas **weiß** oder etwas **kann** oder etwas **findet, will, fühlt**; ob er **bereit ist**, etwas zu tun usw.

Das *Modell DA* beschreibt den Lernprozess, den der Lernende durchlaufen soll, als einen Weg des Lernenden von einer möglichst präzise bestimmten Ausgangslage hin zu ebenso präzise festgelegten Lernzielen. Auf diesem Weg verändert sich der Lernende.

Das *Modell Didaktische Analyse* lässt sich vereinfacht so veranschaulichen:

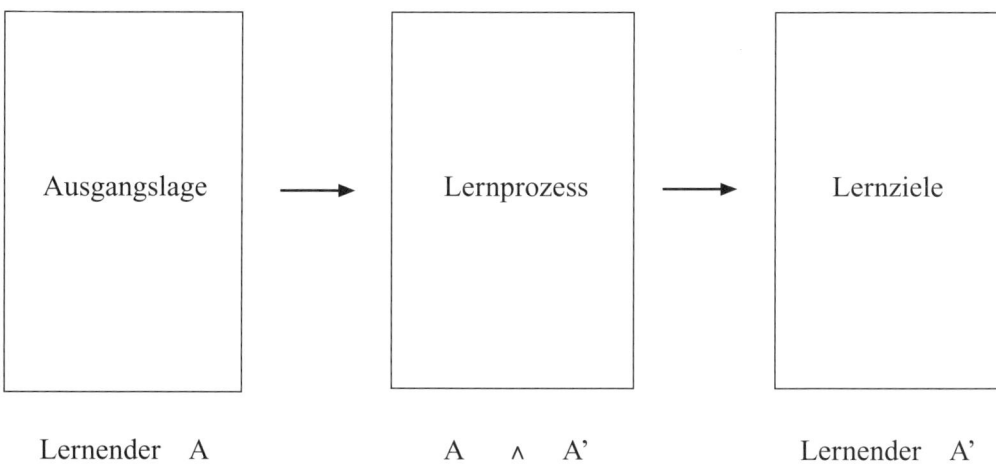

| Ausgangslage | → | Lernprozess | → | Lernziele |

Lernender A   A ∧ A'   Lernender A'

Definition:
Was ist eine
Unterrichtsstunde?

Die Unterrichtsstunde selbst, in der dieser Lernprozess stattfinden soll, kann jetzt charakterisiert werden als ein zusammenhängendes **Bündel von Maßnahmen**, die alle nur einen Zweck haben: dem Lernenden zu helfen, das Lernziel zu erreichen.

Selbstverständlich beziehen sich Lernziele nicht nur auf einzelne Unterrichtsstunden. Sie gelten genauso für Unterrichtssequenzen, für die Jahresplanung, ja generell für den Fremdsprachenunterricht. In Kapitel 1 haben wir schon auf die Rolle von Curricula und Lehrplänen und ihren Einfluss auf den Unterricht in verschiedenen Ländern hingewiesen. Dasselbe gilt für die unterschiedliche Situation von Deutsch als erster, zweiter oder dritter Fremdsprache. Daraus ergeben sich je unterschiedliche Lernziele von Schultyp zu Schultyp, aber auch von Land zu Land.

Einige Beispiele sollen das hier noch einmal veranschaulichen:

Ein Niederländer, der Deutsch lernt, lernt die Sprache seines Nachbarn, mit dem er auf vielfältige Weise in Kontakt kommt: über das Fernsehen, über deutsche Geschäftsleute oder Touristen in den Niederlanden, über Deutsche in Deutschland (auf dem Weg in die Sommerferien in Italien usw.). In einem Land wie den Niederlanden, die sehr unter der nazideutschen Besatzung im Zweiten Weltkrieg zu leiden hatten und wo es nach wie vor gerade unter den Jugendlichen große Vorbehalte und Vorurteile gegenüber den Deutschen gibt, sollte sich der Deutschunterricht nicht auf die Vermittlung von Kenntnissen und Fertigkeiten beschränken, sondern auch Schwerpunkte setzen mit dem Ziel, gegenseitiges Verständnis zu entwickeln und interkulturelle Kontakte zu fördern, um Haltungen zu beeinflussen und zu verändern.

unterschiedliche
Lernziele
in verschiedenen
Ländern

Ein Chilene, der Deutsch lernt, verfolgt damit meist völlig andere Ziele, wie entsprechende Umfragen im Goethe-Institut Santiago und in chilenischen Schulen belegen: Es ist das Interesse an der deutschen Sprache und Literatur, Interesse an Deutschland als ersehntem Studienort, Neugierde auf die Sprache der aus Deutschland eingewanderten Vorfahren; man lernt Deutsch aus ganz konkreten beruflichen Gründen (fürs Büro, als Übersetzer, um in der Tourismusbranche arbeiten zu können usw.). Deutsch ist, von Ausnahmen abgesehen, zweite Fremdsprache nach Englisch. Die vom Ministerium vorgegebenen Lehrpläne sind ganz im Sinne des neoliberalen Wirtschaftskonzepts pragmatisch ausgerichtet: Eine Fremdsprache lernt man, um internationale Kontakte pflegen zu können. Interkulturelle Aspekte, das Relativieren der eigenen Normen durch die Konfrontation mit einer anderen Sprache und Kultur, spielen in diesen Lehrplänen keine Rolle.

Die jeweiligen Stundenziele orientieren sich an den angestrebten Qualifikationen im gesamten Deutschunterricht. Sie sind kleine Schritte auf dem langen Weg zu einer festgelegten Qualifikation für Deutsch am Ende der Schulzeit und darüber hinaus. Schulische Lernziele sollten die Lernenden auch befähigen, kritisch, selbstbestimmt und selbstständig nach der Schule leben und lernen zu können. Lernziele enthalten so immer auch eine emanzipatorische Dimension, die sich weniger durch einen Stoffkatalog als durch einen Unterricht erreichen lässt, in dem die Schülerinnen und Schüler diese Erfahrungen machen und einüben können.

Lesen Sie jetzt bitte den Text in Beispiel 4 (S. 41) „Traumstraße der Welt. Feuerland–Patagonien–Osterinsel" aus dem chilenischen Deutschlehrwerk für Jugendliche „Wegweiser" und überlegen Sie, wie ein Lernziel (oder mehrere Lernziele) für Ihre Schülerinnen und Schüler formuliert werden könnte(n), das (die) sich an beobachtbarem Verhalten der Schüler messen lässt (lassen).

Beispiel 4

R E I S E N + + + R E I S E N + + + R E I S E N + + + R E I S E N + + + R E

I. Traumstraße der Welt

Feuerland – Patagonien – Osterinsel

Auf der „Traumstraße der Welt" durch das südlichste Südamerika und zu den rätselhaften Moais der Osterinsel

Aufenthalt auf der Osterinsel, 3500 km vor der Küste Südamerikas, auf halbem Wege nach Tahiti im Pazifischen Ozean. Unvergeßlich die rätselhaften Steinfiguren, die Moais, und die zahlreichen Kultstätten mit ihren Felszeichnungen! Die Kordillerenüberquerung zwischen Puerto Montt und Bariloche führt durch den landschaftlich schönsten Teil des chilenisch-argentinischen Grenzgebirges und erfolgt – sehr abwechslungsreich – teils per Bus, teils mit dem Fährboot. Ein weiteres Naturerlebnis, das für Südamerika einzigartig ist, rundet unsere „Traumreise" ab: auf der patagonischen Halbinsel Valdes an der Atlantikküste besuchen Sie die Heimat und Liegeplätze der See-Elefanten, Robben und Brutkolonien der Magellan-Pinguine! Eine sehr kontrastreiche Reise, die auf einer ausgefallenen Reiseroute in einen Teil Südamerikas vordringt, der bisher nur wenigen Reisenden bekannt ist.

Die Reise führt in den südlichsten Teil des südamerikanischen Subkontinentes. Über Buenos Aires am Rio de la Plata geht die Route direkt nach Feuerland, nach Ushuaia, der am Beagle-Kanal gelegenen südlichsten Stadt der Welt. Grandiose Landschaftsbilder mit schneebedeckten Berg- und Vulkanmassiven und idyllische Seen bestimmen die Szenerie. Die Insel Feuerland wird mit dem Bus durchquert, ehe es durch die weiten Pampas Süd-Patagoniens zum einzigartigen Naturwunder der ausgedehnten Gletschermassive am Lago Argentino geht. Durch die chilenischen Kordilleren führt die Weiterfahrt in den landschaftlich großartigen Paine-Nationalpark, und über Punta Arenas an der Magellanstraße geht es entlang der chilenischen Pazifikküste nach Santiago de Chile. Ein weiterer Höhepunkt der Reise ist der dreitägige

S Ü D A M E R I K A + + + S Ü D A M E R I K A + + + S Ü D A M E R I K A + + + S Ü D A M E R I K A + + + S

Camú u. a. (1994a), 15

Auf einer Fortbildungsveranstaltung haben Lehrerinnen und Lehrer aus unterschiedlichen Schultypen und Bildungseinrichtungen folgende Lernziele zu diesem Text formuliert:
(Die Schüler lesen zunächst den Text und sollen sich für eine Landschaft entscheiden. Sie sammeln Pro- und Kontra-Argumente und bereiten sich auf eine entsprechende Diskussion in der Klasse vor.)

Lernziel 1:

Die Schüler sind in der Lage, auf Deutsch ihre Entscheidung zu begründen und auf die Kontra-Argumente ihrer Mitschülerinnen und Mitschüler sprachlich angemessen zu reagieren.

Lernziel 2:

Die Schüler lernen eine interessante Reiseroute kennen und können am Ende ihrer Reise ihrem deutschen Brieffreund einen Brief über ihre Eindrücke schreiben.

Lernziel 3:

Die Schüler können den Text ins Spanische übersetzen.

Lernziel 4:

Die Schüler können die wichtigsten Informationen des Textes verstehen und identifizieren die 20 wichtigsten Schlüsselwörter.

Schauen Sie sich nun im folgenden Beispiel 5 (S. 37 – 39) die Übungen an, die sich die Autoren des Lehrwerks zum Text *Traumstraße der Welt* überlegt haben.

Beispiel 5a

Ü 32: Lesen und verstehen

a) Schau dir im LB S. 15 zuerst nur die Bilder, den Titel und den Untertitel an. Was für ein Text ist das? Welche Informationen erwartest du?

TEXT

I

Camú u. a. (1994b), 25

b) Lies den Text. Konzentriere dich nur auf das, was du verstehst:

- Mache einen (Kreis) (=círculo) um die Namen.

- <u>Unterstreiche</u> die internationalen Wörter (Das sind Wörter, die du aus dem Spanischen, Englischen usw. verstehst).

Beispiel: Über (Buenos Aires) am (Río de la Plata) geht die <u>Route direkt</u> nach (Feuerland)

R
E
I
S
E
N

*
*
*

R
E
I
S
E
N

*
*
*

Die Reise führt in den südlichsten Teil des südamerikanischen Subkontinentes Über Buenos Aires am Rio de la Plata geht die Route direkt nach Feuerland, nach Ushuaia, der am Beagle-Kanal gelegenen südlichsten Stadt der Welt. Grandiose Landschaftsbilder mit schneebedeckten Berg- und Vulkanmassiven und idyllische Seen bestimmen die Szenerie. Die Insel Feuerland wird mit dem Bus durchquert, ehe es durch die weiten Pampas Süd-Patagoniens zum einzigartigen Natur-wunder der ausgedehnten Gletscher-massive am Lago Argentino geht. Durch die chilenischen Kordilleren führt die Weiterfahrt in den landschaftlich groß-artigen Paine-Nationalpark, und über Punta Arenas an der Magellanstraße geht es entlang der chilenischen Pazifikküste nach Santiago de Chile. Ein weiterer Höhepunkt der Reise ist der dreitägige Aufenthalt auf der Osterinsel, 3500 km vor der Küste Südamerikas, auf halbem Wege nach Tahiti im Pazifischen Ozean. Unvergeßlich die rätselhaften Stein-figuren, die Moais, und die zahlreichen Kultstätten mit ihren Felszeichnungen! Die Kordillerenüberquerung zwischen Puerto Montt und Bariloche führt durch den landschaftlich schönsten Teil des chilenisch-argentinischen Grenzgebirges und erfolgt – sehr abwechslungsreich – teils per Bus, teils mit dem Fährboot. Ein weiteres Naturerlebnis, das für Süd-amerika einzigartig ist, rundet unsere

„Traumreise" ab: auf der patagonischen Halbinsel Valdes an der Atlantikküste besuchen Sie die Heimat und Liegeplätze der See-Elefanten, Robben und Brut-kolonien der Magellan-Pinguine! Eine sehr kontrastreiche Reise, die auf einer ausgefallenen Reiseroute in einen Teil Südamerikas vordringt, der bisher nur wenigen Reisenden bekannt ist.

* * *

S
Ü
D
A
M
E
R
I
K
A
* * *
S
Ü
D

Ich möchte auch mal nach Chile reisen. Wer lädt mich ein?

Camú u. a. (1994b), 26

c) Schreibe nun die Orte (=lugares) chronologisch in die Tabelle und suche dann Informationen zu diesen Orten im Text (Substantive, Adjektive).

Orte	Informationen
Buenos Aires / Río de la Plata	
Feuerland, Ushaia, Beagle-Kanal	grandiose.................................Berg-und Vulkanmassive

Camù u. a. (1994b), 27

Aufgabe 32

Formulieren Sie nun bitte das Lernziel für die Textarbeit in Beispiel 5 a – c.

Ü 32a: _____

Ü 32b: _____

Die Autoren des Lehrwerks haben folgende Lernziele (wir nennen sie hier Lernziel 5) für die beiden Übungen 32a und 32b formuliert.

Lernziel 5:

Ü 32a: Die Schüler bilden Hypothesen in Bezug auf den Inhalt des Textes, ausgehend von den Bildern, vom Titel und Untertitel.

Ü 32b: Ausgehend von den Landschafts- und Ortsnamen einerseits und den Internationalismen andererseits machen die Schüler die Erfahrung, dass sich der Inhalt dieses Textes global erschließen lässt. Auf diese Weise lernen sie eine wichtige Lesestrategie kennen und anwenden.

Was meinen Sie: Wie würden die Unterrichtsstunden konkret aussehen, in denen diese fünf unterschiedlichen Lernziele (s. S. 37 und 39) anhand des Textes „Traumstraße der Welt. Feuerland – Patagonien – Osterinsel" angestrebt werden?

Unterrichtsstunde mit

Lernziel 1

Unterrichtsstunde mit

Lernziel 2

Unterrichtsstunde mit

Lernziel 3

Unterrichtsstunde mit

Lernziel 4

Unterrichtsstunde mit

Lernziel 5

Aufgabe 33 macht deutlich, wie wichtig die Formulierung des Lernziels ist. Nicht der Text legt das Lernziel fest, sondern das Lernziel entscheidet, wie der Text eingesetzt wird.

Kehren wir nun zurück zu unserem *Modell Didaktische Analyse*. Wir haben von einem „Bündel von Maßnahmen" gesprochen, das dem Zweck dient, das angestrebte Lernziel zu erreichen.

Aufgabe 34

Welche Entscheidung muss getroffen werden, wenn das Lernziel festgelegt ist, d. h., wenn Sie bestimmt haben, was der Schüler lernen soll?

Bitte überlegen Sie: Welche der folgenden Fragen würden Sie bei Ihrer Unterrichtsvorbereitung als nächste beantworten? Warum?

- Was muss der Lehrer/die Lehrerin in der Stunde tun?
- Welche Medien/Hilfsmittel (z. B. Rekorder, Bücher, Karten, Folien) braucht der Lehrer/die Lehrerin?
- Arbeiten die Schüler individuell, in Gruppen oder ...?
- Was sollen die Schüler tun?
- Mit welchem Material (z. B. Text, Arbeitsblatt, Hörtext, Foto, Aufgabe) wird gearbeitet?

1. Welche dieser fünf Fragen beantworten Sie nun?

2. Warum beantworten Sie diese Frage an zweiter Stelle?

2.1.2 Lernaktivitäten

Im *Modell DA* ist nach der Festlegung des Lernziels die zweite Frage, die der Lehrer/die Lehrerin bei der Unterrichtsvorbereitung beantwortet, die Frage nach den **Lernaktivitäten** der Schüler: Was müssen die Schüler tun, um das Lernziel zu erreichen?

Schritte:

1. <u>Was</u> sollen die Schüler <u>lernen</u>?   ⟶   **Lernziel**

2. <u>Was</u> sollen die Schüler <u>tun</u>, um das Lernziel zu erreichen?   ⟶   **Lernaktivitäten**

Was können Lernaktivitäten sein? Dieser Frage gehen wir in der folgenden Aufgabe nach.

Aufgabe 35

Bitte überlegen Sie: Wie erreichen die Schüler das Lernziel am besten?
- *Indem sie Fragen, die Sie gestellt haben, beantworten?*
- *Indem sie einen Text lesen?*
- *Indem sie diskutieren?*
- *Indem sie zuhören?*
- *Indem ...?*

Notieren Sie noch weitere Lernaktivitäten.

Sie haben bei Ihrer Unterrichtsplanung folgendes Lernziel bestimmt:

• *Die Schüler können am Ende der Stunde auf Deutsch nach dem Weg fragen.*

<u>Aufgabe 36</u>

> *1. Legen Sie bitte selbst die Ausgangslage der Schüler fest: Was wissen/können sie schon, woran der Lernprozess anschließen kann?*
>
> _____
>
> _____
>
> *2. Welche Lernaktivität(en) würden Sie organisieren, d. h., was sollen die Schüler in der Unterrichtsstunde tun, um das Lernziel zu erreichen?*
>
> _____
>
> _____

Wie konsequent sich die Frage nach den Lernaktivitäten ergibt, können Sie nun anhand der unterschiedlichen Lernziele zu dem Text *Traumstraße der Welt. Feuerland – Patagonien – Osterinsel* (Beispiel 4, S. 36) überprüfen.

<u>Aufgabe 37</u>

Welche Lernaktivitäten lassen sich aus den unterschiedlichen Lernzielen (s. S. 37 und 39) entwickeln?

Lernziel	Lernaktivität
Unterrichtsstunde mit **Lernziel 1**	
Unterrichtsstunde mit **Lernziel 2**	
Unterrichtsstunde mit **Lernziel 3**	
Unterrichtsstunde mit **Lernziel 4**	

Lernziel	*Lernaktivität*
Unterrichtsstunde mit **Lernziel 5**	

Schüleraktiver und schülerzentrierter Unterricht bedeutet, den Schüler selbst möglichst viele Handlungen verrichten zu lassen. **Er** soll ja schließlich auch das Lernziel erreichen und an **ihm** soll beobachtbar sein, ob es erreicht ist.

Nachdem Sie bei Ihrer Unterrichtsvorbereitung das Lernziel und die Ausgangslage bestimmt und sich für bestimmte Lernaktivitäten der Schüler entschieden haben, kann die nächste Entscheidung getroffen werden.

Aufgabe 38

Lesen Sie bitte die folgenden Fragen. Welche Entscheidung würden Sie bei Ihrer Unterrichtsvorbereitung als nächste treffen? Warum?

– Was muss der Lehrer/die Lehrerin in der Stunde tun?
– Welche Medien/Hilfsmittel (z. B. Rekorder, Bücher, Karten, Folien) braucht der Lehrer/die Lehrerin?
– Arbeiten die Schüler individuell, in Gruppen oder ...?
– Mit welchem Material (z. B. Text, Arbeitsblatt, Hörtext, Foto, Aufgabe) wird gearbeitet?

1. Welche dieser vier Fragen beantworten Sie nun?

_____

2. Warum beantworten Sie diese Frage an dritter Stelle?

_____

2.1.3 Sozialformen

Im *Modell DA* betrifft die nächste Entscheidung die Frage nach den Sozialformen: *Wie* arbeiten die Schüler, um das, was sie tun, möglichst effektiv zu tun? Arbeiten sie individuell, in Gruppen, oder ...?

Schritte:

1. <u>Was</u> sollen die Schüler <u>lernen</u>?   ⟶   **Lernziel**

2. <u>Was</u> sollen die Schüler <u>tun</u>, um das Lernziel zu erreichen?   ⟶   **Lernaktivitäten**

3. <u>Wie</u> <u>arbeiten</u> die Schüler: individuell, in Gruppen oder ...?   ⟶   **Sozialformen**

Aufgabe 39

Welche Sozialformen des Unterrichts kennen Sie?

_____

_____

_____

_____

_____

_____

_____

_____

Bei den Erprobungen dieser Studieneinheit hat sich gezeigt, dass Studenten und Lehrer als dritten Schritt hier oft die Materialauswahl nannten. Zugegeben, in einigen Fällen könnte man zweifeln. Aber die Sozialform, die bei der Unterrichtsvorbereitung gewählt wird, ergibt sich ziemlich konsequent aus dem Lernziel und den Lernaktivitäten.

Schauen wir uns dazu zwei Beispiele an.

Beispiel 1:

Wenn Ihre Schüler ihr Hörverstehen verbessern (= Lernziel) und sie ein Gespräch anhören sollen (= Lernaktivität), liegt es nahe, dass die Schüler dieses Gespräch einzeln anhören (= Sozialform: das individuelle Anhören eines Gesprächs im Klassenverbund).

Beispiel 2:

Wenn Ihre Schüler ihre Sprechfertigkeit entwickeln sollen (= Lernziel), indem sie nach dem Weg fragen und auf eine entsprechende Frage antworten lernen (= Lernaktivität), liegt es auf der Hand, als Sozialform Partnerarbeit (oder eine Dreiergruppe) zu wählen. In realen Situationen handelt es sich meist auch um zwei oder drei Gesprächspartner, außerdem ist das eine sehr effektive Methode, weil alle Schüler gleichzeitig üben können.

Das Material, das Sie wählen, ist zwar von diesen Vorentscheidungen beeinflusst, es gibt oft aber viele Möglichkeiten:

bei Beispiel 1: Kassette, Lehrer, Video,
bei Beispiel 2: Lehrwerk, Stadtplan, Foto, Wegskizze eines Schülers usw.

Bestimmte Sozialformen helfen besser, das Lernziel zu erreichen, als andere. Die Materialauswahl ist dann von untergeordneter Bedeutung.

Gehen wir nun noch einmal zurück zu unserem Text *Traumstraße der Welt.*

Aufgabe 40

Schauen Sie sich bitte in Beispiel 5 (S. 37 – 39) die Übungen 32a, 32b und 32c unter dem Gesichtspunkt der Sozialformen an. Welche Sozialform würden Sie bei diesen Übungen verwenden?

Übung	Sozialform
Ü 32a:	
Ü 32b:	
Ü 32c:	

Welche Entscheidung würden Sie bei Ihrer Unterrichtsvorbereitung als nächste treffen? Warum?

- Was muss der Lehrer/die Lehrerin in der Stunde tun?
- Welche Medien/Hilfsmittel (z. B. Rekorder, Bücher, Karten, Folien) braucht der Lehrer/die Lehrerin?
- Mit welchem Material (z. B. Text, Arbeitsblatt, Hörtext, Foto, Aufgabe) wird gearbeitet?

Welche Frage beantworten Sie nun?

_____

Warum?

_____

2.1.4 Material

Im *Modell DA* ergibt sich nun die folgende Frage:

Mit welchem Material wird gearbeitet?

Schritte:

1. <u>Was</u> sollen die Schüler <u>lernen</u>? ⟶ **Lernziel**

2. <u>Was</u> sollen die Schüler <u>tun</u>, um das Lernziel zu erreichen? ⟶ **Lernaktivitäten**

3. <u>Wie</u> <u>arbeiten</u> die Schüler: individuell, in Gruppen oder …? ⟶ **Sozialformen**

4. <u>Woran/Womit</u> werden Lernaktivitäten <u>ausgeführt</u>? ⟶ **Material**

Bei diesem vierten Schritt geht es um die Frage, **womit** wir Lernaktivitäten in Gang setzen können.

Wir haben im Folgenden je vier Lernziele, Lernaktivitäten, Sozialformen und Materialien durcheinander gewürfelt.

Versuchen Sie bitte, in der Reihenfolge der Schritte 1. – 4. (oben) den jeweiligen Lernzielen (unten) passende Lernaktivitäten, geeignete Sozialformen und das entsprechende Material zuzuordnen. Lesen Sie dazu S.46.

Lernziel	Lernaktivität	Sozialform	Material
1.			
2.			
3.			
4.			

Lernziele:

1. In mündlich-reproduktiven Übungen können die Schüler die korrekte Form des Partizips Perfekt der Verben *spielen, schreiben, kochen, tanzen, hören, gehen, fahren, schwimmen, surfen* usw. verwenden.

2. In mündlich-reproduktiven Übungen können die Schüler anhand bekannter Gegenstände, die man mit auf die Reise nehmen kann, korrekte Akkusativformen des unbestimmten Artikels und des Possessivpronomens *mein* verwenden.

3. In einem Brief, den die Schüler mithilfe von sprachlichen Vorgaben schreiben, können sie die korrekte Form der Modalverben *müssen, sollen* und *können* verwenden.

4. Die Schüler können einen einfachen Lesetext über den Tagesablauf eines Jugendlichen verstehen.

Lernaktivitäten:

I. Schreiben:

   Schreib bitte einen Brief an die Zeitschrift *Bravo*, worin du dich über deine Eltern beschwerst. Benutze dafür die Stichpunkte auf der nächsten Seite.

II. Lesen: Kombiniert Bilder und Text.

III. Was habt ihr bei gutem Wetter gemacht?

   1. Was hat deine Familie in den Ferien bei gutem Wetter gemacht? Schreib bitte drei Aktivitäten aus dem Kästchen auf, aber so, dass deine Nachbarin/dein Nachbar es nicht sieht.

   2. Frag dann bitte deine Nachbarin/deinen Nachbarn, was ihre/seine Familie bei gutem Wetter in den Ferien gemacht hat. Trag die Antworten bitte ein.

IV. Kofferpacken:

   Ein Schüler/Eine Schülerin sagt: „Ich mache eine Reise nach ... und packe in meinen Koffer ein kleines Radio."

   Die/Der Nächste sagt: „Ich mache eine Reise nach ... und packe in meinen Koffer ein kleines Radio und eine grüne Bluse" usw.

   Was packt der/die Nächste ein? Wer etwas vergisst, scheidet aus.

Sozialformen:

A Kettenübung im Plenum.

B Arbeitet bitte zu zweit: Einigt euch, wer anfangen soll.

C Einzel- oder Partnerarbeit.

D Einzelarbeit.

Materialien:

a)

Beispiel 6

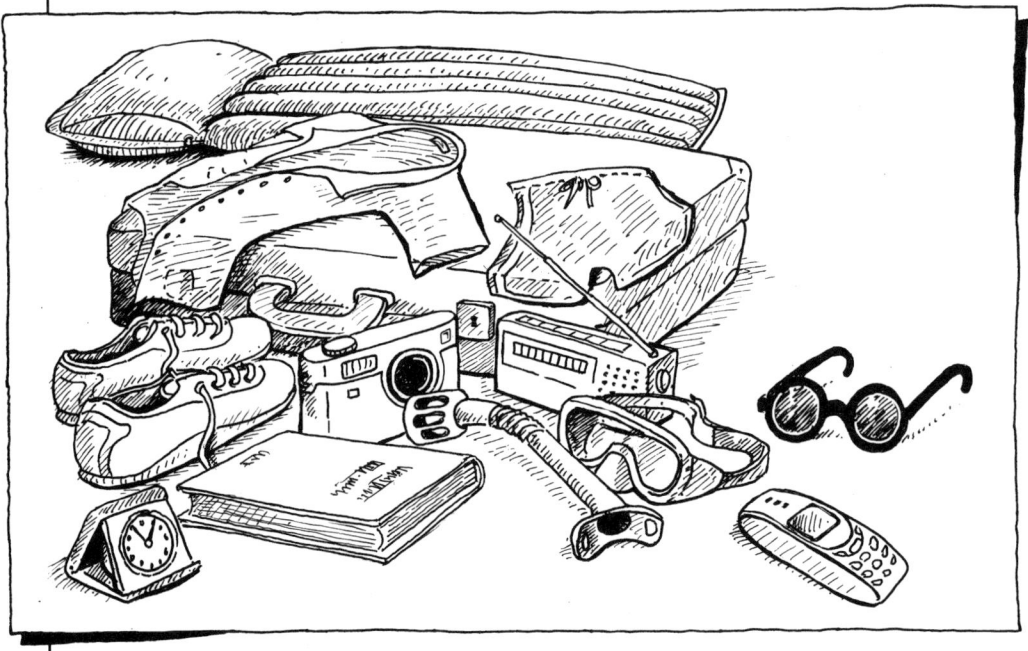

Illustration: Uli Olschewski

b)

..., den ...
(Ort)   (Datum)

Sehr geehrter Dr. Sommer,

Stichpunkte

über Eltern beklagen   nachmittags immer aufräumen   immer Hausaufgaben machen
     immer bügeln   bis spät nachts   abends nie in die Disco   gemein   doof
Dr. Sommer soll mit den Eltern sprechen   Bitte antworten Sie mir bald.
     Mit freundlichen Grüßen   Ihr/Ihre

Bimmel u. a. (1992a), AB 103

c)

Monopoly gespielt   Briefe geschrieben   lecker gekocht   getanzt
     Musik gehört   früh ins Bett gegangen   Fahrrad gefahren   geschwommen
gesurft   Motorboot gefahren   fotografiert   Eis gegessen
     Videoaufnahmen gemacht   spät aufgestanden

Meine Familie	Familie meiner Nachbarin/meines Nachbarn
a	a
b	b
c	c

Tauscht jetzt bitte die Rollen.

Bimmel u. a. (1992b), AB 147

d)

Kombiniert Bilder und Text.

4 Es ist halb sieben: Markus muß aufstehen.
☐ Er frühstückt.
☐ Er fährt mit dem Zug in die Stadt.
☐ Der Unterricht beginnt.
☐ Er hat von 10.20 Uhr bis 10.40 Uhr
   große Pause.
☐ Um eins ist die Schule aus.
☐ Er kommt nach Haus.
☐ Um Viertel nach zwei ißt er zu Mittag.
☐ Er macht seine Hausaufgaben.
☐ Er geht mit Karin spazieren.
☐ Abends darf er noch bis 22.30 Uhr
   fernsehen.
☐ Um Viertel vor elf geht er schlafen.

Voit u. a. (1992), 128

Wenn Sie festgelegt haben, **was** die Schüler **lernen** sollen (= Lernziel) und **was** sie **tun** müssen (= Lernaktivität), um das Lernziel zu erreichen, beantworten die beiden folgenden Schritte die Fragen, **wie** (= Sozialformen) und **womit** (= Material) gelernt wird.

Das *Material*, womit Lernaktivitäten ausgeführt werden, ist das Instrument, um das angestrebte Lernziel zu erreichen.

Bleiben wir bei unserem Beispiel *nach dem Weg fragen*: Die Materialien, mit denen die Lernaktivitäten in Gang gebracht werden können, könnten sein: Modelldialog, Übungen, Stadtplan usw.

Materialien haben einen „instrumentellen Charakter“, d. h., sie sind ein Werkzeug, ein Hilfsmittel, um etwas zu erreichen (etwas zu lernen). So kann zum Beispiel das Instrument (= Material) *Lesetext* dazu gebraucht werden, unbekannte Wörter erraten zu lernen (= Lernziel). Dieser Lesetext kann danach wieder vergessen werden. Es geht bei diesem Lernziel nicht um den Text und nicht um die zu erratenden Wörter. Was die Schüler dagegen behalten sollen, sind die *Ratestrategien*, d. h. die Art und Weise, wie sie die Wörter erraten haben. Materialien, mit denen der Schüler Handlungen ausführt, sind also Mittel zu einem Zweck und sind nicht identisch mit dem, was er lernen muss.

Materialien sollen bestimmte Sozialformen ermöglichen und bestimmte Lernaktivitäten auslösen, mit denen ein Lernziel erreicht werden kann. Sie sind Mittel für diese übergeordneten Zwecke.

Schauen wir uns die Übungen zu unserem Text *Traumstraße der Welt* in Beispiel 5 (S. 37 – 39) noch einmal an.

Aufgabe 43

Welche Materialien sind vorhanden und was für Materialien könnte man – in Bezug auf das genannte Lernziel – zusätzlich anbieten?

Vorhandene Materialien: _____

_____

Zusätzliche Materialien: _____

_____

Kehren wir nun zurück zu unserem Lernziel:

• **Die Schüler können am Ende der Stunde nach dem Weg fragen.**

Wenn die Schüler lernen sollen, nach dem Weg zu fragen (= Lernziel), dann üben sie dies am besten mit einem Dialog (= Lernaktivität), und zwar in Partnerarbeit (= Sozialform).

Nehmen wir als Beispiel ein Kapitel aus einem Lehrwerk mit dem Lernziel *nach dem Weg fragen* und untersuchen wir die dort angebotenen Materialien in Bezug auf die dadurch ausgelösten Lernaktivitäten.

Aufgabe 44

Das folgende Beispiel 10 (S. 50/51) stammt aus dem Lehrwerk „sowieso“. Welche Lernaktivitäten löst das dort gegebene Materialangebot aus?

	Materialien	**Lernaktivitäten**
Ü 4		
Ü 5		
Ü 6		
Ü 7		
Ü 8		

B Orientierung in einer fremden Stadt

4 Hört den Dialog, seht euch den Stadtplan an.

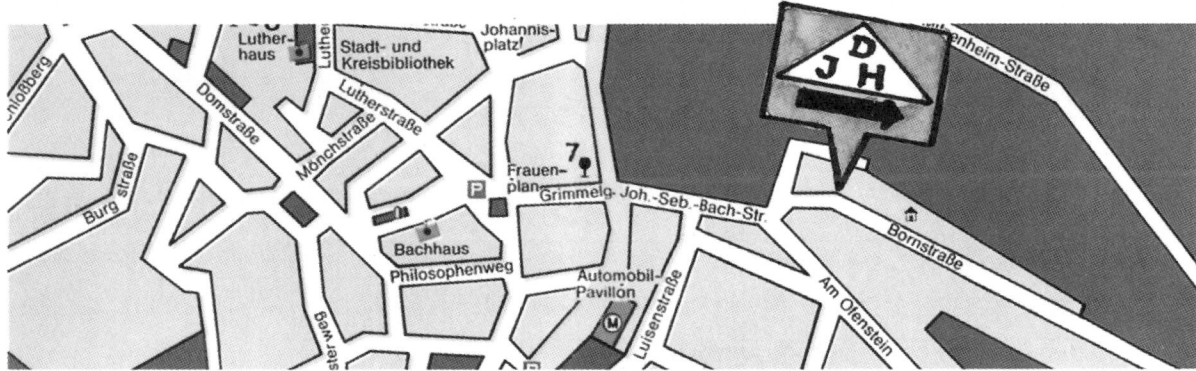

○ Entschuldigen Sie bitte, wie komme ich zur Jugendherberge?
● Die Jugendherberge? Du gehst hier über den Platz geradeaus
   durch die Grimmelgasse und dann über die Wartburgallee.
   Das ist dann die Johann-Sebastian-Bach-Straße. An der Kreuzung
   gehst du links. Dann sind es nur noch 100 Meter. Die Jugendherberge
   ist in der Bornstraße.
○ Vielen Dank.

5 Übt den Dialog. Achtet auf die Intonation.

6 In der Stadt: Wortakzent in Komposita – markiere die Betonung.

die B<u>a</u>hnhof/straße, die W<u>a</u>rtburg/allee, der The<u>a</u>ter/platz, das B<u>a</u>ch/haus, ...

7 Nach dem Weg fragen. Mache eine Liste. Auf Seite 58 findest du Hilfen.

Entschuldigen Sie, ...
Wie komme ich ...

Funk u. a. (1994a), 89

19

8 Sprachbaukasten: Wege in der Stadt beschreiben.

Gehen Sie zuerst ...

- geradeaus/die Straße entlang
- die erste (Straße) rechts
- an der Kreuzung/Ampel links
- über die Brücke/die Straße/
  den Platz
- durch den Park/die Fußgängerzone
- an der Post vorbei

①

②

③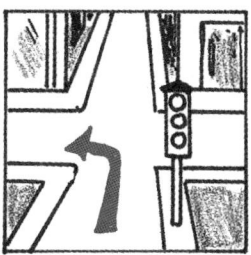

④

⑤

⑥

Funk u. a. (1994a), 90

Es bleiben jetzt noch zwei Entscheidungen, die Sie bei der Unterrichtsvorbereitung treffen müssen.

Aufgabe 45

Welche Frage würden Sie bei Ihrer Unterrichtsvorbereitung als nächste beantworten? Warum?

- Was muss der Lehrer/die Lehrerin in der Stunde tun?
- Welche Medien/Hilfsmittel (z. B. Rekorder, Bücher, Karten, Folien) braucht der Lehrer/die Lehrerin?

Welche dieser beiden Fragen würden Sie zuerst beantworten? Warum?

2.1.5 Medien/Hilfsmittel

Wenn wir nach dem *Modell DA* vorgehen, treffen wir jetzt Entscheidungen über die benötigten Medien und Hilfsmittel. Das ist auch logisch. Wir haben im vorigen Schritt zwar die Materialien festgelegt, aber noch nichts darüber gesagt, wie diese Materialien den Schülern dargeboten werden können. Eine Übung kann z. B. auf einer Kassette sein, im Lehrbuch, auf einer Folie, an der Wandtafel oder auf einer Fotokopie. Hilfsmittel/Medien sind die Träger oder Verstärker der Materialien.

Schritte:

1. <u>Was</u> sollen die Schüler <u>lernen</u>?   ⟶ **Lernziel**

2. <u>Was</u> sollen die Schüler <u>tun,</u>
   um das Lernziel zu erreichen?   ⟶ **Lernaktivitäten**

3. <u>Wie</u> <u>arbeiten</u> die Schüler: individuell,
   in Gruppen, oder …?   ⟶ **Sozialformen**

4. <u>Woran/Womit</u> werden Lernaktivitäten
   <u>ausgeführt</u>?   ⟶ **Materialien**

5. <u>Wie/Mithilfe</u> welcher Träger/Verstärker werden
   die Materialien den Schülern <u>dargeboten</u>? ⟶ **Medien/Hilfsmittel**

Aufgabe 46

Wenn Sie sich bei der Unterrichtsvorbereitung entscheiden müssen, welche Medien/Hilfsmittel Sie benötigen, welche Faktoren müssen Sie dann berücksichtigen?

Faktoren bei der Wahl der Medien/Hilfsmittel:

_____

_____

_____

Aufgabe 47

Gehen Sie jetzt bitte noch einmal zurück zum Übungsangebot zum Text „Traumstraße der Welt" (Beispiel 5, S. 37 – 39).

– *Welche Medien/Hilfsmittel werden verwendet?*

_____

– *Hilfsmittel, die man zusätzlich benutzen könnte:*

_____

_____

2.1.6 Die Rolle des Lehrers/der Lehrerin

Wir kommen jetzt zur letzten Entscheidung, die Sie bei der Unterrichtsvorbereitung treffen:

Was muss ich selber als Lehrer/Lehrerin im Unterricht tun?

Jetzt sind Sie hoffentlich nicht enttäuscht, dass Sie in der Kette von Entscheidungen ganz am Ende stehen. Das heißt natürlich nicht, dass Sie eine untergeordnete Rolle spielen. Es bedeutet, dass Sie den Schüler und das, was er lernen soll, ins Zentrum Ihrer Unterrichtsplanung stellen.

schüler- und
handlungsorientierter
Unterricht

Schüler- und handlungsorientierter Unterricht heißt ja, dass **Schüler tätig** sind: Lernen durch Tun. Je mehr Sie als Lehrer in den Hintergrund treten, desto größer ist die Chance, dass die Lernenden in den Mittelpunkt des Unterrichtsgeschehens rücken. Also nicht:

Wenn alles schweigt und einer spricht, so nennt man dieses Unterricht.

Sondern:

Keiner schweigt und alles spricht, das ist toller Unterricht.

In Bezug auf das *Modell DA* heißt das: Je sorgfältiger Sie auf der Basis eines klar definierten Lernziels festlegen, was Schüler wie und womit tun können, desto geringer wird Ihr Anteil am Unterrichtsgeschehen. Die Frage darf also nicht sein: Was mache ich als Lehrer/Lehrerin? Sondern: *Was bleibt mir als Lehrer/Lehrerin noch zu tun, wenn ich auf die oben beschriebene Weise meinen Unterricht geplant habe?* Und seien Sie beruhigt: Es bleibt noch genügend zu tun!

Was Sie im Unterricht tun müssen, ergibt sich aus einer Reihe von Faktoren.

Aufgabe 48

Welche Faktoren bestimmen, was Sie als Lehrer/Lehrerin in einer Unterrichtsstunde alles tun müssen? Nennen Sie bitte Beispiele.

In Übung 5 der Unterrichtseinheit *Orientierung in einer fremden Stadt* (Beispiel 10) üben alle Schüler gleichzeitig. Die Schüler sprechen im Chor, dann in Partnerarbeit. Und was macht der Lehrer/die Lehrerin?

Aufgabe 49

Überlegen Sie bitte:

Was würden Sie als Lehrer/Lehrerin während Übung 5 in Beispiel 10 (S. 50/51) machen?

Zusammenfassung

Unterrichten bedeutet nicht automatisch, dass gelernt wird. Im Gegenteil: Manchmal verhindern Unterrichtsaktivitäten des Lehrers/der Lehrerin, dass die Schüler lernen. So kann man sagen: Je mehr Zeit der Lehrer/die Lehrerin darauf verwendet zu unterrichten, desto weniger Zeit bleibt den Schülern übrig, um zu lernen. Schüler- und handlungsorientierter Unterricht bedeutet, den Schülern selbst möglichst viele (Sprach-)Handlungsmöglichkeiten, möglichst viel (Sprach-)Handlungsspielraum zu überlassen. Dann kann Lernen effektiv stattfinden.

Aufgabe 50

Notieren Sie bitte stichwortartig mit Ihren eigenen Worten zusammenfassend die sechs Schritte des „Modells DA" in der richtigen Reihenfolge.

1.

2.

3.

4.

5.

6.

Vielleicht sind auch Ihnen Überlegungen wie die folgenden nicht fremd:

„Ich habe hier einen interessanten Lesetext für die Schüler. Mal sehen, was ich damit im Unterricht anfangen kann."

Oder:

„Heute könnte ich ja mal Thema XY behandeln. ... Kann ich dazu einen spannenden Hörtext finden?"

Wir halten diese Art von „Unterrichtsvorbereitung" nicht für sinnvoll.

Aufgabe 51

Überlegen Sie: Warum ist es sinnvoller, den Unterricht nach dem „Modell der Didaktischen Analyse" zu planen und die von Ihnen in dieser Studieneinheit in Aufgabe 50 erarbeitete Reihenfolge der Entscheidungen einzuhalten?

_____

_____

_____

_____

_____

Wir möchten an dieser Stelle noch einen weiteren wichtigen Teil des Unterrichts erwähnen.

Während des Lernens und nach dem Lernen soll überprüft werden, ob die Schüler das Lernziel erreichen bzw. ob sie es erreicht haben. Man spricht dann von Evaluation. Eine solche Evaluation kann mehrere Funktionen haben.

Aufgabe 52

Bitte überlegen Sie, welche Funktionen die Evaluation der Lernziele haben kann.

Funktion 1: _____

_____

_____

_____

Funktion 2: _____

_____

_____

_____

_____

Hinweis

Wie eine solche Evaluation aussehen kann, werden wir im Einzelnen in Kapitel 4 *Evaluation und Fehlertherapie* (S. 144) am Beispiel der Fertigkeit *Sprechen* darstellen.

Zum Abschluss dieses Kapitels stellen wir Ihnen noch einen Arbeitsbogen vor, den Sie als Vorlage für die Unterrichtsvorbereitung nach dem *Modell Didaktische Analyse* benutzen können:

Arbeitsbogen zur Unterrichtsvorbereitung nach dem *Modell DA*

Stundenplan Klasse _____ Stunde _____ Datum _____

	Ausgangslage	**Lernziele**
	Die Schüler	Die Schüler
Kenntnisse:	wissen _____	sollen wissen _____
	_____	_____
Fertigkeiten:	können _____	sollen können _____
	_____	_____
Haltungen:	fühlen _____	sollen fühlen _____
	_____	_____
	finden _____	sollen finden _____
	_____	_____
	wollen _____	sollen wollen _____
	_____	_____

Zeit	*Lernaktivität*	*Sozialform*	*Übungs-material*	*Medien/ Hilfsmittel*	*Aktivitäten des Lehrers/ der Lehrerin*
1.					
2.					
3.					

Es ist wichtig, dass Sie sich bei der Unterrichtsvorbereitung auch überlegen, wie viel Zeit Sie für die einzelnen Lernaktivitäten verwenden wollen. Im Unterricht müssen Sie sich natürlich nicht sklavisch an diese Vorüberlegungen halten, aber der Zeitraster gibt Ihnen eine wichtige Orientierung.

2.2 Lernphasen

Das *Modell Didaktische Analyse* hat Ihnen gezeigt, welche Entscheidungen Sie in welcher Reihenfolge treffen sollten, um Ihren Unterricht möglichst effektiv und attraktiv gestalten zu können. Das genügt allerdings noch nicht, um einen Unterricht planen zu können, in dem Ihre Schülerinnen und Schüler die angestrebten Lernziele auch tatsächlich erreichen.

Unterrichtsphasen

Literaturhinweis

Unterricht lässt sich in einzelne Phasen einteilen, in denen der Lernprozess der Schüler abläuft. Die fremdsprachendidaktische Fachliteratur bietet hierfür unterschiedliche Phasierungsmodelle an, so zum Beispiel Zimmermann (1990). Vor allem wenn es darum geht, ob – und wenn ja, an welcher Stelle und wie – Grammatikregeln erarbeitet werden sollen, gibt es prinzipielle Unterschiede zwischen den einzelnen Phasierungsmodellen. Manche Modelle schlagen vor, Grammatikerklärungen eher an den Anfang eines auf Spracherwerb abzielenden Lernprozesses zu stellen, während andere Modelle im Prinzip vorschlagen, neue sprachliche Mittel (neue Wörter, Redewendungen, Grammatikformen) zuerst im Kontext eines Lese- oder Hörtextes zu präsentieren, um erst dann, auf der Grundlage der präsentierten Beispiele, eine Grammatikregel zu erarbeiten. Das Modell, das wir Ihnen hier zeigen, ist durch die Einbettung der Grammatikerklärungen in die Übungsphase gekennzeichnet; dieser geht die Präsentation eines Textes voran, der die neuen sprachlichen Mittel enthält, die nachher systematisch erklärt und geübt werden sollen (siehe auch Kap. 2.3.4, S. 115f.).

Hinweis

vier Unterrichtsphasen
und das *Modell DA*

In den folgenden Kapiteln machen wir Ihnen Vorschläge, in welche *vier Phasen* Sie Ihren Unterricht einteilen und was Ihre Schüler und Sie in diesen vier Phasen tun können.

Dabei gibt es einen deutlichen Bezug zum *Modell Didaktische Analyse*, denn jede einzelne Phase hat ihre eigenen Lernziele, Lernaktivitäten, Sozialformen, Materialien, Medien/Hilfsmittel und Lehreraktivitäten. Anhand des folgenden Schemas, dessen vertikale Spalte Sie bereits kennen – es ist das *Modell DA* –, stellen wir Ihnen Schritt für Schritt die vier Phasen vor (horizontale Spalte). Dabei werden wir auch zeigen, dass die Planungskategorien des *Modells DA* für jede der vier Phasen verwendet werden können.

Diese vier Phasen sind die eigentlichen Lernphasen, in denen Lernprozesse initiiert und strukturiert werden.

Phasen im Lernprozess / *Modell DA*	Phase 1	Phase 2	Phase 3	Phase 4
Lernziel				
Lernaktivität(en)				
Sozialform(en)				
Materialien				
Medien/ Hilfsmittel				
Aktivitäten des Lehrers/der Lehrerin				

In der folgenden Beschreibung eines Unterrichtsentwurfs zu *Orientierung in einer fremden Stadt* (Beispiel 10, S. 50/51) sind die vier Phasen durcheinander geraten.

Aufgabe 53

1. *In welcher Reihenfolge würden Sie in Ihrem Unterricht die Phasen A, B, C, D durchlaufen?*

1	2	3	4

A

a) Die Schüler schreiben kleine Dialoge, in denen ein Fremder nach dem Weg fragt und ein Einheimischer Auskunft gibt. Hierzu benutzen sie vorgegebene Redemittel, Dialogmuster und Stadtplanskizzen.

b) Die Schüler arbeiten in Partnerarbeit. Ein Schüler arbeitet mit einem Stadtplan, der andere fragt nach dem Weg.

B

Der Lehrer zeigt auf dem Tageslichtprojektor einen Stadtplan. Er fragt die Schüler, was sie sehen und wann man einen Stadtplan braucht. Er bittet die Schüler, in ihrer Muttersprache über ihre Erfahrungen zu berichten, die mit dem Bild zusammenhängen, z. B. darüber, dass sie nach dem Weg fragen mussten. Dabei benutzen sie (muttersprachlich) auch Wörter, die man bei einer Wegbeschreibung braucht. Der Lehrer schreibt die deutsche Übersetzung einiger dieser Wörter an die Tafel.

C

Die Schüler lesen und/oder hören das Gespräch *Orientierung in einer fremden Stadt*. Sie fragen nach der Bedeutung einzelner Wörter. Der Lehrer ermutigt die Schüler, die Bedeutung aus dem Kontext abzuleiten, und gibt erst danach selbst Worterklärungen.

D

Der Lehrer sagt: „Ihr hört gleich ein Gespräch, in dem ein Mädchen auf der Straße nach dem Weg fragt. Versucht bitte herauszufinden, wohin das Mädchen möchte, und verfolgt die Wegbeschreibung auf dem Stadt-plan." Der Lehrer startet den Kassettenrekorder, die Schüler hören sich das Gespräch an und versuchen, die Wegbeschreibung auf dem Stadt-plan zu verfolgen. Danach fragt der Lehrer, wohin das Mädchen wollte und wie die Wegbeschreibung auf dem Stadtplan aussieht. Dabei zeich-net er den Weg auf dem Tageslichtprojektor – und dadurch für alle sichtbar – in den Stadtplan ein.

2. *Warum haben Sie sich für diese Reihenfolge entschieden?*

_____

_____

_____

_____

_____

3. Was wird in den einzelnen Phasen gemacht?

Phase	Schüler	Lehrer
1 (B)		
2 (D)		
3 (C)		
4 (A)		

Die vier **Phasen**, die wir **im Unterrichtslernprozess** unterscheiden, sind:

1. *Einführung* (Aufgabe 53-B.)

Hier versucht der Lehrer bzw. die Lehrerin, die Schüler für das, was sie lernen sollen, zu motivieren. Auch wird der Text, der in der nächsten Phase präsentiert werden soll, vorentlastet*. Die Wörter, die der Lehrer/die Lehrerin im Beispiel von Aufgabe 53-B an die Tafel schreibt, sind Schlüsselwörter. Wenn den Schülern diese Wörter bekannt sind, ist es für sie leichter, das Gespräch, das sie in der nächsten Phase hören, zu verstehen. Informationen über die Sprecher, über das Gesprächsthema und über die Gesprächssituation erleichtern ebenfalls das Hörverstehen.

2. *Präsentation* (Aufgabe 53-D.)

In unserem Beispiel geht es um die Präsentation eines Modelldialogs. Die Schüler hören das für sie neue Sprachmaterial in einem sinnvollen Zusammenhang. Anschließend kontrolliert der Lehrer/die Lehrerin, ob die Schüler das Gespräch global (d. h. auf der Textebene) verstanden haben.

3. *Semantisierung** (Aufgabe 53-C.)

Ziel der Semantisierung ist es, dass die Schüler den präsentierten Text (in unserem Beispiel: den Modelldialog) auf der Satz- und Wortebene verstehen.

4. *Üben* (Aufgabe 53-A.)

Nach der Semantisierung üben die Schüler die neuen Redemittel, zunächst in stark geschlossenen, reproduktiven Übungen (Aufgabe A. a), wobei sie sich vor allem auf die vorab neu eingeführten sprachlichen Mittel konzentrieren, dann in immer offeneren Übungen (Aufgabe A. b), in denen sie zunehmend als sie selbst sprechen.

Zusammenfassung

Die Phasierung fängt also mit rezeptiven Handlungen an (neue sprachliche Mittel hören oder lesen) und führt über reproduktives Lernhandeln (neue sprachliche Mittel reproduzieren) zu sprachlich produktiven Handlungen (etwas mündlich oder schriftlich in der Fremdsprache mitteilen).

Bei der Unterrichtsvorbereitung wird für die jeweils geplante(n) Phase(n) entschieden, welches Lernziel erreicht werden soll, welche *Lernaktivitäten* dazu veranstaltet werden, welche *Sozialform* verwendet wird, welche *Materialien* und *Hilfsmittel* eingesetzt werden sollen, um die geplanten Lernaktivitäten auszulösen, und welche *Aktivitäten* der Lehrer/die Lehrerin in der Unterrichtsstunde ausübt.

Im Folgenden lernen Sie die einzelnen Lernphasen näher kennen.

2.2.1 Phase 1: *Einführung*

> ### 1: Einführung

Die folgende Collage zeigt Ihnen Beispiele aus Lehrwerken, die der so genannten Einführungsphase zuzuordnen sind.

Aufgabe 54

Überlegen Sie bitte, welche Ziele die Aktivitäten in den folgenden Beispielen 11 – 13 (S. 59 – 63) verfolgen, d. h., was die Autoren und Autorinnen damit beabsichtigt haben.

Beispiel	Ziel
11 (Ü 11.1a – c)	
12 (Ü 15a + b)	
13 a/b (Ü 28a + c, Ü 31)	

Beispiel 11 stammt aus dem italienischen Lehrwerk *Lesekurs für Anfänger*, der besonders Jugendliche anspricht und systematisch Lesestrategien trainieren möchte.

Beispiel 11

11. Werbeslogans
11.1. CAPRIMA

Familie*... ganzer Tag ... 17 Mark!
Eltern mit ihren Kindern unter 16 Jahren. Reguläre Tageskarte DM 8,-.

Caprima ist prima!

Bei uns kostet die Tageskarte für die ganze Familie weniger als anderswo für eine einzelne Person. Aber das wird nicht der einzige Grund bleiben, weshalb Sie künftig Ihre Reifen nach Osten lenken werden ... nach Dingolfing, zum CAPRIMA Freizeitbad am Isarhang. Sie fahren nämlich nicht nur staufrei auf der (noch) ruhigen Autobahn München—Deggendorf etwa 40 Minuten vom Münchner Stadtrand ... Sie kommen auch in ein wirklich schönes, helles, großzügiges Freizeitbad, in dem nicht nur die Wellen toben, sondern auch an einem breiten Brandungsstrand wie am Meer auslaufen. Hier können Sie bei immer 29°C und Trinkwasserqualität die Adria vergessen. Dazu Heißwasserbecken mit Massage-Fontäne und -düsen innen wie außen (35°C), Palmengrotte, Solarien und eine Cafeteria mit familienfreundlichen Preisen, Sauna und Dampfbad (Eintritt extra). Kurzum: der Urlaubstag vor der Haustür! Und das täglich von 10 bis 21 Uhr. Tel. 0 87 31/46 14.

PS. für Umweltbewußte: praktisch im 2-Std.-Takt können Sie von München mit dem Zug nach Dingolfing fahren z. B. 9.48, 11.48, 13.48 Uhr ... und vielleicht fallen der Bahn ja gelegentlich auch Bade-Sonderfahrten ein!

a. Was sagt dir die Illustration? Che cosa ti comunica l'illustrazione?

....

b. Was möchtest du wissen, wenn du ins Schwimmbad gehst? Formuliere Fragen. Che cosa vorresti sapere, se volessi andare in piscina? Formula delle domande.

• ....

• ....

c. Lies den Text. Beantwortet er deine Fragen? Leggi il testo. Risponde alle tue domande?

• ....

• ....

Martini (1993), 20

Beispiel 12 entnahmen wir dem chilenischen Lehrwerk für Jugendliche *Wegweiser*, Band 1.

LEKTION 5

Ü 15 : Wortigel

a. ¿ Qué asocias con la palabra "Schule" ?
   Escribe tus asociaciones en alemán y
   ordénalas temáticamente.

a. Was assoziierst du mit dem Wort „Schule"?
   Schreibe deine Assoziationen auf Deutsch und ordne sie thematisch.

b. Escribe con las palabras oraciones breves.

b. Schreibe mit den Wörtern kurze Sätze.

....

....

....

....

....

....

....

....

....

....

c. Ordena las oraciones y únelas, siempre que sea posible,
   con los conectores "und", "aber", "denn".

c. Ordne die Sätze und verbinde sie, wo möglich, mit den Konnektoren „und", „aber", „denn".

....

....

....

....

....

....

....

....

d. Schreibe eine Postkarte !

Lieb.... , den

7770 Überlingen/Bodensee

, Telefon

Bildverlag

CP

J

nach: Grau u. a. (1991), 50/51

Beispiel 13a/b ist dem italienischen Lehrwerk für Jugendliche *Prima!* entnommen.

Beispiel 13a

28. Lesen und Sprechen

a. Welche Assoziationen habt ihr zum Wort »Liebe«?

? ____________________ ____________________ ?

? ____________________ ____________________ ?

? ____________________ ____________________ ?

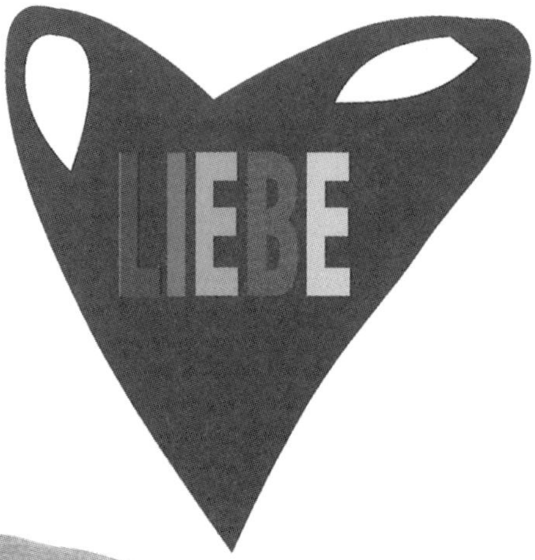

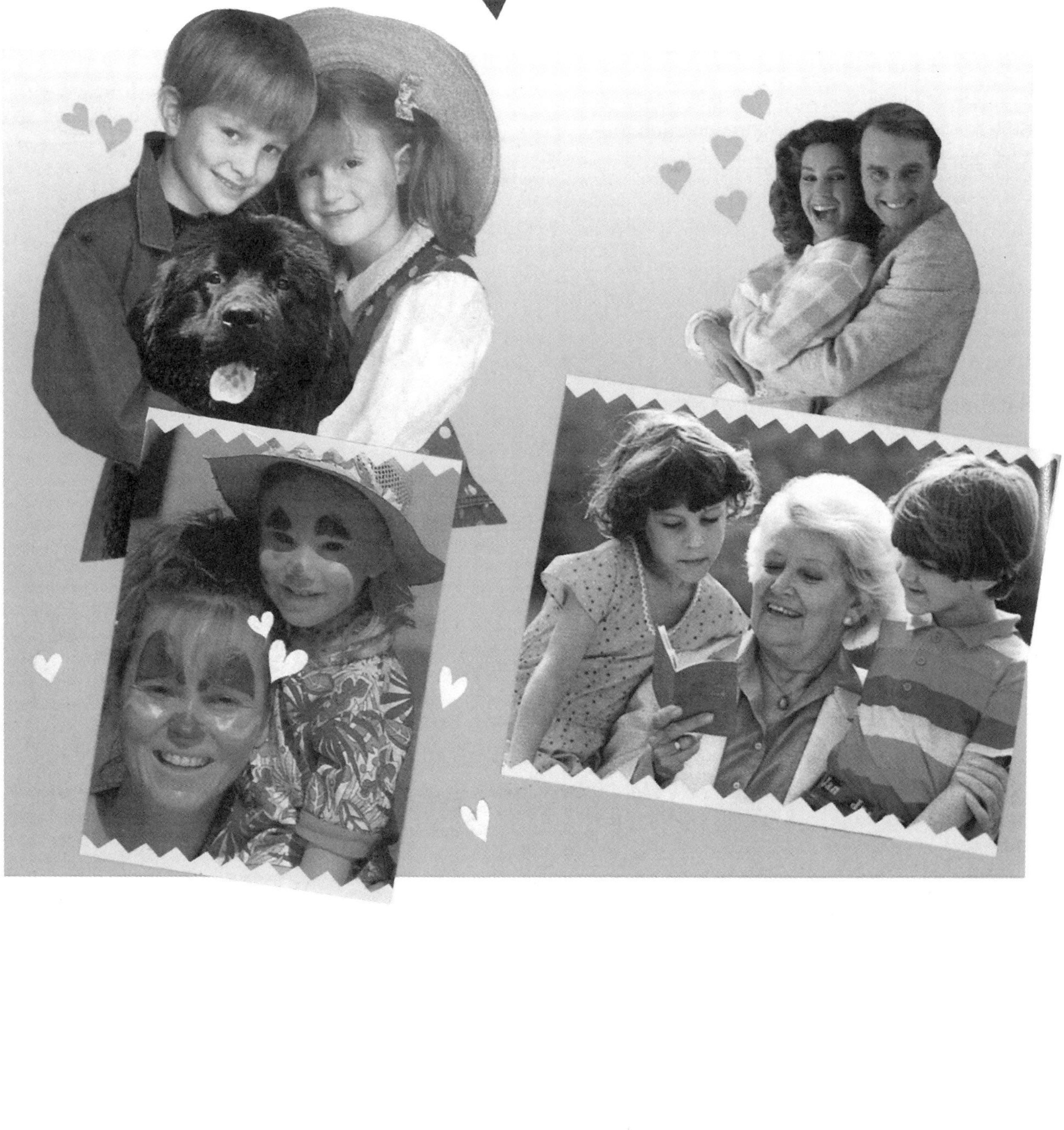

b. Wie reagiert ihr, wenn ihr verliebt seid?

- ☐ Ich kann nicht schlafen.
- ☐ Ich kann nichts essen.
- ☐ Ich kann mich nicht konzentrieren.
- ☐ Ich kann nicht lernen.
- ☐ Ich höre den ganzen Tag Musik.
- ☐ Ich bin zerstreut.
- ☐ Ich bin verträumt.
- ☐ Ich esse zuviel.
- ☐ Ich tue den ganzen Tag nichts.

- ☐ Ich bekomme Bauchschmerzen.
- ☐ Ich bekomme Herzklopfen.
- ☐ Ich bekomme Kopfschmerzen.
- ☐ Ich bekomme Schluckauf.
- ☐ Ich bin glücklich.
- ☐ Ich bin unglücklich.
- ☐ Ich werde traurig.
- ☐ Ich werde nervös.
- ☐ Ich liebe die ganze Welt.

Voit u. a. (1992), 294/295

Beispiel 13b

 31. Hören und Lesen

Monika: Als ich ihn zum ersten Mal sah, wurde ich rot.

Lisa: Ach, das ist doch ganz normal. Bei mir war es viel schlimmer, als ich mit Stefan ging: jedesmal, wenn wir uns trafen, wurde ich rot! Jedesmal, wenn er mich anrief, bekam ich Herzklopfen! Jedesmal, wenn er schlechte Laune hatte, weinte ich und jedesmal, wenn er mich küßte, bekam ich Schluckauf.

Monika: Du Arme! Und was passierte, als ihr Schluß gemacht habt?

Lisa: Das war zuerst furchtbar. Aber dann merkte ich, daß ich wieder frei und unabhängig war. Ich hatte immer gute Laune und fühlte mich wohl.

Monika: Und wie war's, wenn ihr euch später zufällig getroffen habt?

Lisa: Ich? Ich war ganz ruhig, aber er nicht! Wenn er mich sah, wurde er immer rot und konnte nicht mehr sprechen. Na ja, Rache ist süß!

Voit u. a. (1992), 296

Motivation

In der Einführungsphase geht es also u. a. darum, die Schüler für das, was sie lernen sollen, zu motivieren, sie neugierig zu machen auf das, was kommt. In einer normalen Unterrichtsstunde von 50 bis 60 Minuten sollte die Einführungsphase nicht zu lang sein (5 – 10 Minuten).

Aufgabe 55

1. *Warum ist es wichtig, die Schüler zu motivieren?*

   _____

   _____

2. *Welche Möglichkeiten kennen Sie, Schüler zu motivieren?*

   _____

   _____

   _____

3. *Sehen Sie sich noch einmal das Gespräch „Orientierung in einer fremden Stadt" (Beispiel 10, S. 50/51) an. Wie würden Sie versuchen, Ihre Schüler dafür zu motivieren, sich dieses Gespräch gern anzuhören?*

   _____

   _____

   _____

4. *Würden Sie von Ihren Schüler verlangen, dass sie in einer solchen Einführungsphase Deutsch sprechen? Warum (nicht)?*

   _____

   _____

   _____

Wie Sie selbst aus Ihrer Unterrichtserfahrung als Lehrerin bzw. Lehrer oder aus Ihrer eigenen Schulzeit wissen, ist es wichtig, die Schüler nicht nur in der Einführungsphase, sondern ständig zu motivieren.

Literaturhinweis

In dem Buch *Motivierungstechniken im Fremdsprachenunterricht* von Helmut Reisener (1989) finden Sie viele konkrete Hinweise und Beispiele aus dem Englischen und Französischen, die sich aber leicht auf Deutsch als Fremdsprache übertragen lassen. Empfehlen möchten wir Ihnen in diesem Zusammenhang auch Heft 25 der Zeitschrift *Fremdsprache Deutsch* mit dem Thema *Motivation im Deutschunterricht* (Klett Verlag, 2002).

Die Motivation der Schüler ist aber nur **ein** Ziel der Einführungsphase. Es gibt andere Ziele, wie das Beispiel Phase 1 (B) in Aufgabe 53 gezeigt hat. Diese Ziele wollen wir uns jetzt etwas genauer anschauen.

1. Was passiert sonst noch alles in einer Einführungsphase? Lesen Sie bitte noch einmal das Beispiel Phase 1(B) aus Aufgabe 53 und notieren Sie in Stichworten, was hier noch passiert.

_____

_____

_____

_____

B. Der Lehrer zeigt auf dem Tageslichtprojektor einen Stadtplan. Er fragt die Schüler, was sie sehen und wann man einen Stadtplan braucht. Er bittet die Schüler, in ihrer Muttersprache über ihre Erfahrungen zu berichten, die mit dem Bild zusammenhängen, z. B. darüber, dass sie einmal nach dem Weg fragen mussten. Dabei benutzen sie (muttersprachlich) auch Wörter, die man bei einer Wegbeschreibung braucht. Der Lehrer schreibt die deutsche Übersetzung einiger dieser Wörter an die Tafel.

2. Was meinen Sie? Was ist das Ziel dieser Lernaktivitäten?

_____

_____

_____

Wie wichtig es ist, die Vorkenntnisse der Schüler und Schülerinnen zu aktivieren, bevor sie einen Text hören oder lesen, können Sie selbst erfahren, wenn Sie das folgende Experiment durchführen.

Lesen Sie bitte den folgenden Text. Worum geht es in diesem Text?

Das Vorgehen ist eigentlich ganz einfach. Zuerst müssen Sie die Dinge in verschiedene Gruppen anordnen. Natürlich kann auch ein Stapel ausreichen, denn es kommt darauf an, wie viel zu machen ist. Wenn Sie aus Mangel an Möglichkeiten woanders hingehen müssen, dann ist dies der nächste Schritt, sonst kann es losgehen. Es ist dabei wichtig, die Dinge nicht zu übereilen. D. h. es ist besser, wenige Dinge auf einmal zu tun als zuviel. Kurzfristig mag das als nicht besonders wichtig erscheinen, aber es können leicht Komplikationen entstehen. Ein Fehler kann einen dabei teuer zu stehen kommen. Es ist dabei nicht vorherzusehen, ob diese Aufgabe in unmittelbarer Zukunft überflüssig sein wird, aber das kann man ja nie sagen. Wenn der ganze Vorgang abgeschlossen ist, muß man das Material wieder in verschiedene Gruppen sortieren, danach kann man sie zu ihren angestammten Plätzen tun. Irgendwann werden sie dann wieder gebraucht, so daß dann der ganze Kreislauf wiederholt werden muß. Wie auch immer, es ist eben ein Teil des Lebens.

Zimmer (1989), 31/32

Die meisten Menschen finden diesen Text in Aufgabe 57 sehr schwierig. Der Text bietet dem Leser extrem wenig Anhaltspunkte, um seine Vorkenntnisse aktivieren zu können. Im Lösungsschlüssel haben wir Ihnen verraten, worum es geht. Lesen Sie den Text mit diesem Wissen nun bitte noch einmal.

Jetzt verstehen Sie plötzlich vieles, was vorher völlig unverständlich war: Vor und nach dem Waschen müssen Sie die Wäsche sortieren und wenn man die Wäsche vor dem Waschen nicht richtig sortiert, kann Schaden entstehen. Sie verstehen den Text, weil Sie jetzt nicht mehr nur auf die Textdaten angewiesen sind, sondern auch Ihre Vorkenntnisse über das Thema *Wäschewaschen* hinzufügen können.

Mit Aufgabe 58 wollen wir noch einmal einige Punkte **zusammenfassen**.

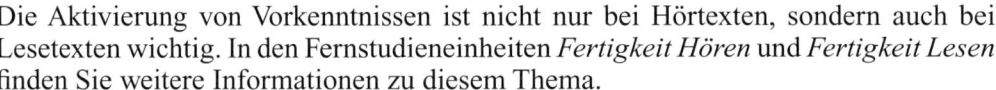

Aufgabe 58

> *Warum ist es notwendig, vor der Präsentation eines Textes die Vorkenntnisse der Schüler zu aktivieren? Notieren Sie bitte stichwortartig einige Punkte.*
>
> _____
>
> _____
>
> _____

Die Aktivierung von Vorkenntnissen ist nicht nur bei Hörtexten, sondern auch bei Lesetexten wichtig. In den Fernstudieneinheiten *Fertigkeit Hören* und *Fertigkeit Lesen* finden Sie weitere Informationen zu diesem Thema.

Sie haben jetzt die Inhalte und Ziele der Einführungsphase kennen gelernt. In der nächsten Aufgabe geht es um die Verbindung von Einführungsphase und *Didaktischer Analyse*.

Aufgabe 59

> *Bereiten Sie bitte anhand des „Modells DA" eine Einführungsphase zum Gespräch „Orientierung in einer fremden Stadt" (Beispiel 10, S. 50/51) vor. (Sie können z. B. den Stadtplan dazu benutzen.)*

Phase *Modell DA*	Phase 1: *Einführung*
Lernziel	
Lernaktivitäten	
Sozialform(en)	
Materialien	
Medien/Hilfsmittel	
Aktivitäten des Lehrers/ der Lehrerin	

Diese Einführung in das Thema bietet das Lehrwerk *sowieso* selbst an:

Einheit 19

Inhalt
Orientierung in einer Stadt
Kommunikation
Nach dem Weg fragen, einen Weg beschreiben
Wortschatz
Öffentliche Gebäude, Straßennamen
Landeskunde
Eine deutsche Stadt: Eisenach
Texte
Postkarte, Stadtplan, Dialoge
Grammatik
Gehen/fahren + Präposition
durch + Akkusativ
Wiederholung: Präpositionen mit Dativ
Lern- und Arbeitstechniken
Projekt: Informationsmaterial über die eigene Stadt sammeln

Allgemein:
Einheit 19 baut in den Bereichen Kommunikation und Grammatik auf Einheit 12 auf. Das Thema Orientierung wird nun auf den Kontext Stadt übertragen.

A Eisenach – die Stadt in der Mitte von Deutschland

Möglicher Einstieg:
Die S schauen sich im Überblick zunächst die Seiten 88 und 89 an, erkennen den Stadtplan und die Situation auf S. 89, schließen dann das Buch und diskutieren in der Muttersprache: Worum geht es in der Einheit? Was sollte man auf deutsch bei diesem Thema lernen? Notieren Sie die Stichpunkte, und vergleichen Sie sie später mit der Einheit.
So beteiligen Sie die S an der Planung und machen die Lernziele transparenter.

1 Lesen Sie die Karte gemeinsam, klären Sie unbekannte Wörter. Kontrolle mit **Kopiervorlage 13**.

2 Lassen Sie die S zunächst in Partnerarbeit die Liste der ihnen schon bekannten Gebäude und Sehenswürdigkeiten mit Artikeln (Glossar oder Wörterbuch) herausschreiben. Schreiben Sie folgende Musterformulierungen an die **Tafel**:

19

A Eisenach – die Stadt in der Mitte von Deutschland

Liebe Lisa,   Eisenach, 23.7.
wir sind jetzt in Eisenach.
Heute morgen haben wir das Automuseum besucht und dann haben wir eine Wanderung auf die Wartburg gemacht. Das war toll! Gestern waren wir im Bach-Haus.
Das Wetter war phantastisch.
Die Jugendherberge ist o.k.
Bis bald,
Deine Nadine!

1 Wo war Nadine? Suche die drei Orte im Stadtplan.

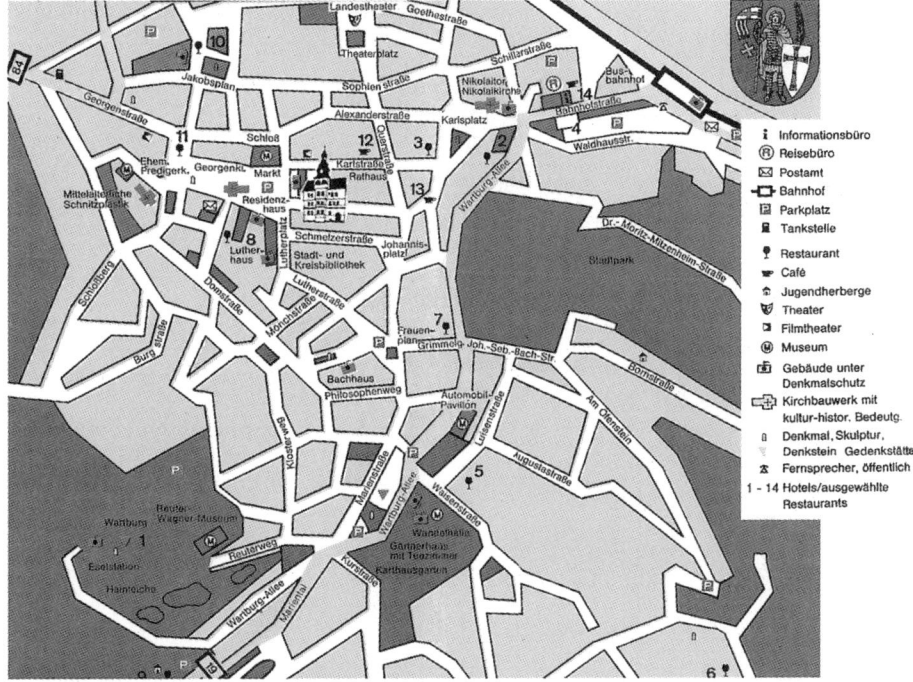

i Informationsbüro
Ⓡ Reisebüro
✉ Postamt
🚆 Bahnhof
P Parkplatz
⛽ Tankstelle
🍴 Restaurant
☕ Café
△ Jugendherberge
🎭 Theater
🎬 Filmtheater
Ⓜ Museum
Gebäude unter Denkmalschutz
Kirchbauwerk mit kultur-histor. Bedeutg.
Denkmal, Skulptur,
Denkstein Gedenkstätte
Fernsprecher, öffentlich
1 - 14 Hotels/ausgewählte Restaurants

2 Eine Burg, eine Kirche, ein Museum – was gibt es auch in deiner Stadt?
3 Touristen in einer Stadt – was ist für sie wichtig?

88 achtundachtzig

> Eine /Burg/Kirche/ ... haben wir auch. Sie heißt ....
> (haben wir nicht).

Anschließend erklären Sie die Wörter der Liste, die den S noch unbekannt sind, u.a. mit Hilfe des Stadtplans.

3 Diese Aufgabe können Sie je nach Zeit und Leistungsstand der Gruppe zu einem kleinen Projekt ausbauen.
1. Variante:
Die Schüler machen eine Liste der wichtigsten Sehenswürdigkeiten ihrer Stadt auf deutsch.
2. Variante:
Die S machen aus der Liste einen kleinen Touristenführer auf deutsch, indem sie die Sehenswürdigkeiten jeweils mit einem Satz kommentieren.
Sie bereiten damit die Abschlußaktivität zu dem Kapitel, das Projekt in **14** vor.

Funk u. a. (1995a), 104

2.2.2 Phase 2: *Präsentation*

| 1: Einführung | $\longrightarrow$ | 2: Präsentation |

In der Präsentationsphase wird ein für die Schüler neuer Text präsentiert. In dieser Phase geht es darum, dass die Schüler den Text global verstehen. Es kann sich entweder um einen Lesetext handeln oder um einen Hörtext. Unter Präsentation verstehen wir also nicht, dass die Lehrerin eine neue Grammatikregel oder neue Wörter behandelt. Falls sie dies macht, dann erst später, nach der Präsentation. Allerdings enthält der zu präsentierende Text oft einige sorgfältig ausgewählte Beispiele neuer sprachlicher Mittel: neue Laute, neue Morpheme, neue Wörter, neue Sprachformen oder neue Satzstrukturen. Der Text hat dann zum Beispiel die Funktion, diese neuen sprachlichen Mittel auf eine effektive und attraktive Weise anzubieten, als Basis für Übungen, die auf die Entwicklung der Sprech- oder Schreibfertigkeit abzielen.

Aufgabe 60

> *Welche anderen Funktionen als die Präsentation neuer sprachlicher Mittel können Texte in einem Lehrwerk haben?*
>
> _____
>
> _____
>
> _____
>
> _____

Der Lehrer in unserem Beispiel (Aufgabe 53-D, S.57) präsentierte den Hörtext *Wegbeschreibung* über Kassette.

Aufgabe 61

> *1. Kennen Sie andere Möglichkeiten, Hörtexte zu präsentieren?*
>
> *a)* _____
>
> *b)* _____
>
> *c)* _____
>
> *...* _____
>
> *2. Welche dieser Möglichkeiten verwenden Sie selbst in Ihrem Unterricht? Welche finden Sie in Ihrem Lehrbuch?*
>
> _____
>
> _____
>
> _____
>
> _____
>
> _____

Präsentationstechniken für Hörtexte

In der folgenden Übersicht haben wir einige im Unterricht häufig verwendete Präsentationstechniken für Hörtexte aufgelistet. Welche Vor- bzw. Nachteile haben Ihrer Meinung/Erfahrung nach die einzelnen Techniken?

Notieren Sie bitte stichwortartig die Vor- und Nachteile der im Folgenden genannten Präsentationstechniken.

Präsentations-techniken für Hörtexte	Vorteile	Nachteile
1. *Der Lehrer/ die Lehre-rin* trägt den Hörtext vor (die Bücher der Schüler sind ge-schlossen).		
2. Die *Schüler* lesen den Hörtext vor (jeweils 1–3 Schüler, je nach Rollen im Hörtext, die anderen lesen bei geöffneten Büchern mit).		
3. Der Hörtext wird mit *Kassette* präsentiert. Die Bücher sind ge-schlossen.		
4. Der Hörtext wird als Hör-Seh-Text über *Video* präsentiert. Die Bücher sind ge-schlossen.		
5. Der Hörtext wird mit *Kassette* präsentiert. Die Bücher sind geöff-net.		

Wenden wir uns nun den Lesetexten zu.

Aufgabe 63

1. Welche Möglichkeiten, Lesetexte in der Klasse zu präsentieren, kennen Sie?

a) _____

b) _____

c) _____

... _____

2. Welche dieser Möglichkeiten verwenden Sie selbst in Ihrem Unterricht? Welche finden Sie in Ihrem Lehrbuch?

_____

_____

Präsentationstechniken für Lesetexte

In der folgenden Übersicht haben wir einige im Unterricht häufig verwendete Präsentationstechniken für Lesetexte aufgelistet. Welche Vor- bzw. Nachteile haben Ihrer Meinung/Erfahrung nach die einzelnen Techniken?

Aufgabe 64

Notieren Sie bitte stichwortartig die Vor- und Nachteile der aufgeführten Präsentationstechniken.

Präsentations-techniken für Lesetexte	Vorteile	Nachteile
1. Die Schüler lesenden Text still für sich.		
2. Der Lehrer/Die Lehrerin liest den Text vor.		
3. Die Schüler lesen den Text laut vor.		
4. Der Text wird mit einer Kassette vorgespielt, die Schüler lesen mit.		

Techniken für die Einführungsphase

Es gibt noch viele andere Techniken, um Texte einzuführen und zu präsentieren. Einige davon wollen wir Ihnen hier vorstellen.

Im Folgenden finden Sie Techniken für die Einführungsphase und Techniken für die Präsentationsphase. Welche Technik gehört zu welcher Phase? Ordnen Sie bitte zu.

A. Die Lehrerin fragt die Schüler nach ihren Erfahrungen/Meinungen zur Situation/zum Thema des Textes.

B. Die Lehrerin lässt den Text über Kassette hören. Die Schüler hören zu und kreuzen in einem Schema an, wer was sagt.

C. Die Schüler hören den Text und lesen gleichzeitig mit. Danach bringen sie Sätze aus dem Text in die richtige Reihenfolge.

D. Die Lehrerin lässt den Text über Kassette hören. Die Schüler hören zu. Kurz vor der Pointe stoppt die Lehrerin die Kassette und fragt: „Was meint ihr: Wie geht's jetzt weiter?"

E. Die Lehrerin fragt die Schüler: „Würdet ihr auch ... tun, wenn ...?" (bezogen auf das Thema des Textes)

F. Die Lehrerin hat auf dem Tageslichtprojektor ein Bild zum Text mit einem Blatt Papier abgedeckt. In diesem Blatt sind Fenster ausgeschnitten. Die Lehrerin öffnet ein Fenster nach dem anderen und fragt: „Was meint ihr: Worum geht es in diesem Text?"

G. Die Lehrerin zeigt ein Bild (Foto/Zeichnung), das zum Text passt, und fragt: „Was meint ihr: Worum geht es in diesem Text?"

H. Die Lehrerin zeichnet eine Blume an die Tafel und schreibt das Schlüsselwort aus dem Text in das Herz der Blume. Dann fragt sie die Schüler: „Woran denkt ihr bei diesem Wort?"

I. Die Schüler lesen den Text und kreuzen an, ob die Aussagen über den Textinhalt richtig oder falsch sind.

J. Die Schüler bekommen Textteile (3 – 4 größere Schnipsel). In Partner- oder Gruppenarbeit setzen sie die Schnipsel zusammen.

Techniken für die **Einführungsphase***:*

_____

Techniken für die **Präsentationsphase***:*

_____

Wahrscheinlich hat Ihnen die eine oder andere der oben genannten Techniken besonders gut gefallen (z. B. die „Fenstertechnik"), weil sie Ihnen interessanter, kreativer erschien als andere. Abwechslungsreiche, fantasievolle Techniken können auch besonders motivationsfördernd wirken. Sie erinnern sich:

In Kapitel 2.2.1 (S. 64) haben wir die Rolle der Motivation für den Lernprozess hervorgehoben.

Motivation
Rückverweis

1. *Welche der in Aufgabe 65 aufgeführten Techniken halten Sie in welchen Lerngruppen für besonders motivationsfördernd?*

_____

_____

2. *Haben Sie noch andere Ideen für abwechslungsreiche Einführungs- oder Präsentationstechniken? Schreiben Sie sie auf ein Extrablatt.*

Selbstverständlich möchten Sie, nachdem Sie den Text präsentiert haben, kontrollieren, ob die Schüler den Text verstanden haben. In dieser Phase ist es in der Regel nicht sinnvoll, das Detailverständnis* zu überprüfen; die Überprüfung des Globalverständnisses*, d. h. der wichtigsten Informationen oder des roten Fadens, reichen erst einmal vollkommen aus.

Erst in der nächsten Phase, der Semantisierungsphase, wird auf die detaillierte Bedeutung der sprachlichen Mittel, die anschließend geübt werden sollen, hingearbeitet.

Techniken zur Überprüfung des Globalverständnisses

Auf den folgenden Seiten finden Sie wieder Beispiele aus verschiedenen Lehrwerken. Die Beispiele zeigen unterschiedliche Möglichkeiten, das Globalverständnis eines Textes zu überprüfen. Bei Aufgaben zum Textverständnis ist die Unterscheidung zwischen sprachlich reproduktiven* und sprachlich produktiven* Aktivitäten sowie von Aufgaben ohne sprachliche Aktivitäten wichtig. Aufgaben ohne sprachliche Aktivitäten sind zum Beispiel Aufgaben, bei denen man nur etwas ankreuzen muss. Von sprachlich reproduktiven Aktivitäten sprechen wir, wenn die Lernenden nur Vorgegebenes (Gehörtes oder Gelesenes) reproduzieren im Gegensatz zu den sprachlich produktiven Aktivitäten, bei denen von den Lernenden eigene sprachliche, inhaltliche Formulierungen verlangt werden.

Aufgabe 67

Ordnen Sie die Übungen in den folgenden Beispielen 15 – 19 (S. 72 – 78) bitte der Tabelle zu.

Welche Übungen sind ohne sprachliche Aktivität zu erledigen? Welche verlangen sprachlich reproduktive, welche sprachlich produktive Aktivitäten?

ohne sprachliche Aktivität	*nur sprachlich reproduktive Aktivität*	*sprachlich produktive Aktivität*

Beispiel 15

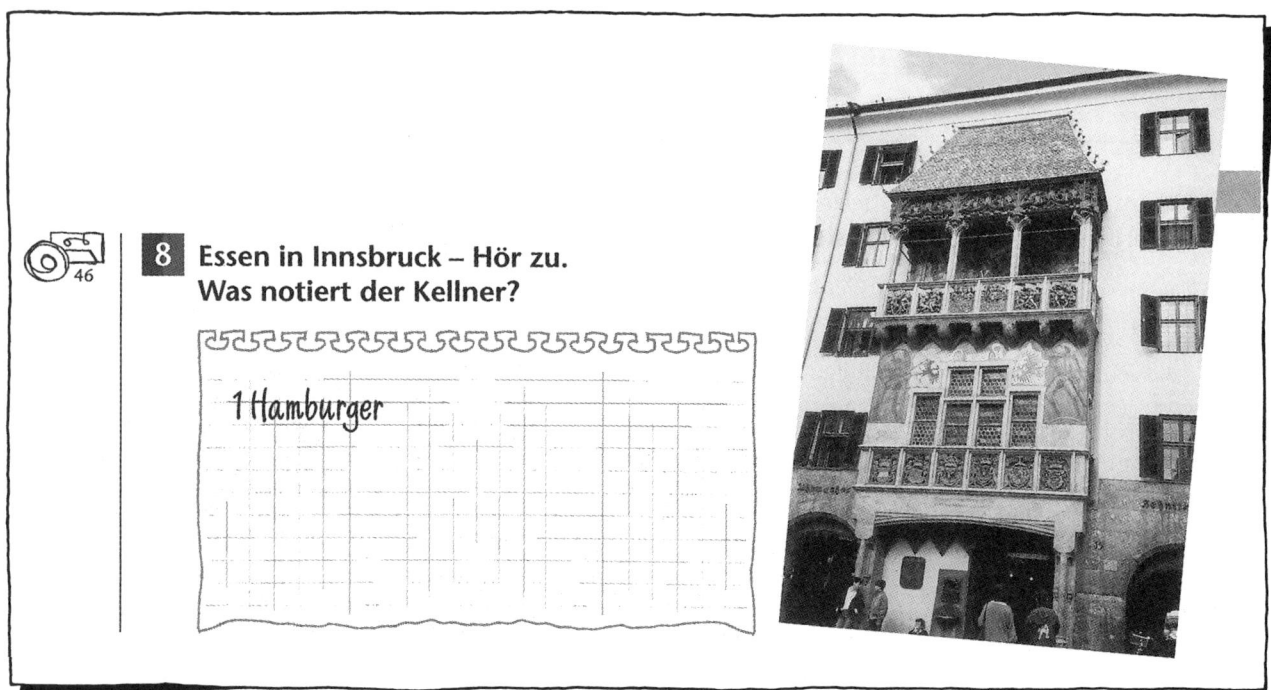

8 Essen in Innsbruck – Hör zu. Was notiert der Kellner?

1 Hamburger

Keller u. a. (2002), 80

Meine Geschwister

 Hallo, ich bin Bettina. Ich bin acht Jahre alt und ich habe drei Geschwister. **Ich habe ...**

... einen kleinen Bruder.

Max ist sechs Jahre alt. Er macht immer Unsinn. Er ist laut, frech und er ist oft schmutzig. Er mag Fußball und Bonbons.

... eine große Schwester.

Marlene ist zwölf Jahre alt. Sie telefoniert immer und mag Partys. Sie ist doof und die Freundinnen von Marlene auch.

... einen großen Bruder.

Nils ist vierzehn. Er ist faul und mag laute Musik. Er ist oft unfreundlich.

Eine kleine Schwester habe ich nicht. Zum Glück! Eine kleine Schwester ist immer laut, frech, doof, faul und unfreundlich. Ich weiß das. Ich **bin** eine kleine Schwester.
Meine Geschwister sind oft furchtbar.
Aber manchmal
ist Max nett, und
Marlene ist freundlich,
und Nils und ich machen
zusammen Hausaufgaben.
Und wir spielen alle zusammen.
Dann sind Geschwister toll!

Seeger (1997a), 43

Bettinas Geschwister

	Max	Marlene	Nils
ist 14 Jahre alt			X
ist faul			
telefoniert immer			
ist 6 Jahre alt			
ist doof			
ist oft schmutzig			
mag Partys			

	Max	Marlene	Nils
mag laute Musik			
mag Fußball			
ist laut			
ist 12 Jahre alt			
ist frech			
ist oft unfreundlich			

Erzähl jetzt: Mein Bruder Nils ist vierzehn Jahre alt. Er ...

Seeger (1997), 24

8   Welche Uhr zeigt welche Zeit?

a Punkt sechs.

b Kurz nach drei.

c Gleich halb neun.

d Kurz vor sechs.

Funk u. a. (1994a), 50

2.3. LIEBE GLORIA! LIEBER MICHAEL!

Kanzem, 11.12.91

Liebe Gloria! Lieber Michael!

Draußen ist das herrlichste Dezember-
wetter: eiskalt, trocken, Sonnenschein.
Hinter der Scheibe ist es warm. Aber
die Tagestemperatur ist um 12⁰⁰ Uhr
minus 2°C! Also bleibe ich hinter dem
Ofen und mache mich an die
Weihnachtspost. Meine Päckchen sind
schon alle unterwegs, Eures findet
Ihr in Bonn. Wie geht es Euch beiden
denn?

Gehst Du noch viel in die Oper,
Gloria? Wir haben hier in allen
Zeitungen von der glanzvollen Neuer-
öffnung Eures Opernhauses gelesen!
Hast Du dort Dein Abonnement?
Wir waren vor kurzem einige Tage
in Dresden zu einem Kongress und
hatten Gelegenheit, die Semperoper
zu besuchen! Ein Traum! Auch sonst
ist in den neuen Bundesländern viel
Schönes an Kirchen, Schlössern und
ganz herrlichen alten Häusern zu
sehen. Es muß nur kräftig reno-
viert werden, und das wird schon
fleißig gemacht. „Es geht aufwärts",
sagen die jungen Leute, mit denen
wir ins Gespräch kamen. Wir waren
in Meißen, im Elbe-Rebland, wir
haben köstlichen, fruchtigen Elbwein
getrunken, das Elbsandsteingebirge be-
wandert. Wir waren in Pirna, Bautzen,
und Görlitz, alles herrlich. In 5 Jahren —

müßte man nochmals hin, um zu sehen, wie alles in neuen Farben erstrahlt. Vielleicht habt Ihr irgendwann einmal Gelegenheit, dorthin zu fahren, es lohnt sich. –

Delmira übt im Moment fleißig Flöte, sie macht ganz nette Fortschritte und wird mit Johannes Weihnachten ein Duett spielen.

Johannes hat sein Vordiplom mit einer glatten 2 gemacht und ist mit Recht stolz. Matthias hat in Bonn gut Fuß gefaßt und ist jetzt wild entschlossen, seine Arbeit in den Griff zu kriegen. Christian hat in Weihenstephan angefangen und kommt gut mit.

Mir selber geht's gut wie immer. Ich habe viel zu tun, vielleicht lade ich mir auch zu viel auf. Inzwischen fällt gottlob das Hausaufgaben-Intensiv-Training mit Delmira, weg, dafür ist die Plätzchen-Bäckerei angesagt. Außerdem habe ich meine Herren verwöhnt. Wenn eine Sorte Plätzchen fehlt, gibt's direkt großes Geschrei.

Gerade in der Weihnachtszeit muß ich immer an Tante Anna denken. Sie hat diese Zeit auch so geliebt. Und ich find's halt auch schön, wenn die Kerzen am Adventskranz brennen, und ein Duft von Zimt und Nelken durch's Haus zieht. Delmira und ich basteln Strohsterne und hören dabei Weihnachtsmusik oder singen Lieder.

> Nun wünsche ich Euch beiden von uns allen hier alles Gute zu Weihnachten und Gesundheit und Glück für 1992
>
> Eure Christiane
>
> P.S.: Mein Füller streikt, dieses blöde Stück!

a. Der Brief von Christiane ist sehr lang, teile ihn in Abschnitte ein und gib jedem Abschnitt einen Titel.

Abschnitt	von Zeile	zu Zeile	Titel

b. Such im Brief Informationen über Christiane.

Alter: ....

Tätigkeit: ....

Interessen / Hobbys: ....

Wohnort / Unterbringung: ....

Familie: ....

Pläne: ....

Sonstiges: ....

c. Such im Brief Informationen über Deutschland.

....

....

....

Martini (1993), 102 – 104

8 *Hörübung*

Schau dir die Bilder auf S. 7 an.

Acht Jungen und Mädchen sind in einem Fotostudio. Dort werden die Mode-aufnahmen gemacht für den neuen Katalog vom Otto Versand.

Es werden jetzt einige Kleidungsstücke beschrieben, die diese Jungen und Mädchen tragen.

Höre dir den Text auf dem Band an und male die beschriebenen Kleidungsstücke in den richtigen Farben.

Bolte u. a. (1987), 6f.

In den Lehrbuchbeispielen 15 – 19 haben Sie eine Reihe von Techniken zur Überprüfung des Globalverständnisses kennen gelernt.

Aufgabe 68

1. Schauen Sie sich die Beispiele 15 – 19 noch einmal an. Charakterisieren Sie stichwortartig die verschiedenen Techniken.

   Beispiel 15: Hörtext: Speisen und Getränke ergänzen

   Beispiel 16:

   Beispiel 17:

   Beispiel 18:

   Beispiel 19:

2. Welche weiteren Techniken kennen Sie, um zu kontrollieren, ob die Schüler einen präsentierten Text global verstanden haben?

3. Welche Techniken verwenden Sie selbst in Ihrem Unterricht? Welche finden Sie in Ihrem Lehrbuch?

Sie haben jetzt Inhalte, Ziele und Techniken der Einführungs- und der Präsentationsphase kennen gelernt. Wie würden Sie nun das Gespräch *Wegbeschreibung* in Beispiel 10: *Orientierung in einer fremden Stadt* (S.50/51) präsentieren?

Aufgabe 69

Bereiten Sie Ihre Präsentationsphase zu Beispiel 10 bitte anhand des „Modells DA" mit Hilfe dieses Rasters auf einem separaten Blatt vor.

Phase / Modell DA	Phase 2: *Präsentation*
Lernziel	
Lernaktivitäten	
Sozialform(en)	
Materialien	
Medien/ Hilfsmittel	
Aktivitäten des Lehrers/der Lehrerin	

Wenn das Lernziel *globales Textverstehen* ist, dann ist die Arbeit mit dem Text an dieser Stelle zu Ende. Ist das Lernziel z. B. *detailliertes Textverstehen*, dann müssen jetzt die neuen sprachlichen Mittel im Text erarbeitet werden. Dies geschieht in der nun folgenden Semantisierungsphase.

2.2.3 Phase 3: *Semantisierung*

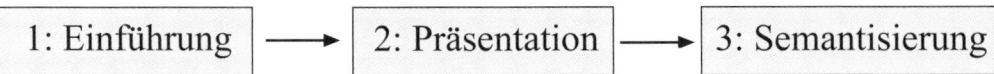

Nach der Präsentation haben die Schüler den Text (hoffentlich) global verstanden, d. h., sie wissen, worum es im Text geht. Da der Text jedoch neue Wörter und neue Strukturen enthält, haben sie noch nicht alles verstanden, was sie verstehen sollen oder möchten.

In der Semantisierungsphase geht es darum, neue Wörter und Strukturen, deren Bedeutung den Schülern noch nicht klar ist, zu behandeln. Semantisieren heißt: die Bedeutung (von Unbekanntem, Unverstandenem) ermitteln, Unverstandenes verstehen. Natürlich sollte es auch in dieser Phase nicht unbedingt darum gehen, dass die Schüler **alles** verstehen, schon gar nicht, dass sie **alles** erklären können. Sie sollen so global wie möglich und so detailliert wie nötig verstehen, und zwar auf zwei Ebenen:

➤ auf der Wort- und Satzebene,

➤ auf der Textebene.

Wort- und Satzebene

Auf der Wort- und Satzebene geht es darum, die Wörter zu erkennen und aus dem Kontext zu erschließen, die für das globale Verständnis des Satzes (und des Textes) wichtig sind.

Aufgabe 70

> *Unterstreichen Sie in dem folgenden Satz bitte die Wörter, die ein Schüler/ eine Schülerin unbedingt verstehen muss, um richtig handeln zu können.*
>
> *„Du gehst hier über den Platz geradeaus. An der Kreuzung gehst du links."*

Tatsächlich genügt es, die Wörter *Platz, geradeaus* und *links* zu verstehen, damit das kommunikative Ziel erreicht wird. In der Realität würden *geradeaus* und *links* wahrscheinlich gestisch veranschaulicht werden.

In unserem Beispiel *Orientierung in einer fremden Stadt* (Aufgabe 53-C, S. 57) heißt es:

> C.
> Die Schüler lesen und/oder hören das Gespräch Orientierung in einer fremden Stadt. Sie fragen nach der Bedeutung einzelner Wörter. Der Lehrer ermutigt die Schüler, die Bedeutung aus dem Kontext abzuleiten, und gibt erst danach selbst Worterklärungen.

Wörter aus dem Kontext selbst erschließen

Diese Vorgehensweise ist sinnvoll: Wörter, deren Bedeutung Schüler selbst entdecken, behalten sie besser als vom Lehrer erklärte Wörter. Außerdem ist das Ableiten von Wörtern aus dem Kontext eine Fertigkeit, die im außerschulischen Leben viele Vorteile hat, denn nicht immer hat man dann ein Wörterbuch zur Hand oder kann jemanden fragen, was das Wort bedeutet.

Semantisierung ist also nicht von vornherein Aufgabe des Lehrers oder der Lehrerin. Auch hier muss es darum gehen, die Schüler möglichst viel selbst entdecken zu lassen, sie mit dem Umgang mit Nachschlagewerken vertraut zu machen, didaktische Hilfestellungen, die das Textverständnis erleichtern, zu bieten (Vorentlastung, sprachliche und außersprachliche Hilfen, Vermittlung von Ratestrategien* usw.).

Textebene

Wenn dann die wichtigsten Wörter und der wesentliche Satzinhalt verstanden sind, ist allerdings noch nicht garantiert, dass auch der Text verstanden wurde. Das, was im Text beschrieben wird, kann zu fremd sein, weil z. B. die soziokulturellen Unterschiede* zu groß sind, weil die Sache unbekannt ist, weil der Text satirisch oder ironisch ist, d. h. „nicht meint, was er sagt".

Ein Text zum Beispiel, in dem es um ausländische Jugendliche geht, die auf dem Arbeitsamt warten, in der Hoffnung, dort eine Arbeit angeboten zu bekommen, stößt in Ländern, in denen es die Institution Arbeitsamt oder etwas Vergleichbares nicht gibt, zunächst auf Unverständnis. Den Schülern müssen also entsprechende landeskundliche Informationen zur Verfügung gestellt werden.

Was das zum Beispiel für die Arbeit mit literarischen Texten bedeutet, können Sie in der Fernstudieneinheit *Landeskunde und Literaturdidaktik* nachlesen.

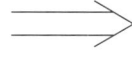

Semantisierungs-
techniken

Die Erschließung von Bedeutungen aus dem Kontext ist eine der wichtigsten Semantisierungstechniken im Fremdsprachenunterricht.

---

1. *Welche weiteren Techniken kennen Sie, um Schülern die Bedeutung unbekannter Wörter in einem Text zu vermitteln?*

   _____

   _____

   _____

2. *Welche dieser Techniken verwenden Sie selbst in Ihrem Unterricht? Welche finden Sie in Ihrem Lehrbuch?*

   _____

   _____

   _____

Aufgabe 71

Schauen wir uns noch einmal ein Beispiel mit einfachen Semantisierungstechniken an. Wir entnahmen es dem schweizerischen Lehrwerk für Jugendliche *Kontakt*.

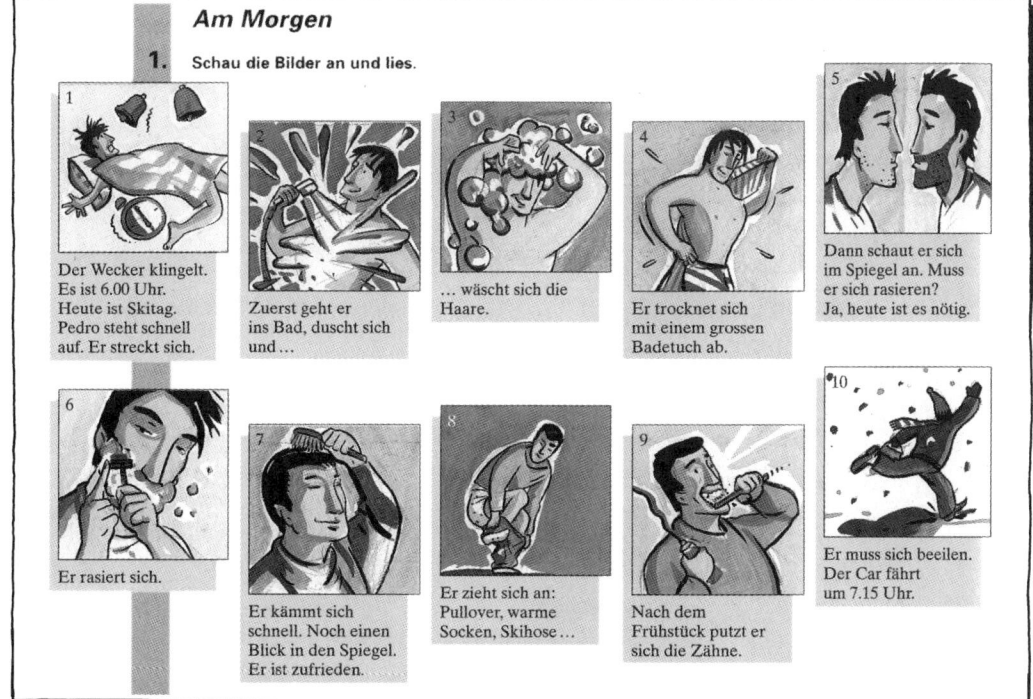

Beispiel 20

Nodari u. a. (1996), 32

81

1. Welche Semantisierungstechniken erkennen Sie in Beispiel 20?

_____

_____

2. Welche anderen Semantisierungstechniken würden Sie bei der Arbeit mit diesen Materialien im Unterricht verwenden?

_____

_____

Im Rahmen dieser Fernstudieneinheit können wir nur einige wenige Verfahren zur Semantisierung unbekannter Wörter zeigen. Eine umfangreiche, erschöpfende Darstellung des Themas finden Sie in der Fernstudieneinheit *Probleme der Wortschatzarbeit*. Hinweise zur Semantisierung von Texten gibt es in den Fernstudieneinheiten *Fertigkeit Hören*, *Fertigkeit Lesen* sowie *Landeskunde und Literaturdidaktik*.

Sie haben jetzt Ziele und Verfahren der Semantisierungsphase kennen gelernt. Wie würden Sie nun das Gespräch Wegbeschreibung in Beispiel 10 *Orientierung in einer fremden Stadt* (S. 55) semantisieren?

Aufgabe 73

Bereiten Sie Ihre Semantisierungsphase zu Beispiel 10 bitte anhand des „Modells DA" vor.

Phase / Modell DA	Phase 3: *Semantisierung*
Lernziel	
Lernaktivitäten	
Sozialform(en)	
Materialien	
Medien/ Hilfsmittel	
Aktivitäten des Lehrers/der Lehrerin	

2.2.4   Phase 4: *Üben*

1: Einführung	→	2: Präsentation	→	3: Semantisierung	→	4: Üben

In der Übungsphase lernen die Schüler, die neuen sprachlichen Mittel, die vorher eingeführt, präsentiert und semantisiert wurden, selbst zu gebrauchen. Da nichts dauerhaft gelernt wird, was nicht geübt wird, kann man diese Phase als die wichtigste Phase des Unterrichtsgeschehens bezeichnen. Sie erfordert auch die meiste Zeit.

Die linke Spalte der folgenden Tabelle zeigt, was alles in der Übungsphase geübt werden kann. Wie sehen entsprechende Übungen nun aus?

Aufgabe 74

Was wird in den folgenden Beispielen 21 – 29 (S. 83 – 89) geübt? Ordnen Sie die Übungen bitte zu, indem Sie die Nummern der Beispiele jeweils in die rechte Spalte der Tabelle schreiben.

Fertigkeiten/ Teilfertigkeiten	Beispiel
Aussprache/Intonation	
Schreiben	
Grammatik	
Sprechen	
Wortschatz	
Lesen	
Hören	
Rechtschreibung	

Beispiel 21

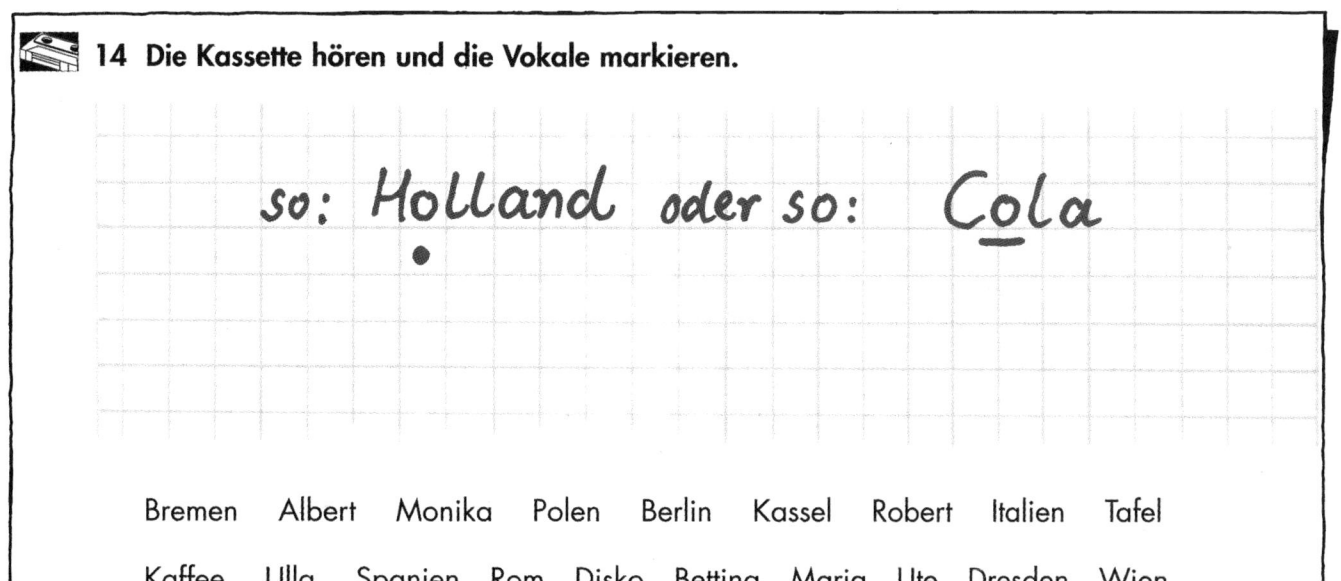

14 Die Kassette hören und die Vokale markieren.

so: Holland oder so: Cola

Bremen   Albert   Monika   Polen   Berlin   Kassel   Robert   Italien   Tafel

Kaffee   Ulla   Spanien   Rom   Disko   Bettina   Maria   Ute   Dresden   Wien

Funk u. a. (1994a), 17

B

 1 Nadine fragt nach dem Weg. Höre das Gespräch zwischen Nadine und der Frau. Kreuze an.

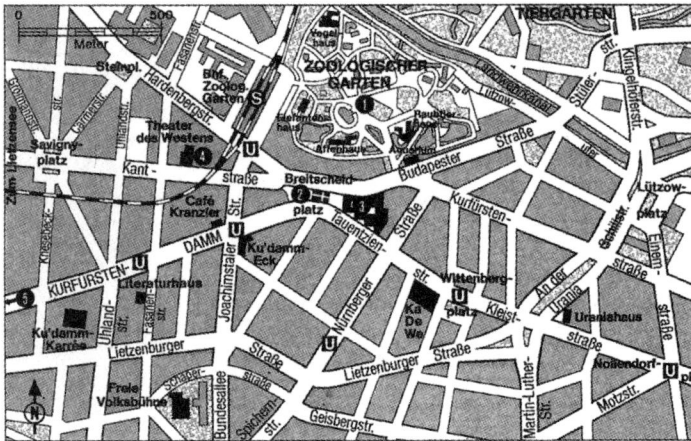

a Wohin will Nadine?
Zum „Bahnhof Zoo" ☐
Zum Bahnhof ☐
Zum „Hotel am Zoo" ☐

b Sie kommt zur Kantstraße. Wohin muss sie gehen?
rechts ☐
links ☐

2 Im Kursbuch Seite 88 findest du den Stadtplan von Eisenach. Du bist am Informationsbüro in der Bahnhofstraße.
  a Eine Frau fragt dich: „Wie komme ich zum Lutherhaus?"
  b Ein junger Mann fragt: „Wie komme ich zum Bachhaus?"

Ordne die Wegbeschreibungen.

a „Wie komme ich zum Lutherhaus?"

Geradeaus sehen Sie das Lutherhaus. Gehen Sie dann über den Markt und dann nach links. Dann durch das Nikolaitor und an der Nikolaikirche vorbei. Gehen Sie hier die Bahnhofstraße entlang. Dann die Alexanderstraße entlang bis zum Markt.

b „Wie komme ich zum Bachhaus?"

Dann sehen Sie das Bachhaus auf der linken Seite. Also zuerst die Bahnhofstraße entlang. Links ist der Stadtpark. Dann geradeaus. Vor dem Nikolaitor nach links. Gehen Sie über den Frauenplan und dann geradeaus. Dann rechts in die Grimmelgasse bis zum Frauenplan. Dann die Wartburgallee entlang.

3 In der Stadt – Satzintonation. Höre gut zu. Markiere die betonten Wörter.

  a Wie komme ich zur Wittenbergstraße?

  b Wo ist denn hier der Bahnhof?

  c Entschuldigung, ich suche die Goethestraße.

  d ○ Können Sie mir sagen, wo das Rathaus ist?
  ● Hier immer geradeaus. Zweite Straße rechts.

  e Tut mir Leid, das weiß ich auch nicht.

  f Immer geradeaus bis zur Ampel, dann links, dann die erste Straße rechts.

Funk u. a. (1994a), 59

C Was macht die Familie?

1. Was machst du?

25 ▲ Christian, was machst du denn?
● Das siehst du doch.
Ich turne.

Macht weitere Dialoge.
schreiben

rechnen
3 + 4

zeichnen

malen

lesen

singen

(Das hörst
du doch.)

Kopp/Frölich (1992), 26

A3 Wovon Jugendliche träumen

Ich wünsche mir, dass meine Freundin / mein Freund:

mit mir über alles redet.

immer [____] mir hält.   sich [____] mich interessiert.

sich [____] mir trifft.

[____] mich wartet, wenn ich zu spät komme.   oft [____] mir telefoniert.

sich nicht [____] mir streitet.   sich [____] mir unterhält.

sich [____] mich verliebt.   sich [____] mich kümmert.

Tag und Nacht [____] mich denkt.

Fischer-Mitziviris/Janke-Papanikolaou (2000), 30

13 Setzen Sie die Wörter aus der Randspalte (in der passenden Form) ein.

e Einschränkung, -en
e Buchung, -en
e Bedingung, -en
die Kosten
r Preis, -e

ändern
gelten für
vornehmen
hinweisen auf
einhalten
entstehen bei
erstatten

Bei einer Reise entstehen in jedem Fall _____(1) – es sei denn, man geht zu Fuß. Immer mehr Reisende benutzen das Flugzeug, aber kaum jemand, der eine Buchung _____(2), versteht die Tarife. Für günstige Tickets gelten oft besondere _____(3), die man unbedingt _____(4) muss, z.B. dass man über ein Wochenende verreisen muss oder nach der _____(5) das Ticket nicht mehr ändern lassen kann oder dass bei einem Rücktritt von der Reise der _____(6) nicht _____(7) wird.

Hasenkamp (2000), 14

2. Cornelias Lieblingsfächer

Montag	Dienstag	Mittwoch	Donnerstag	Freitag

a) *Cornelia hat am Montag* _____

b) *Sie* _____

c) _____

d) _____

e) _____

Kopp/Frölich (2001), 49

4. Ein Brief

Ordne den Brief.

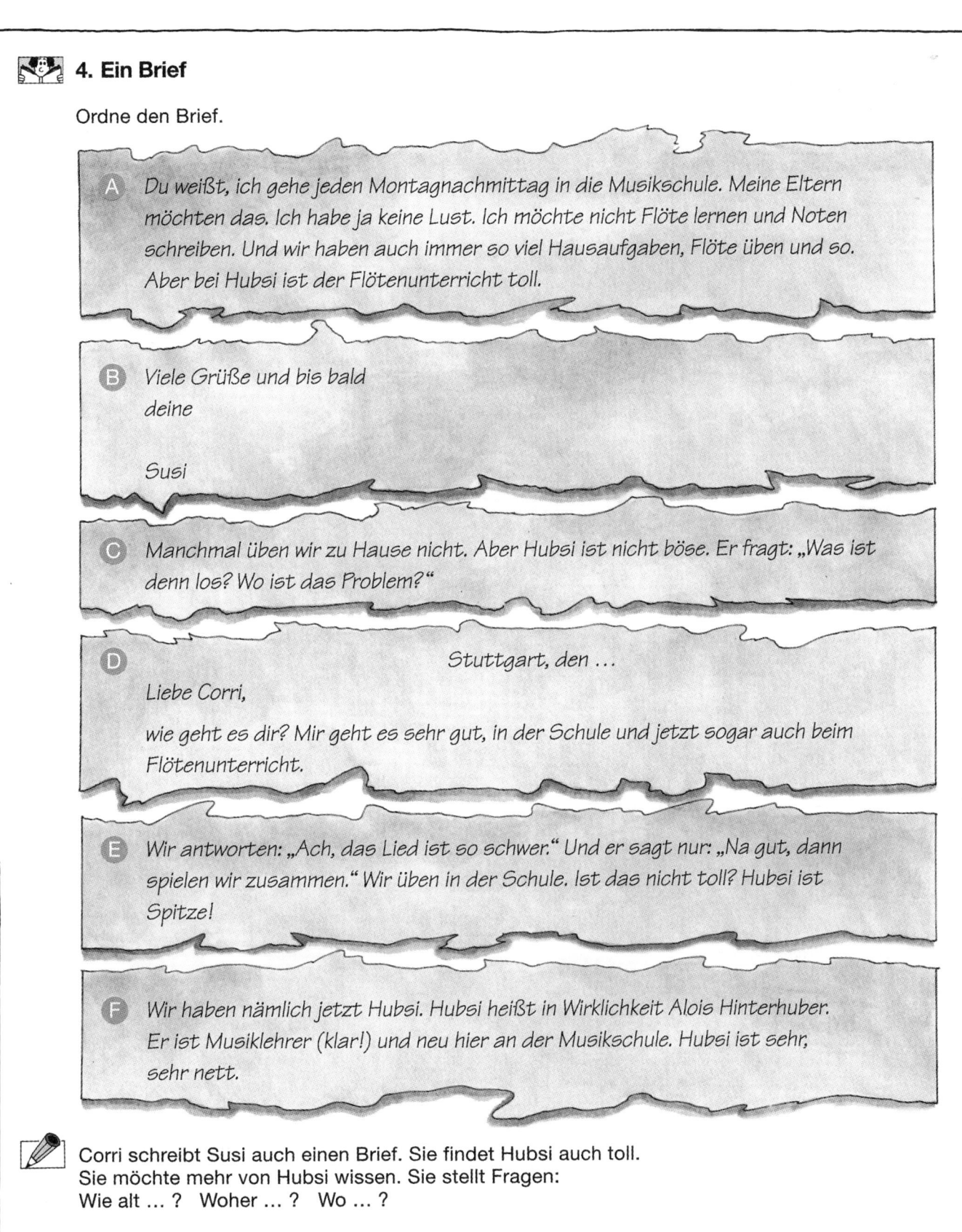

A Du weißt, ich gehe jeden Montagnachmittag in die Musikschule. Meine Eltern möchten das. Ich habe ja keine Lust. Ich möchte nicht Flöte lernen und Noten schreiben. Und wir haben auch immer so viel Hausaufgaben, Flöte üben und so. Aber bei Hubsi ist der Flötenunterricht toll.

B Viele Grüße und bis bald

deine

Susi

C Manchmal üben wir zu Hause nicht. Aber Hubsi ist nicht böse. Er fragt: „Was ist denn los? Wo ist das Problem?"

D Stuttgart, den ...

Liebe Corri,

wie geht es dir? Mir geht es sehr gut, in der Schule und jetzt sogar auch beim Flötenunterricht.

E Wir antworten: „Ach, das Lied ist so schwer." Und er sagt nur: „Na gut, dann spielen wir zusammen." Wir üben in der Schule. Ist das nicht toll? Hubsi ist Spitze!

F Wir haben nämlich jetzt Hubsi. Hubsi heißt in Wirklichkeit Alois Hinterhuber. Er ist Musiklehrer (klar!) und neu hier an der Musikschule. Hubsi ist sehr, sehr nett.

Corri schreibt Susi auch einen Brief. Sie findet Hubsi auch toll.
Sie möchte mehr von Hubsi wissen. Sie stellt Fragen:
Wie alt ... ?   Woher ... ?   Wo ... ?

Schreib Corris Brief.

Kopp/Frölich (2001), 72

6

„Ich besuche einen Sprachkurs, zweimal (1) _in der_ Woche.

(2) _____ _____ Kurs arbeiten wir (3) _____ _____ Lehrbuch,

(4) _____ _____ Arbeitsbuch und (5) _____ _____ Cassetten.

(6) _____ _____ Lehrbuch sind Texte, Bilder und Fotos.

Wir lesen und hören (7) _____ Texte, wir schauen (8) _____ Bilder

und (9) _____ Fotos an.

Zu Hause lerne ich auch oft: Ich lese noch einmal die Texte

(10) _____ _____ Büchern. Und ich höre noch einmal die Dialoge

(11) v_____ _____ Cassette.

(12) _____ _____ halben Stunde mache ich (13) _____ Pause

und höre Musik. (14) _____ _____ Pause mache ich noch

Übungen (15) _____ Arbeitsbuch.

| die Woche |
| der Kurs, das Lehrbuch |
| das Arbeitsbuch, die |
| Cassetten (Plural) |

| die Cassette (Singular) |
| die Stunde, die Pause |

| in / mit / von / nach |

Ü14 🔑

Ergänzen Sie die Präpositionen und die Artikel im Text.

1. Wo**mit** können Sie lernen? (→ **mit**) – _mit_ Cassett_en_, _____ Büch_____,

   _____ Bild_____, _____ ... _____

2. Wo**bei** können Sie lernen? (→ **bei**) – _____ Radiohören, _____ Fernsehen, _____ ...

3. **Wo** können Sie lernen? (→ **an, in**) – _____ e_____ Goethe-Institut,

   _____ e_____ Volkshochschule,

   i_____ _____ Sprachkurs, _____ _____ ...

4. **Mit** wem können Sie sprechen? (→ **mit**) – _____ _____ Lehrer, _____ _____ Lehrerin.

Ü15 🔑

Beantworten Sie Fragen zum Sprachen-Lernen: Notieren Sie Präpositionen, Artikel (und Endungen).

3 Lerntipps

_____ Sie sucht die Wörter aus ihren Notizen auf den Bildern.

_____ Sie zeichnet auch oft ein Bild für ihre neuen Wörter und nimmt wieder diese Farben.

_____ Dann malt sie die Wörter und die Bilder mit der gleichen Farbe an.

_1_ Giovanna schaut nach dem Kurs die Bilder im Lehrbuch noch einmal an.

_____ Daneben hat sie ihre Notizen aus dem Unterricht.

_____ Wörter und Bilder mit dem Artikel „der" macht sie blau. Wörter und Bilder mit „die" rosa, Wörter und Bilder mit „das" gelb.

Ü16 🔑

Sätze zu einem Text ordnen

Nummerieren Sie die Sätze.

überlegen   _zufrieden_
ein Kugelschreiber   _allein arbeiten_
schreiben   _Wai_   _im Sprachkurs_
auf dem Tisch
liegen   _ein Wörterbuch_   _Hefte_   _das Lehrbuch_

Ü17

Ein Foto beschreiben

Was sehen Sie auf dem Foto? Beschreiben Sie.

siebenundfünfzig • 57

Lemcke u. a. (1996), 57

7

Ü22 5 Aussprache

Laute unterscheiden

a) Was hören Sie? Kreuzen Sie an.

Beispiel: Sie hören *1. Meier*

1. Mauer ☐	2. Schaufel ☐	3. Nauner ☐	4. Kaufer ☐	5. Bausig ☐	6. Raumann ☐
Meier ☒	Scheifel ☐	Neiner ☐	Keifer ☐	Beisig ☐	Reimann ☐
Meuer ☐	Scheufel ☐	Neuner ☐	Käufer ☐	Beusig ☐	Reumann ☐

b) Sie hören Wortpaare. Sprechen Sie nach.

[au]		[ɔy]		[ɔy]		[ai]		[au]		[ai]	
1. Baum	– Bäume	2. neun	– nein			3. Haus	– heiß				
Traum	– träumen	heute	– heißen			schauen	– scheinen				
laufen	– sie läuft	neu	– Mai			Raum	– Reim				

Ü23

Reime suchen

Notieren Sie Reimwörter. Lesen Sie vor.

~~Haus~~ ~~Zeit~~ sein drei Baum

Frau heiß zwei Leute seit

bei heute Traum ~~aus~~ klein

mein Mai ein weiß grau

Haus – aus
Zeit – ...

Ü24

Diphthonge schreiben und sprechen

a) Ergänzen Sie den Text.

1. H*eu*te bl____be ich zu H____se. 2. Ich habe viel Z____t. 3. Ich schließe die ____gen und tr____me: 4. Meine Fr____ndin und ich machen eine R____se, eine große ____ropatour. 5. Im M____ sind wir in der Türk____, an der Südküste. 6. Da bl____ben wir mindestens dr____ Wochen. 7. Ich tr____me w____ter: Das Meer ist bl____, die Sonne sch____nt, es ist h____ß. 8. Wir l____fen stundenlang am Strand. 9. Die L____te sind nett und fr____ndlich. 10. Wir k____fen kl____ne Souvenirs, sitzen im Café und schr____ben Postkarten. 11. Und: Wir haben einen Tr____m zusammen ... 12. Ich öffne die ____gen: Habe ich Geld? Habe ich Z____t? Eine Fr____ndin?? ... Ein schöner Traum!

b) Sprechen Sie: Achten Sie auf die Sprechmelodie!

(19)

TIPP: • Sprechen Sie die Texte laut.
• Variieren Sie das Sprechen: Stellen Sie sich vor, Sie sprechen zu einem Freund / einer Freundin, vor der Klasse, vor unbekannten Menschen.

Ü25

Einen Text schreiben und sprechen

Sie haben Zeit: Schließen Sie die Augen. Sie schauen aus einem Fenster: Was sehen Sie? Zeichnen Sie und schreiben Sie. Lesen Sie Ihren Text vor.

Lemcke u. a. (1996), 72

Fertigkeiten und Teilfertigkeiten

Die in Aufgabe 74 genannten Übungsinhalte lassen sich in zwei Gruppen einteilen:

1. Übungen, in denen es um die kommunikativen Fertigkeiten geht.

2. Übungen, in denen es um Teilfertigkeiten geht.

Bei Teilfertigkeiten geht es zwar auch um wichtige Aspekte sprachlichen Handelns. Die Beherrschung einzelner Teilfertigkeiten, wie z. B. der Rechtschreibung, reicht aber nicht aus, um kommunikativ handeln zu können. Mit der gezielten Übung von Teilfertigkeiten wird die Fähigkeit zum kommunikativen Handeln vorbereitet und aufgebaut.

Aufgabe 75

> *Schauen Sie sich noch einmal die linke Spalte in Aufgabe 74 (S. 83) an.*
> *Überlegen Sie: Was sind Fertigkeiten? Was sind Teilfertigkeiten?*
> *Ergänzen Sie die Tabelle.*
>
> | *Fertigkeiten Teilfertigkeiten* | |
> | --- | --- |
> | *Schreiben Rechtschreibung* | |
> | | |
> | | |
> | | |

Die Unterscheidung von Teilfertigkeiten und Fertigkeiten ist auch deshalb wichtig, weil damit deutlich und bewusst wird, dass man nicht beim Üben von Teilfertigkeiten stehen bleiben darf. So genügt es zum Beispiel nicht, viel Grammatik zu üben, wenn wirkliche Sprechfertigkeit und Schreibfertigkeit erreicht werden sollen. Dazu bedarf es spezifischer Aufgaben, bei denen die Lernenden verschiedene Teilfertigkeiten integrieren müssen.

Aufgabe 76

> *Welche Teilfertigkeiten müssen zum Beispiel zur erfolgreichen Bewältigung der folgenden Schreibaufgabe integriert werden?*
>
> **Schreibaufgabe:**
>
> Du möchtest dich bei einer deutschen Firma in deiner Stadt für einen Ferienjob bewerben. Schreib einen Bewerbungsbrief an die Personalabteilung.

Es ist natürlich unmöglich, im Rahmen dieser Fernstudieneinheit Übungen zu allen Teilfertigkeiten und Fertigkeiten, die in einem kommunikativ orientierten Deutschunterricht angestrebt werden, zu besprechen. Wir greifen deshalb zwei wichtige Bereiche heraus, an denen wir einige grundlegende Aspekte darstellen wollen.

Der eine Bereich, den wir ausgewählt haben, sind Übungen zum Wortschatz (Was geschieht nach der Semantisierungsphase?). Beim zweiten Bereich geht es um grundsätzliche Überlegungen zu verschiedenen Übungsformen, die zum Aufbau der produktiven Fertigkeiten, hier mit dem Schwerpunkt auf der Fertigkeit *Sprechen*, führen.

Wortschatz

Neue Wörter in der Übungsphase

Was passiert nun mit neuen Wörtern, die eingeführt, präsentiert und semantisiert worden sind, deren Bedeutung die Schüler also gerade verstanden haben? Nicht alle diese Wörter müssen die Schüler in Gesprächen oder schriftlich auch selbst produktiv gebrauchen können. Bei manchen Wörtern reicht es, wenn die Schüler sie nur verstehen. Wir unterscheiden bei neuen Wörtern also zwei Kategorien:

a) *Rezeptiver Wortschatz**:
   Wörter, die die Schüler nur verstehen sollen, wenn sie Texte lesen oder hören.

b) *Produktiver Wortschatz*:*

Wörter, die die Schüler selbst produktiv gebrauchen lernen: in Gesprächen oder schriftlich.

Meist ist es so, dass die neuen Wörter nach der Semantisierungsphase schnell wieder vergessen werden. Sowohl für den rezeptiven wie für den produktiven Wortschatz ist es also notwendig, dass die Schüler mit den neuen Wörtern und Strukturen üben. Die Übungen sehen jedoch für den rezeptiven Wortschatz etwas anders aus als für den produktiven. (Ausführliche Informationen darüber, wie u. a. Wörter im Gedächtnis gespeichert werden, finden Sie in der Fernstudieneinheit *Probleme der Wortschatzarbeit* in Kapitel 2.1.1).

Rezeptiver Wortschatz

Für den rezeptiven Wortschatz kommt es darauf an, dass der Schüler das neue Wort von jetzt an auch in anderen, neuen Kontexten wiedererkennt und sich dann an die Bedeutung erinnert. Es gibt zwei Wege, dieses Lernziel zu erreichen:

a) *Inzidentelles Lernen*:*

Das bedeutet: Der Schüler behält neue Wörter ohne gezielte Wortschatzübungen allein dadurch, dass er diese Wörter oft liest oder hört. Viele neue Wörter werden auf diese Weise gelernt.

b) *Intentionales Lernen*:*

Das bedeutet: Der Schüler prägt sich die neuen Wörter und ihre Bedeutungen ein, indem er gezielt mit diesen Wörtern übt.

Wie aber kann man Wortschatz üben?

Viele Lehrwerke bieten zweisprachige Wörterlisten (alphabetisch oder auch mit im Lehrwerk verwendeten Beispielsätzen) an. Die Schüler sollen sich die Übersetzung Deutsch – Muttersprache (und/oder umgekehrt) einprägen.

rezeptiver Wortschatz

inzidentelles Lernen

intentionales Lernen

zweisprachige Wörterlisten

Aufgabe 77

---

1. *Welche Erfahrungen haben Sie (als Schüler/als Lehrer oder Lehrerin) damit gemacht, mithilfe zweisprachiger Wörterbücher neue Wörter zu lernen?*

   _____

   _____

   _____

   _____

2. *Kennen Sie andere Möglichkeiten, neue Wörter zu lernen?*

   _____

   _____

   _____

   _____

Zweisprachige Wörterlisten (eventuell auch mit Beispielsätzen) erfüllen ihren Zweck, wenn es darum geht, fremdsprachliche Wortbedeutungen durch muttersprachliche Entsprechungen eindeutig zu klären.

Sie eignen sich weniger dazu, Wörter zu lernen, auch weil oft nur eine spezifische Bedeutungsvariante des Wortes angegeben ist, die sich nicht in andere Kontexte übertragen lässt. Das Lernen von Beispielsätzen im deutsch-muttersprachlichen Vergleich ist auf jeden Fall sinnvoller als das Lernen von Einzelwörtern und kann – neben anderen Wortschatzübungen – das Behalten von Wörtern unterstützen.

Ratestrategien

Wortbedeutungen aus dem Kontext erschließen

Für den Aufbau eines rezeptiven Wortschatzes ist es jedoch vor allem notwendig, dass die Schüler viel Deutsch lesen und hören, dass sie lernen, Bedeutungen zu erraten, Ratestrategien entwickeln und auf diese Weise Wörter und Wortbedeutungen behalten, ohne dass speziell darauf abzielende Übungen notwendig sind. So lernen sie viele Wörter inzidentell. Dabei ist es nützlich, wenn die Schüler Strategien lernen, wie sie am besten eine Wortbedeutung aus dem Kontext erschließen können. Es empfiehlt sich, die folgenden Strategien immer wieder mit den Schülern zu üben.

- **Strategien zum Erschließen von Wortbedeutungen:**

1. Was für ein Wort ist es? Ein Substantiv? Ein Verb? Ein Adjektiv? Ein …?

2. Konzentriere dich nicht auf das unbekannte Wort selbst.

3. Suche Wörter im Kontext, zu denen die Bedeutung des unbekannten Wortes passen muss.

4. Gibt es Verbindungswörter (z. B. Konjunktionen) im Kontext, die etwas über die Bedeutung aussagen?

5. Kennst du das Wort aus einer anderen Sprache?

6. Errate die Bedeutung des Wortes. Passt diese Bedeutung in den Kontext?

Produktiver Wortschatz

produktiver Wortschatz

Beim produktiven Wortschatz müssen die Schüler lernen, die neuen **Wörter in Gesprächen** oder **schriftlich** selbst **produktiv zu gebrauchen**. Wörter, die zum produktiven Wortschatz gehören, müssen deshalb sowohl in speziellen Wortschatzübungen als auch in integrierten Gesprächs- und Schreibfertigkeitsübungen intensiv geübt werden.

Vokabelkarten

Außerdem sollten die Schüler sich im Vokabelheft Notizen machen oder Vokabelkarten anlegen, die etwa so aussehen können:

Vorderseite	Rückseite
das Gepäck Das Gepäck liegt noch im Kofferraum. *Gepäckstücke:* Koffer Tasche Rucksack	Das Gepäck = bagage

Auf der Vorderseite steht dann das Wort, um das es geht, und ein Beispielsatz mit dem Wort in einem möglichst eindeutigen Kontext. Auch Wortzusammensetzungen (z. B. *das Gepäckstück*), Wortfelder (z. B. Gepäckstücke: *Koffer, Tasche, Rucksack*) oder abgeleitete Wörter können auf der Vorderseite stehen. Auf der Rückseite steht die muttersprachliche Übersetzung des Wortes.

Vokabelkartei

Eine Möglichkeit, Vokabeln zu üben, ist die so genannte Vokabelkartei. Wie mit den Vokabelkarten und der Kartei gearbeitet werden kann, veranschaulicht das folgende Beispiel 30 (S. 93) aus dem Lehrwerk *Stufen International*.

Eine Fremdsprache lernen III

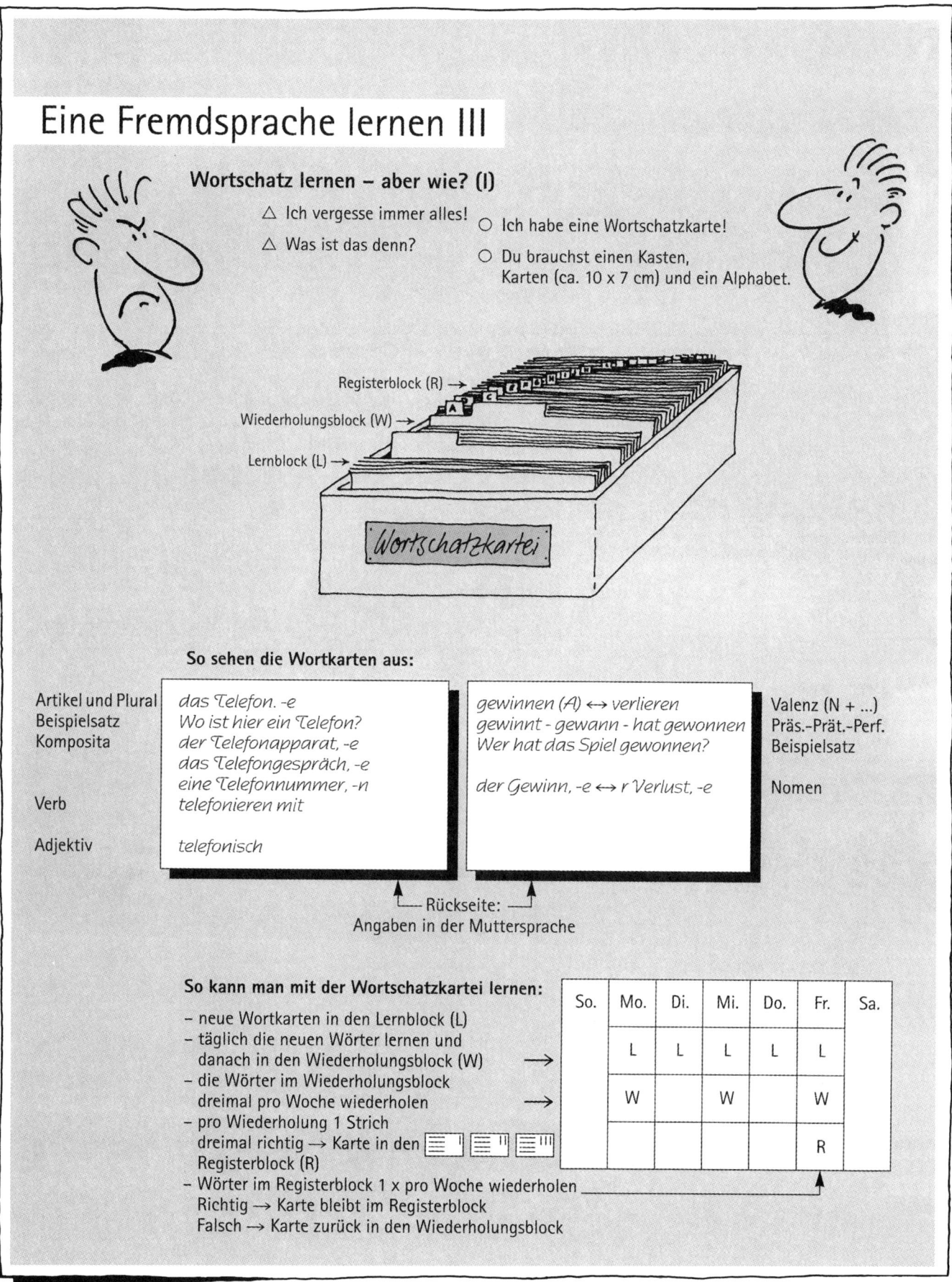

Wortschatz lernen – aber wie? (I)

△ Ich vergesse immer alles!

△ Was ist das denn?

○ Ich habe eine Wortschatzkarte!

○ Du brauchst einen Kasten, Karten (ca. 10 x 7 cm) und ein Alphabet.

Registerblock (R) →
Wiederholungsblock (W) →
Lernblock (L) →

Wortschatzkartei

So sehen die Wortkarten aus:

Artikel und Plural
Beispielsatz
Komposita

Verb

Adjektiv

das Telefon. -e
Wo ist hier ein Telefon?
der Telefonapparat, -e
das Telefongespräch, -e
eine Telefonnummer, -n
telefonieren mit

telefonisch

gewinnen (A) ↔ verlieren
gewinnt - gewann - hat gewonnen
Wer hat das Spiel gewonnen?

der Gewinn, -e ↔ r Verlust, -e

Valenz (N + ...)
Präs.-Prät.-Perf.
Beispielsatz

Nomen

└── Rückseite: ──┘
Angaben in der Muttersprache

So kann man mit der Wortschatzkartei lernen:

– neue Wortkarten in den Lernblock (L)
– täglich die neuen Wörter lernen und danach in den Wiederholungsblock (W) →
– die Wörter im Wiederholungsblock dreimal pro Woche wiederholen →
– pro Wiederholung 1 Strich dreimal richtig → Karte in den Registerblock (R)
– Wörter im Registerblock 1 x pro Woche wiederholen
  Richtig → Karte bleibt im Registerblock
  Falsch → Karte zurück in den Wiederholungsblock

So.	Mo.	Di.	Mi.	Do.	Fr.	Sa.
	L	L	L	L	L	
	W		W		W	
					R	

Vorderwülbecke/Vorderwülbecke (1995), 124

93

Die neuen Wörter müssen nicht nur dauerhaft im Langzeitgedächtnis* gespeichert werden, sie müssen außerdem auch leicht zugänglich sein. Dazu ist es notwendig, dass neue Wörter in **vielfältigen Verbindungen** zu anderen Wörtern gezeigt werden.

Das folgende Beispiel zum Wort *Brot* zeigt, wie vielfältig solche Verbindungen sein können.

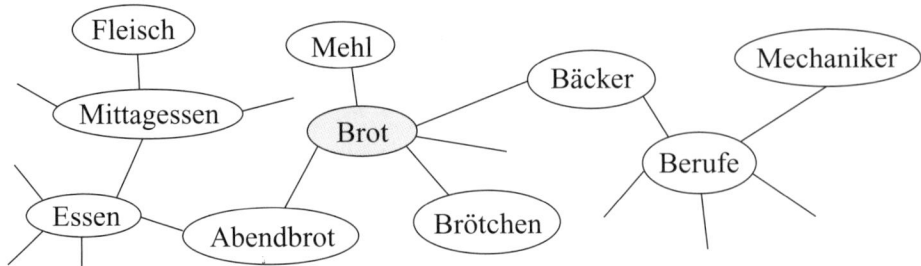

Ein Wort, das so gespeichert ist, ist im Gedächtnis leichter zugänglich, als ein Wort, das nur eine Verbindung mit dem muttersprachlichen Äquivalent eingegangen und also auch nur über dieses muttersprachliche Wort zugänglich ist. Man spricht bei dieser Speicherungsform von assoziativen Netzwerken. Übungen, die auf die Herstellung solcher assoziativen Netzwerke abzielen, sind sehr wichtig.

Mit den beiden folgenden Übungen können die Schüler assoziative Netzwerke bilden.

Aufgabe 78

Führen Sie die Übung bitte selbst durch.

Beispiel 1: Wörter ordnen

In welche der unten genannten Kategorien passen die folgenden Wörter?

der Bus	Neujahr	der Winter	das Fahrrad	Weihnachten
das Müsli	das Bier	die Kartoffeln	Pfingsten	der Herbst
der Zug	der Sommer	das Wasser	das Fleisch	der Wein
die Milch	das Auto	der Frühling	der 1. Mai	der Joghurt

Feiertage	Jahreszeiten	Essen	Trinken	Verkehrsmittel
_____	_____	_____	_____	_____
_____	_____	_____	_____	_____
_____	_____	_____	_____	_____
_____	_____	_____	_____	_____
_____	_____	_____	_____	_____

Beispiel 2: Skala

Schreib bitte die Wörter in der richtigen Reihenfolge:

1. heiß – kalt – glühend – lau – warm – kühl – eiskalt

_____

2. wunderschön – hässlich – mittelprächtig – schön – ganz nett

_____

_____

In Aufgabe 78 (Beispiel 1) sind die Kategorien vorgegeben, in die die Wörter eingeordnet werden sollen. Man kann die Schüler die Kategorien auch selbst finden lassen. Bei einer solchen Aufgabe müssen sie sich noch stärker mit dem Wortschatz auseinander setzen und es werden noch stärkere Spuren im Gedächtnis gelegt. Weitere Anregungen für die Wortschatzarbeit finden Sie in der Fernstudieneinheit *Probleme der Wortschatzarbeit*.

Kategorien selbst
finden lassen

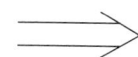

Die produktiven Fertigkeiten* in der Übungsphase

Am Ende der Übungsphase sollen die Schüler gelernt haben, ein bestimmtes **Gespräch** (z. B. *nach dem Weg fragen/den Weg beschreiben*) selbst zu führen oder einen bestimmten **Text** (z. B. eine Ansichtskarte aus dem Urlaub) selbst zu **schreiben**. Der vorher eingeführte, präsentierte und semantisierte Text hatte vor allem die Funktion, den Schülern ein Modell zu bieten. Es gähnt jedoch noch eine gewaltige Kluft zwischen dem, was die Schüler jetzt am Ende der Semantisierungsphase können (einen Text verstehen), und dem Endziel der Übungsphase, nämlich *(selbst) ein Gespräch führen* (z. B. *nach dem Weg fragen*) und *selber eine Ansichtskarte schreiben* zu können.

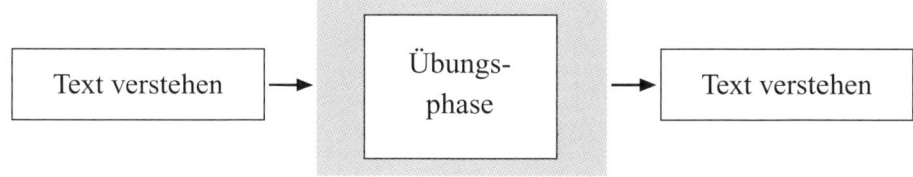

Im Folgenden wollen wir überlegen, wie diese Kluft zwischen *Textverständnis* und *Textproduktion* durch die Übungsphase schrittweise überwunden werden kann.

Schrittweiser Aufbau der Übungsphase

Übungen können die Schülerinnen und Schüler unterschiedlich fordern. Dabei denken wir nicht nur an die Unterscheidung in „leichte" und „schwere" Übungen. Wir möchten Ihnen verschiedene Übungstypen vorstellen und versuchen, Argumente für einen sinnvollen Übungsaufbau zu finden. Es gibt z. B. *reproduktive Übungen*, in denen die Sprache nur reproduziert wird, und *produktive*, in denen die Schüler selbst Sprache produzieren. Es gibt *geschlossene Übungen**, wo jeweils nur eine Lösung richtig ist, und *offene Übungen**, die mehr als nur eine Lösung gestatten.

verschiedene
Übungstypen

Von *formorientierten Übungen** sprechen wir, wenn die Schüler sich vor allem auf die Sprachformen (neue sprachliche Mittel, grammatische Richtigkeit) konzentrieren und weniger auf den Inhalt, und von *inhaltsbezogenen Übungen**, wenn es stärker um den Inhalt einer Mitteilung geht, sodass die Schüler weniger Aufmerksamkeit auf die sprachlichen Mittel richten können. Ein anderer wichtiger Unterschied ist der zwischen stark und weniger stark gesteuerten Übungen. Bei *stark gesteuerten Übungen** wird den Schülern genau vorgeschrieben, was sie machen sollen, und in der Regel gibt es bei solchen Übungen auch nur eine einzige korrekte Lösung. Bei *weniger stark gesteuerten Übungen** gibt es Wahlmöglichkeiten für die Schüler: Von ihnen wird verlangt, dass sie die Steuerung ihres Lernhandelns (zum Teil) selbst übernehmen, da die Übung ihnen nicht zwingend vorschreibt, was sie (wie) machen sollen.

Schauen wir uns einmal zwei Übungen unter diesen Aspekten an.

---

1. *Vergleichen Sie bitte die beiden folgenden Übungen. Sie unterscheiden sich in mehrfacher Hinsicht. Welches der hier genannten Merkmale passt zu welcher Übung? Kreuzen Sie an.*

Aufgabe 79

Merkmale	Beispiel 31 (Übung 1)	Beispiel 32 (Übung 2)
reproduktiv		
produktiv		

Merkmale	Beispiel 31 (Übung 1)	Beispiel 32 (Übung 2)
geschlossen		
offen		
formorientiert		
inhaltsbezogen		
schriftlich		
mündlich		
Regelanwendung		
stark gesteuert		
weniger stark gesteuert		

2. *Welche dieser beiden Übungen würden Sie Ihre Schüler zuerst machen lassen? Warum?*

Zuerst: _____

_____

Begründung: _____

_____

_____

Beispiel 31
(Übung 1)

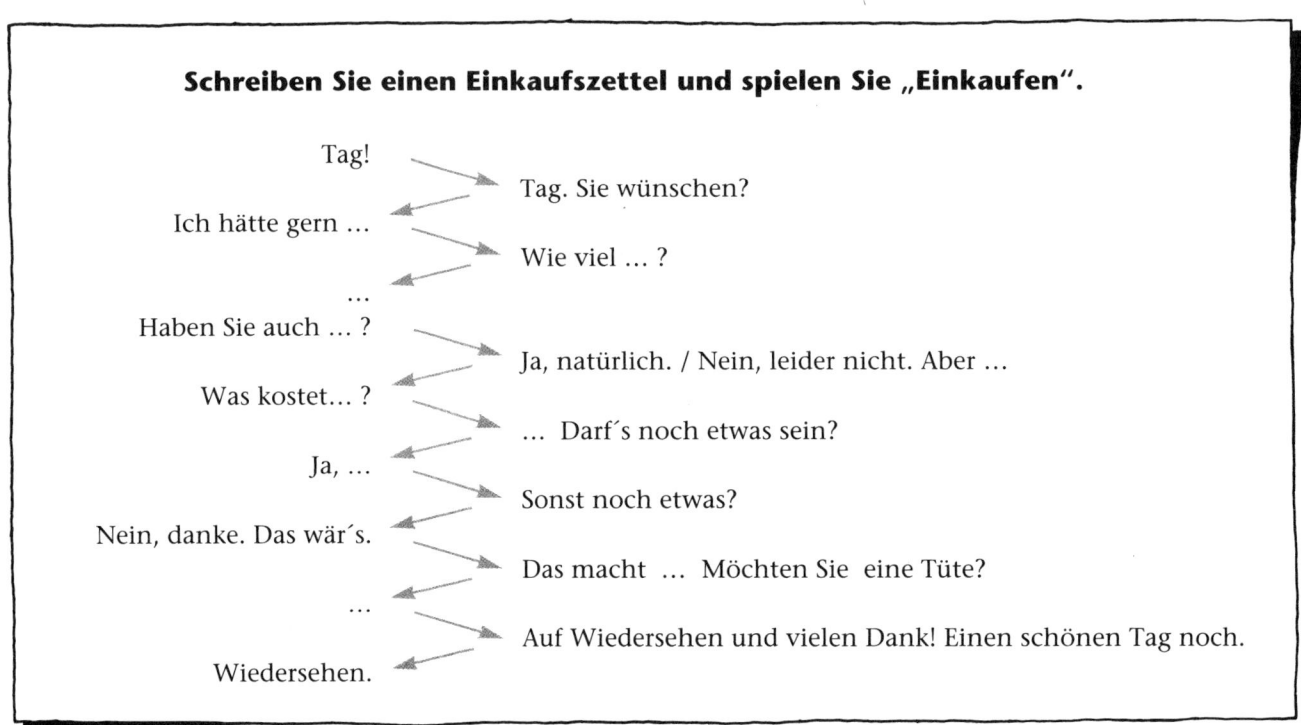

Schreiben Sie einen Einkaufszettel und spielen Sie „Einkaufen".

Tag! → Tag. Sie wünschen?

Ich hätte gern ... → Wie viel ... ?

...

Haben Sie auch ... ? → Ja, natürlich. / Nein, leider nicht. Aber ...

Was kostet... ? → ... Darf's noch etwas sein?

Ja, ... → Sonst noch etwas?

Nein, danke. Das wär's. → Das macht ... Möchten Sie eine Tüte?

... → Auf Wiedersehen und vielen Dank! Einen schönen Tag noch.

Wiedersehen.

Dallapiazza u. a. (1998), 52

„Tut mir Leid" oder „Entschuldigung" / „Verzeihung" / „Entschuldigen Sie"

1   *Entschuldigen Sie*____ , wo gibt es hier Hefe?

Ich weiß auch nicht genau. Schauen Sie doch mal bei den Milchprodukten, ganz da hinten links.

2   .... , können Sie mir helfen? Wo finde ich frischen Fisch?

.... , wir haben keinen frischen Fisch. Fisch gibt es nur bei der Tiefkühlkost.

3   .... , ich suche Erdnussöl.

.... , das haben wir nicht mehr. Das bekommen wir erst nächste Woche wieder .

4   .... , wo ist denn hier die Leergut-Annahme?

.... , das weiß ich auch nicht.

5   .... , was kosten denn die Sardellen hier?

.... , das weiß ich auch nicht. Ich bin kein Verkäufer. Fragen Sie doch mal an der Kasse.

Dallapiazza u. a. (1998), 53

Aufbau von
Übungssequenzen
Rückverweis

Es ist nicht gleichgültig oder willkürlich, was für Übungen am Anfang einer Übungsphase gemacht werden und was für Übungen am Ende. Denken Sie an das *Modell DA*,
das wir in Kapitel 2.1 vorgestellt haben: Jede Übung verfolgt ein bestimmtes Ziel und
die Schüler müssen das, was sie üben **sollen**, auch üben **können**, d. h., sie dürfen nicht
überfordert werden. Die in Aufgabe 79 genannten Merkmale von Übungen können eine
erste Orientierung für einen sinnvollen Übungsaufbau bieten. Zugegeben: Bei konkreten Übungen zeigt sich, dass es meist komplizierter ist, solche Merkmale eindeutig
zuzuordnen, als es auf den ersten Blick scheint. Eine grundsätzliche Systematisierung,
wie wir sie hier vornehmen, bietet jedoch eine gute Orientierung.

Aufgabe 80

1. *Welche Merkmale sollten Übungen am Anfang einer Übungsphase
   haben? Und welche Merkmale am Ende? Warum? Ordnen Sie bitte.*

| offen   formorientiert   mündlich   stark gesteuert
| reproduktiv   schriftlich   Automatisierung
| Regelanwendung   produktiv   geschlossen
| inhaltsorientiert   weniger stark gesteuert |

Am Anfang der Übungsphase	*Am Ende der Übungsphase*

2. Warum haben Sie die Merkmale so geordnet?

_____

_____

_____

_____

Wesentlich ist, dass der Schüler am Anfang der Übungsphase nicht gleichzeitig sowohl auf die **sprachliche Form** wie auf den **Inhalt** seiner Sprachäußerungen achten kann. Dazu reicht die Kapazität des Kurzzeitgedächtnisses* nicht aus. Der Schüler kann am Anfang der Übungsphase also nur eine Sache machen und nicht zwei Sachen gleichzeitig: Entweder richtet er seine Aufmerksamkeit auf die Korrektheit der sprachlichen Form seiner Äußerungen oder auf den kommunikativen Inhalt. Das ist der Hauptgrund, warum am Anfang der Übungsphase meist Aufgaben eingesetzt werden, die von den Schülern verlangen, sich auf die korrekte sprachliche Form zu konzentrieren. Erst danach verschiebt sich der Akzent auf den Inhalt der Mitteilungen.

interaktive Strukturübungen

Bedeutet das nun, dass formorientierte Übungen immer bedeutungslos und inhaltsleer sein müssen? Eben nicht. Es gibt ausgezeichnete *interaktive Strukturübungen*, in denen der Inhalt der sprachlichen Mitteilung nicht verloren geht, während die Aufmerksamkeit des Schülers sich vor allem auf die sprachlichen Formen konzentriert. Hier ist ein Beispiel einer solchen interaktiven Strukturübung:

Beispiel 33

10.13. Das mache ich (nicht) gern!

Schreiben Sie, was Sie gern (nicht gern) machen. Ihr Partner/Ihre Partnerin darf nicht sehen, was Sie schreiben. Überraschen Sie Ihren Partner/Ihre Partnerin.

a. Ich _____ gern.   b. Ich _____ nicht gern.

  _____   _____

  _____   _____

  _____   _____

Machen Sie jetzt eine alphabetische Liste mit den Wörtern von a. und b. Geben Sie diese Liste Ihrem Partner/Ihrer Partnerin. Ihr Partner/Ihre Partnerin gibt Ihnen seine/ihre Liste.

Fragen Sie:

☆ Ich stell' mir vor, daß Sie/du gern ..... Stimmt das?

✷ Ja, das stimmt.   oder: ✷ Tut mir leid, das stimmt nicht.
   Und ich stell' mir vor, daß Sie/du gern .....

☆ .....

Wenn es stimmt, was Sie sich vorstellen, dürfen Sie weiterfragen.
Wenn es falsch ist, darf Ihr Partner/Ihre Partnerin fragen.

Müller/Kast (1993), 145

In der Lektion, aus der diese Übung stammt, wurden die Strukturen *Ja, das stimmt ..., Tut mir Leid ..., Stell dir vor ...* neu eingeführt; *etwas (nicht) gern tun* wurde bereits in einer vorherigen Lektion präsentiert. In dieser „kommunikativen" Strukturübung werden die neuen Strukturen systematisch und abwechslungsreich geübt.

Interaktive Strukturübungen haben die folgenden **Merkmale:**

➤ Die Schüler haben wirklich einen Grund, miteinander zu sprechen. Schüler A verfügt z. B. über eine Information, die Schüler B braucht. Darin unterscheiden sich solche Aufgaben von Übungen, in denen die Schüler mechanisch Fragen beantwortet wie: *Ist die Jacke grün? – Ja, sie ist grün.* (obwohl sie auf dem Bild im Lehrbuch *grau* ist).

➤ Die Kommunikation zwischen den Schülern führt zu einem Ergebnis, z. B.: Schüler B erhält die benötigte Information.

➤ Das Ergebnis der Kommunikation liegt nicht vorher fest: Schüler B weiß nicht, was Schüler A genau sagen wird.

➤ Die neue sprachliche Form, die die Schüler lernen müssen, ist notwendig, damit die Kommunikation gelingt.

➤ Intensives Wiederholen: Dadurch, dass B nicht schon beim ersten Mal die benötigte Information erhält, muss das Gespräch mehrmals geführt werden, sodass die neue sprachliche Form innerhalb kurzer Zeit mehrmals wiederholt werden muss.

Vielleicht arbeiten Sie mit einem Lehrwerk, in dem die erste Übungsphase häufig aus inhaltsleeren Strukturübungen *(Drillübungen)* besteht. Dann sollten Sie jedes Mal überlegen, ob Sie diese Übungen nicht durch *interaktive Strukturübungen* ersetzen können.

Überlegen Sie: Wie könnten interaktive Strukturübungen aussehen?

– zu den Modalverben: ich kann/ich kann nicht
                                ich will/ich will nicht
                                ich mag/ich mag nicht

– zum Perfekt

– zu den Zeitangaben: morgens – um ... Uhr – abends/montags – dienstags, ...

usw.

Aufgabe 81

Kommen wir nun zurück zu unserem *Modell Didaktische Analyse*. Wie kann diese interaktive Strukturübung mit dem *Modell DA* verknüpft werden?

Schreiben Sie bitte eine Unterrichtsplanung nach dem „Modell DA" für die Arbeit mit der in Beispiel 33 gezeigten interaktiven Strukturübung.

Aufgabe 82

Phase Modell DA	Phase 4: *Üben* (interaktive Strukturübung)
Lernziel	
Lernaktivitäten	
Sozialform(en)	
Materialien	
Medien/ Hilfsmittel	
Aktivitäten des Lehrers/der Lehrerin	

2.2.5 Ein Blick in die Unterrichtsrealität

Zu dieser Fernstudieneinheit wurde 1992 eine Unterrichtsdokumentation auf Video erstellt. (Diese Videokassette ist auf Anfrage beim Goethe-Institut in München, Bereich 325 „Fernstudienprojekt", in einer PAL-Version erhältlich.)

Eine polnische Lehrerin, die Schülerinnen und Schüler im zweiten Lernjahr Deutsch unterrichtet, veranschaulicht in dieser Unterrichtsstunde (Dauer ca. 60 Minuten) die einzelnen Lernphasen und die in jeder Phase stattfindenden Aspekte des *Modells DA* anhand der Lektion *Orientierung in der Stadt* aus dem nicht mehr erhältlichen Lehrwerk *Deutsch konkret*. In der Druckfassung der entsprechenden Lektion werden neben einer Stadtplan-Illustration zwei Dialoge „Wie komme ich zur Bushaltestelle" und „Entschuldigung, gibt es hier ein Schwimmbad?" angeboten. Danach folgt der Transfer und die Erarbeitung der Grammatikstruktur „zum/zur".

Arbeit mit einem Video

Sehen Sie sich die Dokumentation an, falls Sie Zugang zu der Kassette haben. Beobachten Sie bitte die Stunde mit kritischer Solidarität. Tun Sie so, als handelte es sich um eine Kollegin, die Sie sehr schätzen bzw. mit der Sie befreundet sind.

Aufgabe 83

> *Schauen Sie sich das Video in einem ersten Durchgang unter folgenden Beobachtungskriterien an:*
>
> *1. Was machen Sie genauso wie die Lehrerin? Was würden Sie gern von ihr übernehmen?*
>
> *2. Was würden Sie anders machen? Warum?*
>
> *3. Welche interaktiven Übungen machen die Schüler und Schülerinnen? Welche Lernziele werden dabei verfolgt?*
>
> *4. Wie wird die (neue) Grammatikregel eingeführt?*
>
> *Notieren Sie Ihre Beobachtungen in das folgende Raster.*

Phase	1. Das mache ich genauso. Das gefällt mir.	2. Das würde ich anders machen, weil, ...
Einführung		
Präsentation		
Semantisierung		
Üben		

3. Welche interaktiven Übungen machen die Schüler? Welche Lernziele werden dabei verfolgt?

_____

_____

4. Wie wird die (neue) Grammatikregel eingeführt?

_____

selektive
Wahrnehmung

Sowohl bei Aufgabe 83 als auch bei der folgenden Aufgabe 84 mussten bzw. müssen Sie daran denken, dass das, was Sie beobachten und wahrnehmen, von Ihren Erfahrungen und (subjektiven) Theorien*, d. h. von Ihren eigenen Annahmen über Unterricht strukturiert wird. Das führt unweigerlich dazu, dass Sie selektiv wahrnehmen und subjektiv bewerten. Ein anderer Lehrer oder eine andere Lehrerin, der bzw. die die Unterrichtsdokumentation zur gleichen Zeit anschaut, kann aufgrund anderer Bezugssysteme zu völlig entgegengesetzten Einschätzungen kommen. Auf Fortbildungsveranstaltungen mit diesem Unterrichtsfilm haben wir wiederholt diese Erfahrung machen können und wir selbst waren oft anderer Meinung als die anwesenden Lehrerinnen und Lehrer.

Interessant ist, warum es zu diesen unterschiedlichen Einschätzungen, Zustimmungen und Ablehnungen kommt. Es ist der Blick auf Ihre Selbstwahrnehmungen und der bewusste Umgang mit dem, was Sie gut finden und deshalb genauso machen (möchten), und dem, was Sie anders machen (würden). Vielleicht finden Sie so Bestätigung für das Eigene und Anregung für das Andere zugleich. Auch aus diesem Grund ist jede Zensurengebung bei der Beobachtung von (fremdem) Unterricht unsinnig.

Wenn Sie sich für Fragen und Methoden der Unterrichtsbeobachtung interessieren, können wir Ihnen die Fernstudieneinheit _Unterrichtsbeobachtung und Lehrerverhalten_ empfehlen.

Aufgabe 84

Schauen Sie sich jetzt die Unterrichtsdokumentation zu „Orientierung in der Stadt" ein zweites Mal an und halten Sie auf einem separaten Arbeitsblatt fest, welche Aktivitäten der Lehrerin und der Schüler für die jeweilige Phase typisch sind.

Phase	Schüler	Lehrerin
Einführung		
Präsentation		
Semantisierung		
Üben		

2.2.6 Alle Lernphasen in einer einzigen Unterrichtsstunde?

Hier sind noch einmal alle Phasen auf einen Blick:

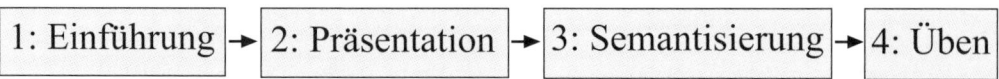

In der Unterrichtsdokumentation der polnischen Lehrerin, die Sie in Kapitel 2.2.5 angeschaut haben, durchlaufen die Schüler diese Phasen in einer einzigen Unterrichtsstunde. Die Stunde beginnt mit der Einführung und endet mit dem Üben. Selbstverständlich verlief die Stunde der Lehrerin nur deshalb so, weil wir eine Unterrichtsdokumentation wollten, in der diese Phasen idealtypisch vorgestellt werden sollten. In der täglichen Unterrichtspraxis sieht das meist anders aus (z. B. Kontrolle der Hausaufgaben, Fortsetzung der in der vorigen Stunde angefangenen Übungsphase, Einführung eines neuen Themas/Textes usw.).

Im folgenden Beispiel 34 haben wir keinen idealtypischen Unterrichtsverlauf. Versuchen wir, die Aktivitäten auf unsere Lernphasen zu übertragen:

a) In der Lektion des Lehrwerks, mit dem Sie arbeiten, wurden u. a. Akkusativ und Dativ des Personalpronomens eingeführt, erklärt und geübt. Sie haben bei der Kontrolle der Hausaufgaben und einem kleinen diagnostischen Test festgestellt, dass ein Großteil der Schüler damit doch noch Schwierigkeiten hat: Der Stoff muss noch geübt werden. Das ist auch nicht verwunderlich, im Arbeitsbuch gibt es nur eine Übung zu den Personalpronomen, nämlich diese:

Beispiel 34

> Liebe Susi,
> du gefällst ♡①. Gefalle ich ♡② auch? Oder gefällt
> ♡③ Peter? Vorsicht, vertrau ♡④ nicht. Denn er liebt
> ♡⑤ nicht. Er geht mit Eva. Er gehört ♡⑥, nicht ♡⑦.
> Du kannst ♡⑧ ruhig glauben. Denn ich will nur das Beste
> für ♡⑨. Du und ♡⑩, ♡⑪ sind das ideale Paar. Also: liebst
> ♡⑫ mich? Antworte ♡⑬ bald! Ich warte auf ♡⑭.
>   In Liebe   dein Nicolas

Funk u. a. (1995b), 41

Sie entscheiden sich, den Lernstoff anhand einiger produktiver, ziemlich offener Übungen zu wiederholen.

b) In der folgenden Lektion wird die Redewendung *tut mir leid* neu eingeführt. Sie präsentieren diesen neuen Lernstoff mit der Kassette, lassen die Schüler Hypothesen darüber bilden, was die Redewendung bedeutet, und üben sie dann wie in Beispiel 32/Übung 2 (S. 97).

c) In Ihrem Lehrwerk folgt nun ein Kapitel zum Thema *Freundschaft*. Sie haben sich folgende Möglichkeit überlegt, das Thema einzuführen:

– Sie zeigen ein Foto von zwei Jugendlichen (Beispiel 35, S. 103:

Funk u. a. (1995b), 38

Welche Fragen könnten Ihre Schüler den Jugendlichen auf dem Foto stellen? Sammeln Sie die Fragen stichwortartig an der Tafel. Diskutieren Sie mögliche Antworten in der Klasse.

d) Zum Thema *Freundschaft* folgt nun diese Unterrichtssequenz (Beispiel 36).

**3   Wie muss ein guter Freund/eine gute Freundin sein? Lies die Adjektive.
     Schreibe die drei wichtigsten ins Heft. Benutze das Wörterbuch.**

treu	verschwiegen	liebevoll
intelligent	stark	lustig
zuverlässig	mutig	ehrlich
unpünktlich	offen	hilfsbereit
sportlich	aufmerksam	fröhlich

> ruf), die sich immer wiederholt
> **treu**, *treuer, treu(e)st-; Adj*; **1** ⟨ein Freund⟩ so, dass er
> e-e freundschaftliche Beziehung zu einem hat, die
> voll Vertrauen ist u. lange dauert **2** ohne sexuelle
> Beziehungen außerhalb der Ehe bzw. der festen
> Partnerschaft ↔ untreu ⟨j-m t. sein, bleiben⟩ **3** ⟨ein
> Anhänger, ein Fan, ein Kunde, ein Mitarbeiter⟩ so,
> dass sie über lange Zeit mit j-m/etw. verbunden
> bleiben **4** *seinen Grundsätzen, Prinzipien usw. t.*

4   Welche Eigenschaften passen zu deinem besten Freund/deiner besten Freundin?

5   Ein Leserbrief und Tipps: Welchen Tipp findest du am besten?

> **Ich habe keine Freunde!**
> Vor vier Monaten bin ich mit meinen Eltern von Hannover
> nach Koblenz gezogen. Früher hatte ich viele Freunde, aber
> seit dem Umzug bekomme ich nur noch von meiner besten
> Freundin aus Hannover Post. Jetzt bin ich schrecklich einsam.
> Was kann ich nur tun?
> *Hannah, 15 Jahre*

Dipl.-Psych. Christine Saure

Das Problem von Hannah haben viele Schüler. Hier sind vier

Tipps und Tricks zum Kennenlernen

1 Hilfsbereit sein
Dein Klassenkamerad/Deine
Klassenkameradin hat Probleme
mit den Hausaufgaben. Frag, ob
du ihm oder ihr helfen kannst.
Oder frage, ob jemand dir helfen kann.

2 Aufmerksam sein
Weißt du die Geburtstage
von Mitschülern oder Bekannten?
Gratuliere ihnen!

3 Offen sein
Du bist in einer Boutique. Ein netter
Typ probiert eine neue Jeans.
„Steht dir gut!" Am besten klappt's
mit einem Lächeln, und schon ist
man im Gespräch.

4 Trickreich sein
Du kaufst im Vorverkauf zwei
Kinokarten. Später erklärst du einem
netten Typ in der Warteschlange, dass
deine Freundin nicht kommen konnte.
Frag ihn, ob er die Karte haben will.

Funk u. a. (1995b), 39

Aufgabe 85

> *Entwickeln Sie jetzt bitte (ggf. auf einem separaten Arbeitsblatt) Ihre Unterrichtsplanung zu den Punkten a) – d) (S. 113/114). Kreuzen Sie im folgenden Schema an, in welcher Lernphase sich Ihre Schüler jeweils befinden.*

Phase	Akkusativ des Personalpronomens	„tut mir leid"	Freundschaft
Einführung			
Präsentation			
Semantisierung			
Übung • geschlossen			
Übung • offen			

Welche Vorteile hat diese Planung? Warum ist es nicht besser, sich auf **ein** Thema zu konzentrieren?

1. Die Schüler machen noch Fehler bei den Personalpronomen, weil sie den Stoff nicht intensiv genug geübt haben, vor allem nicht produktiv. Üben aber heißt, den Stoff oft zu wiederholen. Nur so wird er fest im Langzeitgedächtnis verankert. Es ist besser, den Stoff zu Beginn kurz, dafür aber öfter zu wiederholen.

2. Die Struktur *tut mir leid* wird an dieser Stelle eingeführt und semantisiert. Es ist wichtig, dass der neu eingeführte Lernstoff zusätzlich (reproduktiv) geübt wird, damit das, was gelernt wurde, auch behalten werden kann. Natürlich „sitzt" die neue Struktur noch nicht, weitere (produktive) Übungen in den nächsten Stunden bzw. individuelles Üben der Struktur sind notwendig. An dieser Stelle wäre es für die Schüler demotivierend und lernpsychologisch falsch, die Schüler über einen längeren Zeitraum nur mit dieser Struktur zu konfrontieren.

3. Ein neues Thema wird eingeführt. Das motiviert: Die Schüler fühlen sich angesprochen. Auch die Sozialformen haben sich geändert, keine individuelle Stillarbeit, keine Partnerarbeit, sondern Arbeit in Gruppen oder im Plenum, wobei die Schüler als sie selbst agieren: Sie äußern ihre Einstellung zum Thema *Freundschaft*, stellen ihre Fragen, bevor sie sich in weiteren Übungen und Aufgaben mit dem Thema beschäftigen.

Alle drei Themenbereiche tragen zur Dramaturgie der Stunde bei, bringen Abwechslung in den Unterrichtsverlauf und steuern auf einen „Höhepunkt" hin.

Nicht immer brauchen die Schüler alle Phasen bis zum Ende zu durchlaufen. Bei den rezeptiven Fertigkeiten (Lesen, Hören) zum Beispiel kann der Lernprozess oft schon nach der Semantisierungsphase abgeschlossen werden. Die Schüler haben einen Text (anhand von Aufgaben) gehört oder gelesen. Sie haben dabei möglicherweise Aufgaben gelöst, sie haben Wortbedeutungen erraten und/oder die Lehrerin/der Lehrer hat neue Wortbedeutungen vermittelt.

Auch bei den produktiven Fertigkeiten (Sprechen/Schreiben) ist es nicht immer notwendig, dass die Schüler jede Phase durchlaufen. So ist es z. B. durchaus denkbar, dass ein Text präsentiert wird und dass die Schüler sofort danach eine halb offene oder offene Übung machen. Voraussetzung für eine solche Sequenz ist dann selbstverständlich, dass die Schüler den Text sofort auf der Satz- und Wortebene verstehen und dass die Automatisierung der geübten Sprachform schon einigermaßen fortgeschritten ist.

Wir können jetzt abschließend das *Modell DA* und das Lernphasenmodell in einem einzigen Schema darstellen. Das Schema kann Ihnen bei der Unterrichtsplanung behilflich sein.

Phasen / Modell DA	Einführung	Präsentation	Semantisierung	Üben
Lernziel				
Lernaktivitäten				
Sozialform(en)				
Materialien				
Medien/ Hilfsmittel				
Aktivitäten des Lehrers/ der Lehrerin				

2.3 Und wo bleibt die Grammatik?

2.3.1 Lernen ohne Grammatikregeln

Um das in der Übungsphase angestrebte Lernziel zu erreichen, kann eine Grammatikregel manchmal hilfreich sein. Bei manchen Strukturen würde es ohne Regel sogar sehr lange dauern, bis die Schüler die Grammatik beherrschen. Aber viele Strukturen werden auch ohne Grammatikregel gelernt. Und umgekehrt: Oft kennen Schüler zwar die Grammatikregel, aber in Gesprächen benutzen sie die betreffende Struktur trotzdem falsch bzw. steht sie überhaupt nicht zur Verfügung.

auswendig lernen

In vielen Fällen ist es hilfreich, Ausdrücke, Wendungen, „Routinen" einfach auswendig lernen zu lassen, ohne sie zu analysieren. So kann z. B. ein Ausdruck wie *tut mir leid* gelernt und produziert werden, ohne dass die Schüler die Dativform des Personalpronomens analysiert haben. Es kann eine lange Zeit dauern, bis die Schüler irgendwann zu einem späteren Zeitpunkt mit der Analyse dieser Dativform konfrontiert werden. Oft lässt sich sogar feststellen, dass die Regel anhand des Beispiels erkannt und auf andere Fälle richtig übertragen wird, dass Lernende zum Beispiel sagen: *Ich glaube, es tut ihm leid*, ohne dass in ihrem Kopf **bewusst** die Regel „*leid tun* + Dativ" präsent ist.

Aufgabe 86

> *1. Haben Sie selbst ähnliche deutsche Wendungen ohne grammatische Analyse gelernt? Wenn ja, nennen Sie bitte Beispiele.*
>
> _____
>
> _____
>
> _____
>
> _____
>
> *2. Welche weiteren Strukturen könnten Ihre Schüler auch ohne Grammatikregel lernen? Nennen Sie bitte Beispiele.*
>
> _____
>
> _____
>
> _____
>
> _____

intensiv üben

Schüler können also im Unterricht sehr viele Strukturen lernen, ohne dass sofort Regeln eingesetzt werden. Diese Strukturen müssen dann aber intensiv geübt werden, und zwar so, dass sie **direkt abrufbar** im Gedächtnis gespeichert werden, dass also mit ihnen sofort sprachlich gehandelt werden kann.

Hierzu eignen sich vor allem *Memorisierungsübungen**, Übungen also, die darauf abzielen, dass der Lernende qualitativ starke Gedächtnisspuren bildet.

Merkmale von Memorisierungsübungen

Solche Übungen sollten auf jeden Fall folgende **Merkmale** haben:

➤ Die Struktur wird **intensiv wiederholt**, z. B. indem die Schüler sie in verschiedenen neuen Kombinationen verwenden.

➤ Die Übung ist **inhaltsbezogen**, d. h., der Schüler weiß, was er sagt, und es gibt einen Grund für ihn zu kommunizieren. Die Kommunikation führt zu einem Ergebnis, d. h., der Schüler weiß jetzt etwas, was er durch die Kommunikation erfahren hat.

➤ Die Übungsaktivität muss der realen Gebrauchsaktivität entsprechen, also einer vorstellbaren, realen Situation.

Hier dazu zwei Übungsbeispiele:

Übung 1:

Muster:

A: Weißt du, wie spät es ist?

B: *Tut mir leid*, ich habe keine Uhr. (keine Uhr haben)

> A: Sie, heißen ...
>
> B: (Namen vergessen)
>
> ...
>
> A: Bahnhof
>
> B: (nicht von hier sein)
>
> …
>
> A: ...
>
> B: ...

Übung 2:

Muster:

A: Dein Bruder hat angerufen.

B: Was wollte er?

A: *Es tut ihm leid*, aber er kann nicht kommen. Er ist krank.

> A: Deine Schwester …
>
> ...
>
> A: ...

Finden Sie selbst weitere Impulse für die Übungen 1 und 2.

Aufgabe 87

Übung 1:

A: _____

B: _____

...

A: _____

B: _____

Übung 2:

A: _____

A: _____

2.3.2 Grammatikregeln formulieren und präsentieren

Irgendwann im Lernprozess fangen die Lernenden an, Strukturen zu analysieren, die sie in Form von Routinen und festen Wendungen gelernt haben. Sie erkennen ihre grammatischen „Bauformen", die ihnen in vielen Fällen behilflich sind, die Strukturen sicher zu beherrschen und zu produzieren.

Wie viele Grammatikregeln?

Wie viel Terminologie?

Als Lehrer oder Lehrerin sollten Sie sich allerdings immer zunächst fragen, ob eine Grammatikregel wirklich hilfreich und notwendig ist oder ob Ihre Schüler die neue sprachliche Form auch ohne Regel erwerben können. Denn **jede Grammatikregel ist eine zusätzliche Lernlast für die Schüler**, die sich nur begründen lässt, wenn wir uns sicher sind, dass der Lernprozess mithilfe der Regel effizienter verläuft als ohne. Das Kriterium für die Entscheidung, ob eine Regel eingesetzt wird, ist also nicht, ob es eine Regel gibt, sondern ob die Regel helfen kann, den Lernprozess zu erleichtern.

Die Vermittlung von Regeln und Terminologie hängt auch von Ihren Schülern ab. Wer nur drei Jahre mit zwei Wochenstunden Deutsch lernt, fühlt sich durch Regeln und Terminologie leichter eingeschüchtert und benötigt auch weniger von beidem als jemand, der Deutsch länger und intensiver lernt und diesen Bedarf an grammatischem Wissen auf Basiskenntnissen aufbaut.

Kriterien für die Beurteilung von Grammatikregeln

Im Folgenden lernen Sie Kriterien kennen, die Ihnen helfen, zwischen Grammatikregeln zu unterscheiden, die für den Unterricht eher geeignet bzw. weniger geeignet sind.

Aufgabe 88

Die beiden folgenden Grammatikregeln unterscheiden sich in mehrfacher Hinsicht. Vergleichen Sie bitte: Welches Merkmal trifft für welche Regel zu? Kreuzen Sie bitte im Raster unten an.

Adjektivendung nach „die":

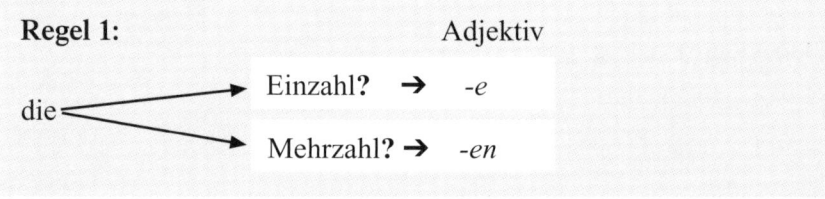

Regel 1:

Regel 2:
Bei weiblichen Substantiven erhält das Adjektiv nach dem bestimmten Artikel im Nominativ und Akkusativ Singular die Endung *-e*. Im Plural erhält das Adjektiv nach dem bestimmten Artikel immer die Endung *-en*.

	Regel 1	*Regel 2*
viel Terminologie (Metasprache)		
wenig Terminologie		
konkret		
abstrakt		
beschreibt die Sprachsystematik		
bietet eine Handlungsvorschrift, beschreibt Denkschritte		
zielt auf Einsicht in die Sprachsystematik		
zielt direkt darauf, dass gelernt wird, die Sprachform korrekt zu gebrauchen		

Die folgenden **Kriterien** helfen Ihnen, Grammatikregeln in Lehrwerken zu beurteilen.

1. Die Regel hat den Charakter einer **Montageanleitung**. Sie steuert die Denkschritte des Schülers beim Erkennen und bei der Produktion von Sprachformen. Die Anzahl der benötigten Denkschritte ist gering.

2. Die Regel kennt **keine Ausnahmen** oder macht diese zusätzlich deutlich.

3. Die Regel ist **funktional**, d. h., sie hilft, den Lernprozess des Schülers zu verkürzen.

4. Die Regel enthält nicht mehr linguistische **Terminologie** (Metasprache*) als minimal notwendig ist. Wenn Terminologie, dann so konkret wie nur möglich (z. B. *die-Wort* statt *feminines Substantiv* usw.). Am besten orientiert man sich an der Terminologie, die auch im Muttersprachenunterricht verwendet wird.

Aufgabe 89

Beurteilen Sie bitte die folgenden vier Regelbeispiele anhand der oben genannten vier Kriterien.

Regel 1: *zur* oder *zum*?

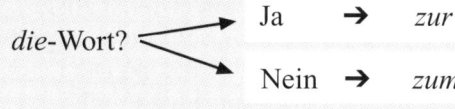

die-Wort? → Ja → *zur*
Nein → *zum*

Regel 2: *e/i(e)*-Wechsel

Starke Verben mit dem Stammvokal -*e*- erhalten im Präsens Indikativ in der 2. und 3. Person Singular *e/i(e)*-Wechsel.

Ausnahme: Die starken Verben *gehen, stehen, bewegen, genesen* erhalten keinen *e/i(e)*-Wechsel.

Achtung: langes -*e*- → -*ie*-
kurzes -*e*- → -*i*-

Ausnahme: Die starken Verben *geben, nehmen, treten, werden* haben langes -*e*-, aber kurzes -*i*-.

Regel 3:

Zeitbestimmungen ohne Präposition stehen im Akkusativ.

Regel 4:

Beispiel 37

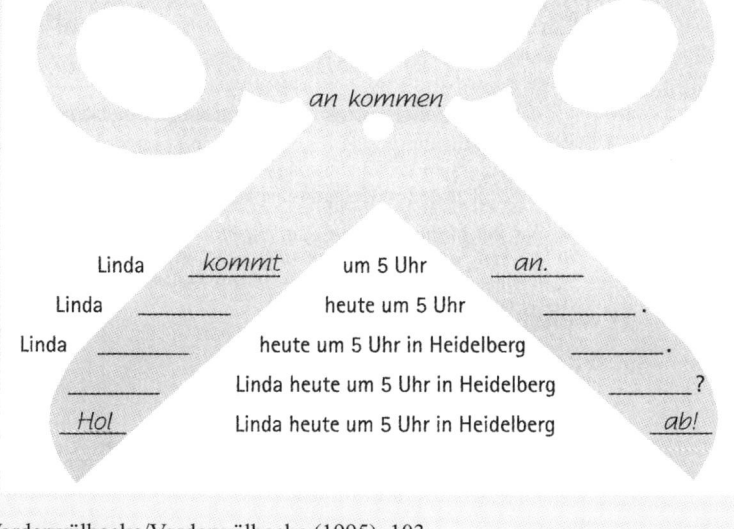

Vorderwülbecke/Vorderwülbecke (1995), 103

	Regel 1		Regel 2		Regel 3		Regel 4	
	+	–	+	–	+	–	+	–
1. Die Regel ist eher eine Montageanleitung.								
2. In der Regel gibt es keine Ausnahmen.								
3. Die Regel ist funktional.								
4. Die Regel ist anschaulich.								
5. Es gibt in der Regel nicht mehr linguistische Terminologie als notwendig. Die Terminologie ist konkret.								

Bei Regel 4 wird die Regel nicht sprachlich formuliert, sondern visualisiert. Mit der sich immer weiter öffnenden Schere wird die Satzklammer bildlich dargestellt. Die Regeldarstellung ist gleichzeitig als Übung angelegt. Mithilfe der Visualisierung und der Übung sollen die Schüler die Regel selbst entdecken. Im Teilkapitel 2.3.3 beschäftigen wir uns mit den Möglichkeiten und Grenzen eines solchen Verfahrens.

2.3.3 Regeln selbst entdecken

deduktiv versus induktiv

Im Prinzip gibt es zwei Verfahren, eine Grammatikregel einzuführen. Entweder gibt der Lehrer/die Lehrerin die Regel vor (deduktiv*) oder die Schüler entdecken selbst die Regel (induktiv*).

Aufgabe 90

Welches Vorgehen bevorzugen Sie? Kreuzen Sie bitte an:

ein induktives ☐

ein deduktives ☐

hängt von der Struktur ab ☐

Im Folgenden lernen Sie Möglichkeiten und Grenzen beider Verfahrensweisen näher kennen.

Aufgabe 91

Welche der folgenden Äußerungen gehören zu einem deduktiven Vorgehen, welche zu einem induktiven? Schreiben Sie die Äußerungen in die entsprechende Spalte in der Tabelle auf Seite 111. Je zwei Äußerungen passen zusammen.

- Einfacheres Verfahren für den Lehrer/die Lehrerin.
- Vom Konkreten zum Abstrakten: zuerst die Beispiele, dann die Regel.
- Die Schüler vergessen die Regel nicht so leicht.
- Die Schüler werden in Entscheidungsprozessen selbstständig.
- Es kostet mehr Zeit.
- Die Regel ist garantiert richtig.
- Komplizierteres Verfahren für den Lehrer/die Lehrerin.
- Vom Abstrakten zum Konkreten: zuerst die Regel, dann die Beispiele.
- Die Schüler vergessen die Regel schneller.
- Die Schüler bleiben vom „Herrschaftswissen" der Lehrkraft abhängig.

– Es kostet weniger Zeit.

– Die Schüler spielen eine weniger aktive Rolle.

– Die Regel kann falsch sein.

– Die Schüler werden aktiviert.

deduktiv	*induktiv*
Der Lehrer/Die Lehrerin gibt die Regel vor.	Die Schüler entdecken die Regel selbst.
1.	
2.	
3.	
4.	
5.	
6.	
7.	

Einige Nachteile und Risiken eines induktiven Verfahrens lassen sich vermeiden, wenn der Lehrer/die Lehrerin die Entdeckungsreise der Schüler stärker steuert, indem diese angeleitet werden, Beispiele miteinander zu vergleichen und zu kategorisieren. Sonst kann es lange dauern, bis die Schüler eine Regel entdecken und das Ergebnis ist ungewiss.

Wir geben Ihnen jetzt Kurzbeschreibungen von vier Arbeitsschritten, die Schüler gehen müssen, um eine Regel **gesteuert** und **induktiv** zu entdecken.

Aufgabe 92

Schreiben Sie die folgenden Arbeitsschritte in der richtigen Reihenfolge:

A. Die Schüler entdecken, um welche grammatische Struktur es sich handelt.

B. Die Schüler vergleichen und kategorisieren Beispiele.

C. Die Schüler leiten eine Regel ab.

D. Die Schüler lernen viele Beispiele in Kontexten kennen.

Reihenfolge:

1. _____

2. _____

3. _____

4. _____

Gehen wir noch einmal zurück zu unserer Lektion *Orientierung in einer fremden Stadt.*

Aufgabe 93

1. Schauen Sie sich bitte noch einmal die Lektion „Orientierung in einer fremden Stadt" (Beispiel 10, S. 50/51) an. Eine Struktur, die die Schüler hier lernen müssen, sind die Präpositionen „durch" und „über" mit Akkusativ.

*Beschreiben Sie, wie Sie diese Unterrichtsphase (Einführung von „durch/ über") planen würden: Was würden **Sie** tun? Was würden **die Schüler** tun?*

Unterrichts-schritte	Das tut der Lehrer/ die Lehrerin.	Das tun die Schüler.

2. Ist diese Planung Ihrer Meinung nach (eher) induktiv oder (eher) deduktiv?

_____

112

3. Begründen Sie Ihre Planung:

_____

_____

_____

_____

_____

_____

Vergleichen Sie Ihre Planung aus Aufgabe 93 nun mit den folgenden beiden „Szenarien": Welchem Szenario ähnelt Ihre Planung bzw. mit welchem stimmt sie überein?

Szenario 1:

Lehrerin: Heute lernen wir wieder etwas Neues kennen. Schlagt euer Buch auf S. 89 auf. Dort heißt es: „Du gehst über den Platz und dann über die Wartburgallee." Was für eine Form ist *über den Platz*?

Schüler: Akkusativ.

Lehrerin: Richtig. Bei *über* folgt immer der Akkusativ, wenn es um eine Richtung geht.

Szenario 2:

Lehrerin: In der Lektion gibt es verschiedene Beispiele, wie jemand den Weg beschreibt. Tragt bitte die Beispiele in das folgende Schema ein:

der Park das Tor die Straße	Gehen Sie Fahren Sie	durch	

Was passiert hier mit *der, die* und *das*?

Schüler: Also, *der* wird *den, das* und *die* bleiben gleich.

Lehrerin: Richtig. Unterstreicht das *den*, damit ihr es gleich seht, wenn ihr das Schema anschaut. Diese Form nennt man Akkusativ, das kennt ihr ja schon. – Macht jetzt eine Tabelle für *über*. Was passiert hier?

Das Schema strukturiert das Vorgehen der Schüler, führt über die Unterstreichung auch zu einer Gebrauchsregel: *fahren/gehen durch den Park*. Sie als Lehrer/Lehrerin müssen entscheiden, ob Sie den Namen der Struktur (hier: Akkusativ) auch entdecken lassen oder, wie im obigen Beispiel, einfach geben. Das Wichtige ist nicht der Terminus, sondern die Form – und was die Schüler hier selbst entdecken und mit eigenen Worten formulieren, bleibt viel besser im Gedächtnis.

2.3.4 In welcher Phase entdecken Schüler Grammatikregeln?

Das entdeckende Lernen, bei dem die Schüler eine realistische Chance haben, die einer bestimmten grammatischen Struktur zugrunde liegende Regel selbst zu entdecken, setzt voraus, dass den Schülern genügend Beispiele in Sätzen oder in einem Text vorliegen, aus denen sie die Regel ableiten können. Diese Einzelsätze oder dieser Text müssen vorab eingeführt, präsentiert und semantisiert werden, sodass sie von den Schülern eindeutig verstanden werden.

In Band 1 des chilenischen Lehrwerks *Wegweiser* finden wir eine Vorlage (Beispiel 38), die diese Bedingungen erfüllt.

In diesem Beispiel stehen drei Jugendliche vor einer Imbissbude und möchten sich etwas bestellen:

Beispiel 38

Grau u. a. (1990), 60

114

Die unbekannten Wörter des Textes werden mit einer Illustration auf der vorhergehenden Seite vorentlastet. Der Lehrer liest den Dialog vor und klärt eventuelle weitere Unklarheiten.

Dann bekommen die Schüler auf Spanisch (hier übersetzt) folgende Aufgabe im Übungsbuch:

> Vervollständige die folgende Tabelle: **Wer** möchte **was** essen? Achte auf die im Dialog unterstrichenen Wörter und schreibe sie in die Spalte, die mit dem jeweiligen Artikel gekennzeichnet ist (n = neutrum, ♀ = feminin, ♂ = maskulin):

Beispiel 39

W e r ?		W a s ?	
	möchte		n
	möchte		♀
	möchte		♂

Grau u. a. (1991), 80

Die Schüler entdecken, dass das fett umrandete Kästchen mit dem maskulinen Nomen eine neue Struktur enthält: Nach *möchte* wird der bestimmte Artikel *der → den*.

Die Schüler bekommen nun Redemittelkästen (Kursbuch) angeboten und das ihnen jetzt bereits bekannte Grammatikschema, ergänzt durch weitere Beispiele, sowie die Gebrauchsregel: *der → den*, *ein → einen*, *kein → keinen*.

Beispiel 40

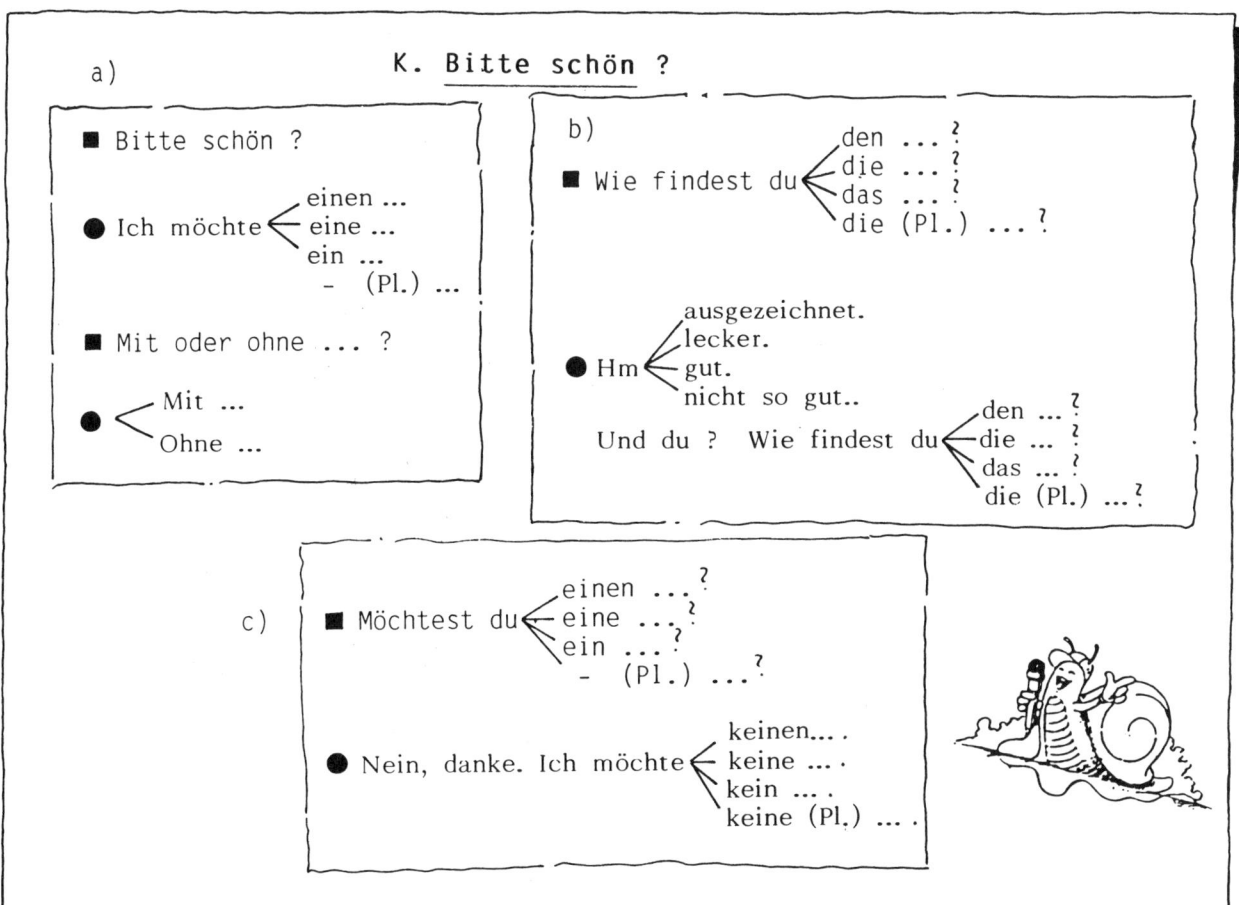

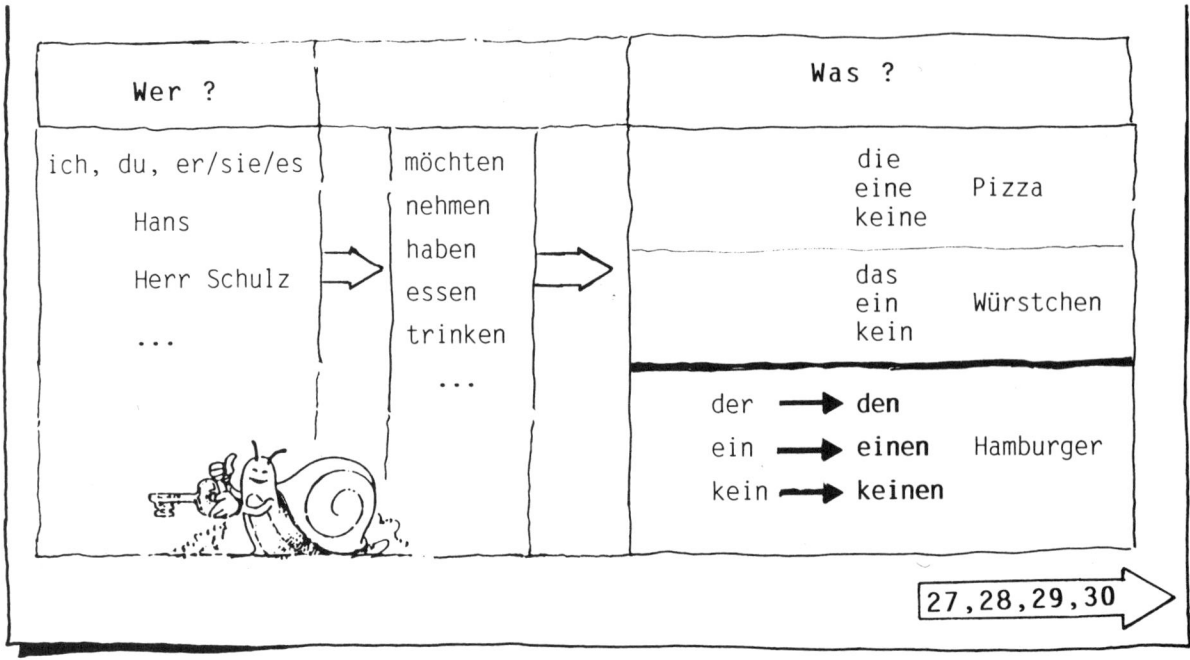

Wer ?		Was ?	
ich, du, er/sie/es Hans Herr Schulz ...	möchten nehmen haben essen trinken ...	die eine Pizza keine	
		das ein Würstchen kein	
		der ➝ **den** ein ➝ **einen** Hamburger kein ➝ **keinen**	

27,28,29,30 ➤

Grau u. a. (1990), 61

Der Pfeil mit den Ziffern 27, 28, 29 und 30 unten im Beispiel verweist auf vier Übungen im Arbeitsbuch, in denen das Erarbeitete geübt wird:

a) mit einem Quartettspiel: „Hast du den Hamburger?"

b) mit Dialogvarianten in Partnerarbeit: „Möchtest du eine ...?"

c) mit dem Schreiben eines Dialogs: Am Kiosk.

d) mit einer interaktiven Strukturübung: Zwei Schüler markieren drei Dinge, die ihnen besonders gefallen. Abwechselnd raten sie: „Hast du einen Computer? Usw.

Zusammenfassung

Der Text mit der zu lernenden Grammatikstruktur (Akkusativ bei maskulinen Nomen) wird eingeführt, präsentiert und semantisiert. Daraufhin „entdecken" die Schüler die Regel mithilfe eines entsprechend angelegten Rasters. Danach üben sie die neue Struktur, wobei die Regel zunächst in geschlossenen Übungen angewendet wird (Üben einer Struktur in mehreren Minisituationen), dann folgen halb offene bzw. offene Übungen.

In den nächsten Stunden wird die neue Struktur dann zusammen mit anderen bereits gelernten Strukturen frei angewendet (Üben mehrerer Strukturen in einer Maxisituation: Gespräch über ein allgemeines Thema).

Die anhand des Lehrwerks *Wegweiser* beschriebene Vorgehensweise wird in der Tabelle (S. 117) in Beispiel A dargestellt.

Oft enthält ein Text jedoch nicht genügend Beispiele, um daraus zweifelsfrei eine Regel ableiten zu können, z. B., weil der Text authentisch ist oder weil die Beispiele nicht signifikant genug sind. Oder der Lehrer möchte bei den Schülern erst eine Neugierhaltung aufbauen und er bietet zunächst einmal Übungen an, in denen die Schüler die neue Struktur übend reproduzieren, um dann die Frage zu beantworten: „Warum ist es hier so und da so?" Oder: „Was fällt euch auf?" Diese Vorgehensweise wird in Beispiel B dargestellt.

Beispiel A	Beispiel B
Einführung	
Präsentation	
Semantisierung	
	Übung: a) geschlossene Übungen Üben *einer* Struktur in *mehreren* Minisituationen
Regelfindung	
Übung: a) geschlossene Übungen b) halb offene/offene Übungen Üben *einer* Struktur in *mehreren* Minisituationen c) halb offene/offene Übungen Üben *mehrerer* Strukturen in *einer* Maxisituation	a) Regelanwendung **Übung:** b) halb offene/offene Übungen

Das Modell B hat die polnische Lehrerin in ihrer Unterrichtsstunde (siehe Video) angewandt.

2.4 Übungen und Übungssequenzen in Lehrwerken

In Kapitel 2.2.4 haben wir ganz allgemein verschiedene Übungstypen (z. B. von stark gesteuert bis weniger gesteuert oder von geschlossen bis offen) und den Aufbau der Übungsphase besprochen. Wir haben auch auf einen wichtigen Übungstyp, die *interaktive Strukturübung*, hingewiesen.

Rückverweis

Da die Übungsphase – wie die Gedächtnisforschung auch belegt – die entscheidende Phase im Lernprozess ist, möchten wir an dieser Stelle noch einmal die wichtigsten Kriterien bei der Beurteilung von Übungen und Übungssequenzen in Lehrwerken zusammenfassen (nach Westhoff 1987). In den Aufgaben 95 (S. 119/120) und 96 (S. 126) werden Sie diese Kriterien bei der Beurteilung konkreter Übungsmaterialien anwenden.

- **Kriterien bei der Beurteilung von Übungen**

1. Aufbau der Übungssequenz

Wie wir im Teilkapitel 2.2.4 schon gezeigt haben, handelt es sich bei den Redemitteln*, die gelernt werden sollen, entweder um feste Wendungen, die ohne Regel erworben werden, oder um Sprachformen, die mithilfe einer Regel gelernt werden.

a) Feste Wendungen, Routinen usw.:

Zuerst werden Memorisierungsübungen, dann immer offenere Übungen angeboten, in denen der Schüler/die Schülerin nach und nach immer mehr „als er bzw.

sie selbst" spricht. Das heißt: Er/Sie spielt keine Rolle, sondern teilt mit, was er/sie findet, was auf ihn/sie zutrifft usw. („Meine Hobbys sind ...", „Ich bin der Meinung ...").

b) Regelanwendung und Automatisierung:
Zuerst geschlossene Übungen (z. B. Ankreuzen, Lückentexte, reine Strukturübungen), in denen die Schüler die Regel bewusst anwenden; dann halb offene Übungen (z. B. interaktive Strukturübungen, Sätze ergänzen), in denen sie weniger Zeit haben nachzudenken; schließlich offene Übungen, in denen sie sich auf den Inhalt ihrer Mitteilungen konzentrieren.

2. Lernaktivitäten und Lernergebnisse

Je stärker die Übung jeden einzelnen Schüler aktiv beschäftigt, umso besser sind die Lernergebnisse. Gute Übungen regen die Schüler an, sich zu äußern und machen ihnen außerdem klar, dass die neue Sprachform ihnen etwas nützt, wenn sie ihre kommunikativen Bedürfnisse befriedigen möchten. Gleichzeitig soll die Übung gewährleisten, dass die Schüler die neue Sprachform intensiv wiederholen.

3. Interaktion

Sprache ist ein Kommunikationsmittel und nicht bloß eine Sammlung von Strukturen. Sprachliches Handeln in Realsituationen ist immer eine Interaktion mit einem Partner oder einem Text. Das heißt, sprachliche Interaktion findet immer in den vier Fertigkeiten Hören, Sprechen, Lesen und Schreiben statt.

Das Lernziel jeder Übungsphase ist, dass die Schüler sprachlich interagieren lernen, z. B.
- dass sie *auf Deutsch nach dem Weg fragen* oder *den Weg beschreiben können*,
- dass sie im Fernsehen, im Radio, in der Zeitung *eine Nachricht verstehen können*,
- dass sie *einen Brief schreiben können* usw.

Die außerschulische Anwendungssituation ist also immer interaktiv:
- A fragt und B antwortet.
- A hört oder liest eine Nachricht und versucht ihr eine Bedeutung zu geben/sie zu verstehen; unter Umständen spricht er mit B darüber.
- A bekommt einen Brief und beantwortet diesen Brief usw.

Je stärker die Übungssituation der späteren außerschulischen Anwendungssituation entspricht, umso größer ist die Chance, dass sie dann auch angewendet werden kann. Das aber bedeutet, dass Übungen dann eine Gesprächsform haben müssen, wenn in außerschulischen Realsituationen diese Struktur in einem Gespräch verwendet wird. Strukturübungen wie *Beim Bäcker kann man Brot kaufen* usw. bereiten den Schüler nicht darauf vor, in einer Bäckerei Brot zu kaufen, sondern reproduzieren lediglich ein Wissen in der Fremdsprache, über das der Schüler bereits verfügt. Stattdessen müssen entsprechende Redemittel geübt werden, mit denen die Schüler die Realsituation simulieren:

Verkäuferin: „Sie wünschen?"

Kunde: „Ich hätte gerne fünf Brötchen./Fünf Brötchen bitte."

Usw.

4. Gründe, um zu kommunizieren

In außerschulischen Kommunikationssituationen haben die Kommunikationspartner immer einen Grund, miteinander zu kommunizieren:
- Der eine weiß etwas, was der andere wissen möchte; darüber redet und schreibt man.
- Man liest ein Buch/hört Radio/sieht fern, um unterhalten/informiert zu werden, um sich beraten zu lassen usw.

Diese Kommunikation führt zu einem mehr oder weniger befriedigenden Ergebnis: Man wird unterhalten/informiert/beraten usw.

Auch in dieser Hinsicht brauchen wir Übungen, die der außerschulischen Anwendungssituation entsprechen, Übungen also, in denen der eine Schüler etwas weiß, was der andere wissen möchte, Übungen, die helfen, einen Text zu verstehen, den man verstehen möchte, (weil er interessant, unterhaltsam usw. ist) oder Übungen, in denen die Schüler angeregt werden, sich gegenseitig nach ihrer Meinung zu fragen (z. B. über einen gehörten, gesehenen oder gelesenen Text). Kurz: Übungen, die auch für Schüler einsichtige Gründe enthalten, um miteinander zu kommunizieren.

5. Inhaltsbezug

Viele Übungen in Lehrwerken verlangen von den Schülern nur, dass sie mechanisch Sprachformen reproduzieren bzw. in denen sie ankreuzen, ob sie etwas verstanden haben oder nicht. Wir brauchen jedoch Übungen, die den Schülern helfen, Texte zu verstehen und Texte zu produzieren. Dazu gehört die Vermittlung von Verstehens- und Äußerungsstrategien.

6. Sozialform

Übungen, bei denen die ganze Klasse gleichzeitig in Partner- oder Gruppenarbeit beschäftigt ist, sind effektiver als Übungen, bei denen immer nur ein Schüler einzeln übt. Bedenken, die manchmal von Lehrerseite gegen Partner- oder Gruppenarbeit als Sozialform beim Üben geäußert werden, sind:

a) Der Lehrer/Die Lehrerin verliert die Kontrolle darüber, was die einzelnen Schüler machen.

b) Wenn die Schüler Fehler machen, können sie nicht korrigiert werden. Fehler können sich so schnell einschleichen.

Dazu ist Folgendes zu sagen:

Zu a): Auch wenn mit der ganzen Klasse geübt wird, hat der Lehrer keine Kontrolle darüber, was sich in den Köpfen der einzelnen Schüler abspielt. Nur ein einziger Schüler übt, im besten Falle hören die anderen zu (aber lernen davon kaum etwas, weil sie nicht aktiv einbezogen werden). Etwas überspitzt könnte man folgende Behauptung aufstellen: Selbst wenn nur die Hälfte aller Zweiergruppen einer Klasse mit 32 Schülern wirklich aktiv übt und die andere Hälfte nichts oder etwas ganz anderes tut, dann üben noch 16-mal so viele Schüler wie bei einer Übung, bei der die Lehrkraft sagt: „Satz 1 … Karl … Welche Lösung hast du gefunden?"

Zu b): Wenn der Lehrer/die Lehrerin sich während der Partner- oder Gruppenarbeit durch den Klassenraum bewegt, kann er/sie sehr wohl Fehler, die in den (Zweier-) Gruppen gemacht werden, registrieren und eventuell später darauf eingehen. Davor, dass sich Fehler einschleichen, braucht man sich nicht besonders zu fürchten. Fehler sind nun mal eine unvermeidliche Begleiterscheinung des Spracherwerbs.

7. Äußerungen über sich selbst

Übungen sind für die Schüler motivierender, wenn sie sich über sich selbst äußern können. Außerdem bereiten solche Übungen die Schüler besser auf die außerschulische Kommunikation in der Fremdsprache vor als Übungen, in denen Vorgaben mechanisch und monoton reproduziert werden.

Sehen Sie sich nun auf den folgenden Seiten Teile von Kapitel 4 aus dem Kursbuch IA des Lehrwerks *Tangram* (Dallapiazza u. a. 1998) an. Dieses Lehrwerk wurde für Jugendliche (ab etwa 16 Jahren) und Erwachsene konzipiert.

Analysieren Sie bitte die Übungssequenz in Beispiel 41 (S. 121 – 125).

1. Welche Sprachformen werden in dieser Lektion eingeführt, präsentiert, semantisiert und geübt?

_____

_____

Aufgabe 95

2. *Wie geschieht die Regelfindung?*

_____

_____

3. *Wie wird die Regel in Übungen angewandt?*

_____

_____

4. *Analysieren Sie die Übungssequenz nun anhand des folgenden Sche-*

Übung Nr.	Aufbau der Sequenz	Lern-aktivitä-ten	Inter-aktion L – S S – S	Gründe, um zu kommuni-zieren	Inhaltsbe-zug	Sozial-form	(Teil-) Fertig-keiten	Selbst-äußerung
usw.								

L–S = Lehrer – Schüler; S–S = Schüler – Schüler
Fertigkeiten Sprechen – Hörverstehen, Schreiben – Leseverstehen

Im Supermarkt

LEKTION

4

A

Papa, kaufst du mir ein Eis?

ARBEITSBUCH
A 1-A 2

Bonbon *das, -s*

Kaugummi *der, -s*

Feuerzeug *das, -e*

Luftballon *der, -s*

Lolli *der, -s*

Gummibärchen *das, -*

Zigarette *die, -n*

Fernsehzeitschrift *die, -en*

Spielzeugauto *das, -s*

Schokoriegel *der, -*

Eis *das, nur Sg.*

Überraschungsei *das, -er*

Lerntipp:

Notieren Sie Nomen immer mit Artikel, Plural und Wortakzent, also:
die Zigarette, -n
(= kurzer Vokal)
das Spielzeugauto, -s
(= langer Vokal)
Spielen Sie mit den neuen Wörtern:
Summen Sie die Wörter, sprechen Sie die Wörter laut und leise, langsam und schnell ...

A 1

Was sagen die Kinder? Was antwortet der Vater?

● *Ich möchte einen Lolli.* ↘

■ *Nein,→heute bekommst du keinen.* ↘

● *Papa,→schau mal: → Gummibärchen!* →

■ *Nein,→heute gibt es keine Gummibärchen.* ↘

...

A 2

2/7

Wer möchte was? Hören Sie und markieren Sie.

	der Vater	die Kinder		der Vater	die Kinder
Eis		X	Zigaretten		
Luftballon			Feuerzeug		
Kaugummi			Lolli		
Spielzeugauto			Überraschungsei		
Fernsehzeitschrift			Gummibärchen		

Markieren Sie: Wer ist „uns", „euch" ...?

	Merle	Chris	Vater
Merle: Papa, kaufst du **uns** ein Eis?	X	X	
Vater: Nein, ich kaufe **euch** heute kein Eis.			
Merle: Kaufst du **mir** einen (Luftballon)?			
Vater: Nein, Merle, ich kaufe **dir** heute auch keinen Luftballon.			
Chris: Schenkst du **mir** das (Auto) zum Geburtstag?			
Vater: Gebt ihr **mir** mal eine Schachtel Zigaretten?			
Merle: Ich gebe **ihm** das Feuerzeug!			
Vater: Chris! Du gibst **ihr** jetzt sofort das Feuerzeug zurück!			
Merle: Kaufst du **uns** Überraschungseier?			
Der Vater kauft **ihnen** keine Süßigkeiten.			

Was ist richtig? Markieren Sie bitte.

geben	
ich	gebe
du	gibst
sie, er, es	gibt
wir	geben
ihr	gebt
sie	geben

1 Die Dativ-Ergänzung ist fast immer ☐ eine Person.
☐ eine Sache.

2 Die Dativ-Ergänzung steht meistens
◄ ☐ links von der Akkusativ-Ergänzung.
► ☐ rechts von der Akkusativ-Ergänzung.

Markieren Sie das Verb und die Akkusativ-Ergänzung.

1 〉Kaufst〈 du uns │ein Eis│ ?
2 Ich 〉möchte〈 auch │ein Eis│ !
3 Nein, ich kaufe euch heute kein Eis .
4 Gebt ihr mir mal eine Schachtel Zigaretten ?
5 Ich gebe ihm das Feuerzeug !

6 Schenkst du mir das (Auto) zum Geburtstag?
7 Kaufst du uns Überraschungseier ?
8 Wir haben doch noch Überraschungseier zu Hause.
9 Heute bekommst du keine Zigaretten !

Schreiben Sie die Sätze aus A 4.

...	Verb	...	Dativ-Ergänzung	...	Akkusativ-Ergänzung	...
1	*Kaufst*	du	uns		*ein Eis?*	
2	*Ich*	*möchte*		*auch*	*ein Eis!*	
3						
4						
5						
6						
7						
8						
9						

Welche Verben haben eine Akkusativ-Ergänzung **und** eine Dativ-Ergänzung?

Verb +	Dativ-Ergänzung	*kaufen,*
	Akkusativ-Ergänzung	

Welche Verben haben **nur** eine Akkusativ-Ergänzung?

Verb + Akkusativ-Ergänzung   *möchten,*

Spielen Sie in Gruppen: Gibst du mir … ? Dann geb' ich dir …

Sie möchten …

Gruppe 1   eine Weltreise machen.   Gruppe 3   einen gebrauchten Kühlschrank kaufen.
Gruppe 2   gemütlich fernsehen.   Gruppe 4   ein Toastbrot machen.

Sie haben …

1 Weltreise	2 Fernsehen	3 Kühlschrank	4 Toastbrot
Telefon	Pass	Sessel	Anzeigenzeitung
Käse und Schinken	Geld	Messer	Tickets
Koffer	Toaster	Zettel und Kuli	Brot
Wasser oder Bier	Fernseher	Reiseschecks	Erdnüsse

Schreiben Sie die Zettel für Ihre Gruppe.

Diskutieren Sie:

Welche vier Sachen sind wirklich wichtig für unser „Projekt"?
Was haben wir schon?
Was brauchen wir noch?
Wer hat das?

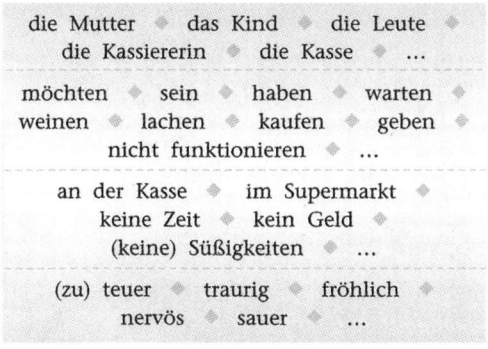

Jetzt tauschen Sie.

Habt ihr … ?   Braucht ihr … ?   Gebt ihr uns … ? Dann geben wir euch …
Hast du … ?   Brauchst du … ?   Gibst du mir … ? Dann gebe ich dir …

Beim neunten Nein kommen die Tränen

Sprechen Sie über das Bild und erzählen Sie eine Geschichte.

die Mutter ◆ das Kind ◆ die Leute ◆
die Kassiererin ◆ die Kasse ◆ …

möchten ◆ sein ◆ haben ◆ warten ◆
weinen ◆ lachen ◆ kaufen ◆ geben ◆
nicht funktionieren ◆ …

an der Kasse ◆ im Supermarkt ◆
keine Zeit ◆ kein Geld ◆
(keine) Süßigkeiten ◆ …

(zu) teuer ◆ traurig ◆ fröhlich ◆
nervös ◆ sauer ◆ …

● Die Leute sind im Supermarkt. Sie warten an der Kasse.
Die Kasse funktioniert nicht. …

▼ Das Kind weint. Es möchte …

„weinen" – „lächeln" – „lachen"
„traurig"   –   „fröhlich"

Lesen Sie den Text und markieren Sie.

1 Tanja und ihre Mutter
X warten an der Kasse.
☐ kaufen Süßigkeiten.

2 Frau Meier
☐ ist die Kassiererin.
☐ ist eine Nachbarin.

3 Tanja möchte
☐ nach Hause.
☐ Gummibärchen.

4 Tanja
☐ schreit.
☐ weint.

5 Das Kind heißt
☐ Tanja Jünger.
☐ Tanja Meier.

6 Der Text ist
☐ eine Werbung für Süßigkeiten.
☐ eine Geschichte aus dem Supermarkt.

leise flüstern

sprechen

laut schreien

Nein

Beim neunten Nein kommen die Tränen

Ich warte wieder einmal an der Kasse im Supermarkt. Von drei Kassen ist nur eine geöffnet. Ich beobachte meine Tochter Tanja. Sie steht vor den Süßigkeiten: links Kaugummis, rechts Schokoriegel, oben Gummibärchen, unten Überraschungseier. Und schon geht es los: „Mama? Kaufst du mir....?" „Nein." „Nur eins, bitte!" „Nein!" „Bitte, bitte!" Die Leute schauen zu uns herüber, aber ich bleibe hart:

5 „Nein, Tanja, nicht vor dem Essen." – „..."

Da höre ich eine freundliche Stimme: „Ach, Frau Jünger! Guten Tag. Wie geht es Ihnen?" „Danke, gut.", antworte ich. „Und Ihnen, Frau Meier?" Frau Meier ist unsere Nachbarin. Tanja weiß: Frau Meier ist ihre Chance! „Mama, schau mal, Gummibärchen." „Nein." „Bitte, bitte!" „Nein, heute nicht!"

Beim neunten Nein kommen die Tränen. Alle Leute schauen zu Tanja. Tanja gibt ihnen heute eine

10 „Extra-Vorstellung". Meine Tochter schreit nicht, sie sagt kein Wort. Sie steht einfach nur da und weint ... und weint ... und weint ... Niemand sagt ein Wort, auch Frau Meier ist ganz still. Sogar die Kassiererin flüstert: „Vierzehn Mark einunddreißig, bitte." Tanja weint ein bisschen lauter. Jetzt schauen alle Leute zu mir. Was mache ich nur? Kaufe ich ihr jetzt Gummibärchen, oder kaufe ich ihr keine?

Diskutieren Sie zu dritt oder zu viert: Was machen Sie in dieser Situation?

┼ Ich kaufe ihr Gummibärchen.

Ich möchte keinen Streit im Supermarkt.
Gummibärchen sind nicht teuer.
Sie weint doch!
Und die Leute? Das ist mir peinlich.
...

— Ich kaufe ihr keine Gummibärchen.

Kinder möchten immer alles haben. Das geht nicht.
Zu viele Süßigkeiten sind nicht gut für Kinder.
Na und? Sie hört auch wieder auf.
Das ist mir egal. Kinder brauchen manchmal ein „Nein".
...

● *Ich glaube, ich kaufe ihr die Gummibärchen.*

■ *Das finde ich nicht richtig. Ich kaufe ihr keine Gummibärchen!*

▲ ...

Lesen Sie weiter und markieren Sie.

		richtig	falsch
1	Frau Jünger kauft Tanja eine Tüte Gummibärchen.		
2	Tanja weint nicht mehr.		
3	Alle Leute sagen „Danke" zu Frau Jünger.		
4	Der Supermarkt verkauft viele Süßigkeiten an der Kasse.		

Ohne ein Wort nehme ich eine Tüte. Jetzt lächelt Tanja wieder. Ich mache die Tüte auf und gebe ihr ein rotes Gummibärchen. Rot ist Tanjas Lieblingsfarbe. Tanja ist zufrieden. Sie sagt nicht „Danke", aber der ganze Supermarkt sagt *„Danke"*.

Es geht um viel Geld. Süßigkeiten an der Kasse verkaufen sich 14mal besser als im Regal. Aber es geht auch um unsere Kinder.

Deshalb:

Keine Süßigkeiten und keine Spielsachen an der Kasse!

V. i. S. d. P.: Renate Jünger, Verbraucherschutzzentrale Nordrhein-Westfalen

„Keine Süßigkeiten und keine Spielsachen an der Kasse!" – Was meinen Sie?

Lesen Sie den Text noch einmal, markieren Sie die Personalpronomen und ergänzen Sie die Tabelle.

Das Personalpronomen steht für Name / Person:

Ich beobachte meine Tochter **Tanja**. **Sie** steht vor den Süßigkeiten. Und schon geht es los: *„Mama?* kaufst *du* **mir** … ?"

Nom.:	ich	du	sie	er	wir	ihr	sie	Sie
Dativ:	___	*dir*	___	*ihm*	___	*euch*	___	___

Ergänzen Sie die passenden Personalpronomen.

Herr Krause und sein Sohn Patrick sind im Supermarkt, *sie* warten an der Kasse. Patrick möchte Süßigkeiten: „Papa, kaufst _____ _____ Gummibärchen? Bitte!"

Herr Krause denkt: „Immer Süßigkeiten! Das ist nicht gut für Patrick." _____ sagt: „Nein, Patrick, heute kaufe _____ _____ keine Gummibärchen. Außerdem haben _____ noch Süßigkeiten zu Hause."

Jetzt weint Patrick. _____ denkt: „Papa ist gemein. Gut, dann weine _____ halt. Dann schauen alle Leute zu _____ . Das gefällt _____ nicht. Vielleicht kauft _____ _____ ja dann Gummibärchen." Patrick weint ein bisschen lauter.

Herr Krause ist nervös: Alle Leute schauen zu _____ . Aber _____ bleibt hart: „Nein, heute nicht! Hör auf zu weinen! Alle Leute schauen schon zu _____ ."

Die Kassiererin denkt: „So ein Theater! Warum kauft _____ _____ nicht endlich die Gummibärchen? Die sind doch nicht teuer!" Aber _____ sagt nur: „Das macht 35 Mark 60."

Herr Krause gibt _____ einen Hundertmarkschein und sagt: „Immer Tränen an der Kasse – das gefällt _____ doch sicher auch nicht. Warum stellen _____ die Süßigkeiten nicht ins Regal?"

B 3

Dallapiazza u. a. (1998), 43 – 47

Nun geht es darum, die Analyse-Instrumentarien, die Sie in den Kapiteln 2.3 und 2.4 erworben haben, an dem Lehrwerk, mit dem Sie gerade im Unterricht arbeiten, auszuprobieren.

Bitte wählen Sie eine Lektion oder eine längere Übungssequenz aus diesem Lehrwerk. In Aufgabe 96 finden Sie noch einmal dieselben Kriterien zusammengestellt, mit denen wir gemeinsam die Übungssequenz aus *Tangram* in Aufgabe 95 analysiert und bewertet haben. (Diejenigen unter Ihnen, die mit dem Lehrwerk *Tangram* arbeiten, könnten ein anderes Kapitel aus diesem Lehrwerk analysieren. Wenn Sie Zugriff auf ein anderes Lehrwerk haben, dann sollten Sie eine Lektion aus diesem Lehrwerk auswählen.)

<u>Aufgabe 96</u>

Analysieren Sie nun bitte die von Ihnen selbst gewählte Übungssequenz aus Ihrem Lehrwerk.

1. *Welche Sprachformen werden in dieser Lektion eingeführt, präsentiert, semantisiert und geübt?*

   _____

   _____

2. *Wie geschieht die Regelfindung?*

   _____

   _____

3. *Wie wird die Regel in Übungen angewandt?*

   _____

   _____

4. *Analysieren Sie die Übungssequenz nun anhand des folgenden Schemas auf einem separaten Arbeitsblatt.*

Übung Nr.	Aufbau der Sequenz	Lern-akti-vi-täten	Inter-akti-on L – S S – S	Gründe, um zu kommuni-zieren	Inhaltsbe-zug	Sozial-form	(Teil-) Fertig-keiten	Selbstäu-ßerung
usw.								

L–S = Lehrer – Schüler; S–S = Schüler – Schüler
Fertigkeiten Sprechen – Hörverstehen, Schreiben – Leseverstehen

Was ergibt Ihre Analyse? Sind alle Voraussetzungen gegeben, dass Ihre Schüler zu offenen, produktiven Formen des Übens kommen? Werden außerschulische Realsituationen simuliert, in denen sie als sie selbst auftreten?

Literaturhinweis

Falls solche Übungen fehlen bzw. nicht genügend vorhanden sind, sollten Sie solche Übungen hinzufügen. Anregungen dazu finden Sie in vielen neueren Lehrwerken und in Übungstypologien wie z. B. Neuner u. a. (1981): Übungstypologie für den kommunikativen Deutschunterricht und Häussermann/Piepho (1996): Aufgaben-Handbuch Deutsch als Fremdsprache.

2.5 Hausaufgaben

Überlegungen zu den Hausaufgaben dürfen in einer Fernstudieneinheit, in der es um die Organisation von Lernprozessen geht, nicht fehlen, auch wenn ihr Platz – wie ihr Name schon sagt – nicht im Unterricht, sondern zu Hause ist.

Reflexion

Was halten Sie eigentlich von Hausaufgaben? Und Ihre Kolleginnen und Kollegen? Wie ist das bei Ihren Schülern? Und bei den Eltern Ihrer Schüler? Sie wissen es schon: Hausaufgaben werden sehr unterschiedlich beurteilt. Die einen finden sie unverzichtbar, die anderen halten sie für die reinste Schikane. Für die einen sind sie ein hervorragendes und oft das letzte Disziplinierungsmittel, für die anderen integraler Bestandteil des Lernprozesses.

Was sagen empirische Untersuchungen dazu? Es lässt sich nicht verheimlichen: Bei Versuchs- und Kontrollgruppen über längere Abstände hat man keine signifikanten Unterschiede zwischen den Gruppen feststellen können, die Hausaufgaben bekamen bzw. keine bekamen. Damit könnten wir dieses Kapitel abschließen. Das tun wir aber nicht. Denn wir möchten Ihnen doch einige Fragen stellen, die Ihnen vielleicht helfen, den eigenen Standpunkt klarer zu machen.

Aufgabe 97

Bitte kreuzen Sie an, mit welchen Behauptungen Sie einverstanden sind.

Hausaufgaben ...

- ☐ sind eine zusätzliche Beschäftigung mit dem Unterrichtsstoff.
- ☐ üben das, was im Unterricht behandelt worden ist.
- ☐ können den Unterricht sinnvoll vorbereiten, begleiten und vertiefen.
- ☐ gewöhnen die Schüler an selbstständiges Arbeiten.
- ☐ entlasten den Unterricht, denn der Lehrer kann nicht alles in der Klasse behandeln.
- ☐ bieten die Möglichkeit zur Differenzierung und Individualisierung.
- ☐ sind ein wichtiges Kontrollinstrument für den Lehrer.
- ☐ erziehen zu Verantwortungsbewusstsein.
- ☐ sind eine psychische Belastung und Überforderung der Schüler.
- ☐ stören den Familienfrieden.
- ☐ schränken die geringe Freizeit von Kindern und Jugendlichen noch mehr ein.
- ☐ können in vielen Familien nur im Lärm des Haushalts gemacht werden.
- ☐ sind oft ein sinnloses Disziplinierungsinstrument.

Haben Sie nur Argumente für oder nur gegen Hausaufgaben angekreuzt? Oder gibt es Ihrer Meinung nach gute Argumente für und gegen Hausaufgaben? Im ersten Fall ist alles klar: Sie geben Hausaufgaben oder geben keine. Im zweiten Fall wird es darum gehen, zu überprüfen, ob die Gegenargumente nicht reduziert werden könnten. Was meinen Sie: Können die Schüler alle neuen Vokabeln im Unterricht lernen? Können die neuen grammatischen Strukturen im Unterricht erarbeitet, gefestigt, angewendet und systematisiert werden? Kann mit attraktiven Hörmaterialien (Kassette, Video, CD-ROM) nicht auch zu Hause geübt werden? Kann nicht mit interaktiven CD-ROMs wie z. B. *Lina & Leo* Aussprache und Intonation zu Hause geübt werden? Muss nicht die Lektüre längerer Texte zu Hause stattfinden, nicht allein um den Unterricht zu entlasten, sondern auch um individuelle Lesegewohnheiten berücksichtigen zu können (Zeit, Ort, Tempo usw.)? Und wie ist das mit schriftlichen Aufgaben: Sollten Bildbeschreibungen, Zusammenfassungen, Briefe, vor allem E-Mails usw. nicht außerhalb des Klassenunterrichts geschrieben werden?

Man kann auch anders argumentieren: Sollten die Schüler nicht lieber im Unterricht interaktiv den Wortschatz üben anstatt zu Hause Vokabellisten auswendig zu lernen? Kann man nicht im Unterricht Leseprozesse reflektieren und führen nicht gemeinsame Leseerlebnisse zu lebendigeren, spontaneren Diskussionen? Macht das gemeinsame Schreiben in Gruppen nicht mehr Spaß als das einsame Schreiben zu Hause? Sie sehen, für alles gibt es hier auch Gegenargumente. Es ist also eine Frage der Aufgabenformulierung und der Ziele, die Sie verfolgen.

Wenn Sie sich dafür entscheiden, (eine) Hausaufgabe(n) zu geben, dann sollten Sie folgende Gesichtspunkte berücksichtigen:

➤ Sie sind nicht der einzige Lehrer bzw. die einzige Lehrerin an Ihrer Schule, der/die Hausaufgaben gibt.

➤ Ihre Schüler haben wahrscheinlich unterschiedliche Niveaus, sodass Sie differenzieren könn(t)en: Müssen immer alle Schüler alle Hausaufgaben und alle dieselben machen? Sind alle Schüler in der Lage, die Hausaufgabe ohne fremde Hilfe zu machen? Fühlen sich manche vielleicht unterfordert, andere überfordert?

➤ Planen Sie die Hausaufgaben so,
  – dass die Schüler sich gegebenenfalls mithilfe eines Lösungsschlüssels selbst kontrollieren können, oder so,
  – dass eine schnelle und effektive Überprüfung in der Klasse oder durch Sie zu Hause möglich ist.

3 Raster für Unterrichtsentwürfe

Erinnern wir uns: Für das Gespräch *Wegbeschreibung* (Beispiel 10, S. 50/51) haben wir eine Unterrichtsvorbereitung nach dem *Modell DA* in vier Lernphasen (Einführung, Präsentation, Semantisierung, Üben) erarbeitet. In Phase 4 haben wir die *Didaktische Analyse* exemplarisch auf einen Übungstyp angewandt. Diese Unterrichtsvorbereitung haben wir in vier Übersichten (Aufgaben 59, 69, 73, 82) festgehalten. Da sich die Übersichten im Lösungsschlüssel an verschiedenen Stellen befinden, drucken wir sie zur Vergegenwärtigung hier noch einmal ab.

Rückverweis

Aufgabe 98

Bitte schauen Sie sich die folgenden vier Übersichten noch einmal an.

Modell DA (Aufgabe 59, S. 66)	Phase 1: *Einführung*
Lernziel	Hinführung zum Thema, Vorwissen aktivieren; Schlüsselwörter kennen lernen (links, rechts, geradeaus)
Lernaktivitäten	Schüler berichten aus eigener Erfahrung (ggf. in der Muttersprache), sie beschreiben, was sie auf dem Bild sehen und welche Situation sie sich vorstellen.
Sozialform(en)	Unterrichtsgespräch
Materialien	Folie (Stadtplan)
Medien/Hilfsmittel	Tageslichtprojektor
Aktivitäten des Lehrers/ der Lehrerin	– Tageslichtprojektor bedienen – Fragen stellen (*Was siehst du auf dem Bild? Was machen die Personen? Kennst du so eine Situation?* usw.) – Schlüsselwörter einführen, erklären, anschreiben usw.

Modell DA (Aufgabe 69, S. 79)	Phase 2: *Präsentation*
Lernziel	Die Schüler verstehen die Texte global.
Lernaktivitäten	Dialog hören, Wegbeschreibung auf dem Stadtplan einzeichnen
Sozialform(en)	Einzelarbeit
Materialien	Dialog, Stadtplan
Medien/Hilfsmittel	– Kassette, Kassettenrekorder – Arbeitsblätter (Stadtplan)
Aktivitäten des Lehrers/ der Lehrerin	Kassettenrekorder bedienen

Modell DA (Aufgabe 73, S. 82)	Phase 3: Semantisierung
Lernziel	Die Schüler verstehen den Text auf der Satz- und Wortebene. Die Schüler lernen neue Wörter und Strukturen kennen und verstehen.
Lernaktivitäten	Die Schüler lesen den Text noch einmal und fragen nach der Bedeutung von unbekannten Wörtern und Strukturen. Die Schüler leiten Wortbedeutungen aus dem Kontext ab.
Sozialform(en)	Klassengespräch oder Gruppengespräch (zum kontextuellen Erschließen bzw. Erraten der Wörter und Strukturen)
Materialien	Fotokopie (Stadtplan)
Medien/Hilfsmittel	Tafel
Aktivitäten des Lehrers/ der Lehrerin	Tafelanschrieb, Fragen stellen und/oder beantworten, Ermunterungen zu Ratestrategien

Modell DA (Aufgabe 82, S. 99)	Phase 4: Üben (interaktive Strukturübung)
Lernziel	die Strukturen *das stimmt, tut mir Leid, stell dir vor* und *etwas gern tun* interaktiv (kommunikativ) festigen und anwenden
Lernaktivitäten	Verben/Aktivitäten nennen/aufschreiben; Frage-/Antwortübung mit verschiedenen Verben/Aktivitäten
Sozialform(en)	Partnerarbeit
Materialien	Buch mit Redemittelvorgabe und Arbeitsanleitung
Medien/Hilfsmittel	Buch
Aktivitäten des Lehrers/ der Lehrerin	erklärt die Übung, hört bei einzelnen Paaren zu, notiert sich eventuell Fehler

Reflexion

Wir wissen nicht, wie viele Stunden Sie in der Woche unterrichten (werden) – 20, 25, 30, noch mehr? Und alle diese Stunden sollen Sie nach dem *Modell DA* vorbereiten? Dazu die Korrektur von Tests und Hausaufgaben, Lehrerkonferenzen, Sprechstunden, die Lektüre von Fachliteratur usw. usw. Wie viele Stunden hat eine Arbeitswoche für Lehrer? Wie weltfremd und praxisfern sind diejenigen, die solche Modelle vorstellen und davon ausgehen, dass Lehrer und Lehrerinnen ihren Unterricht so vorbereiten und planen können?

3.1 Von Feiertagsdidaktiken und „Spickzetteln"

Ideal und Realität

Wir wissen es aus Erfahrung, und wüssten wir es nicht, so könnten wir es in Untersuchungen nachlesen: Sofort nach dem Examen werden die während der Ausbildung eingeübten Modelle, Raster und Schemata nicht mehr benutzt. Was für Anfänger gilt, gilt noch mehr für erfahrene Lehrer und Lehrerinnen, für Routiniers: Sie haben diese Modelle längst vergessen, sie brauchen sie nicht mehr. Mehr noch: Viele Lehrer – auch das ergeben empirische Untersuchungen – bereiten sich nur mental, d. h. ohne schriftliche Notizen, auf ihren Unterricht vor.

Hilbert Meyer, Professor für Schulpädagogik an der Universität in Oldenburg, spricht deshalb auch von „Feiertagsdidaktiken", d. h. von Didaktiken, die nur an bestimmten (hohen) „Feiertagen" eines Lehrerlebens eine Rolle spielen: bei Prüfungen, beim Besuch eines Inspektors, bei Schulhospitationen von Studenten, Gästen usw. Seine provozierende These lautet:

> „Die gängigen didaktischen Konzepte der Unterrichtsvorbereitung müssen im Blick auf ihren Stellenwert in der späteren Berufspraxis als Feiertagsdidaktiken bezeichnet werden."
>
> Meyer (1986), 181

In der Ausbildung dominiert also eine weltfremde Theorie, die ihren Sitz im Elfenbeinturm der Wissenschaft hat, in der Schule werden die Lehrerinnen und Lehrer dann mit einer Realität konfrontiert, auf die sie nicht vorbereitet wurden und mit der viele auch nicht fertig werden (sondern die sie fertig macht). Diese Konfrontation wird in der Fachliteratur als „Der Praxisschock bei jungen Lehrern" bezeichnet (Müller-Fohrbrodt 1978).

Reflexion

Warum, so werden Sie sich jetzt fragen, stellen wir Ihnen dann ein *Modell DA* vor? Warum beschreiben wir, wie wichtig beim Vorbereiten einer Unterrichtsstunde eine bestimmte Schrittfolge ist?

Nun, wir haben Ihnen nicht die ganze Wahrheit gesagt! Eine andere These von Hilbert Meyer, der wir uns völlig anschließen möchten, lautet nämlich: Feiertagsdidaktiken können hilfreich und nützlich sein. Er erklärt das so:

- Es ist mit großer Wahrscheinlichkeit anzunehmen, dass durch das Einüben in ein bestimmtes Konzept der eigene Aufmerksamkeitshorizont strukturiert bzw. aktiviert und geschärft wird: Bestimmte Dinge fallen auch später immer wieder im Unterricht auf, weil in der erlernten Didaktik darauf aufmerksam gemacht worden war; andere Phänomene werden demgegenüber vernachlässigt oder sogar überhaupt nicht wahrgenommen.

- Es ist weiterhin wahrscheinlich, dass bestimmte [Fragestellungen und] Entscheidungsketten in der Unterrichtsplanung verinnerlicht, [d. h. automatisiert werden]. Die didaktische Phantasie des Lehrers, aber ebenso die Prozesse der Routinebildung werden durch das eingeübte Konzept eingegrenzt."

   Meyer (1986), 183)

Mit anderen Worten:

Die Kenntnis solcher didaktischen Konzepte kann zeigen, was man für seine eigene Vorbereitung (nicht) benötigt, was (nicht) hilfreich ist. Denn auch das ist klar: Weder Anfänger noch „alte Hasen" können auf eine Vorbereitung des Unterrichts verzichten. Ein Teil dieser Vorbereitung geschieht am besten schriftlich. Und diese schriftlichen Notizen sind persönliche Raster, Skizzen, Hilfen.

Hilbert Meyer nennt diese schriftlichen Vorbereitungen „Spickzettel". Spickzettel kennen Sie aus verschiedenen Bereichen: Es sind die kleinen Zettelchen, die Sie wohl auch in Ihrer Schülerkarriere angefertigt haben und auf die Sie jetzt als Lehrer Jagd machen: Zettelchen, die den Augen des Lehrers verborgen bleiben sollen und die Informationen zu Fragen enthalten, die man in einer Prüfung, bei einer Klassenarbeit erwartet und die man sich nicht oder nur schlecht merken kann.

-'zi·mi·na) *Muster,* lat. *specimen* „Beecere „sehen"]
gel, Himmelskugel; ; Bereich, Machtbeis [<grch. *sphaira*

le ⟨f.⟩, 'Sphä·renvthagoras dem Ohr h die Bewegung d ırsachte Töne
die Sphäre betref~ es Dreieck D auf r Kugel; ~ e T…tor Oberfläche ein… c geometr. Gebilde, ·he einer Kugel von bildet wird ehr dehnbares, zug·ußeisen, bei der der n Kugelform einge-

was mit Speck versehen", ⟨fig.⟩ „sein eigenes Werk mit abgeschriebenen Gedanken aufbessern"]
'**Spicker** ⟨-k·k-; m. 3; Schülerspr.⟩ jmd., der spickt; = Spickzettel
'**Spick·gans** ⟨f.⟩ geräucherte u. gepökelte (nicht: gespickte) Gänsebrust [→ Spickaal]
'**Spick·na·del** ⟨f.⟩ dicke Nadel zum Einziehen der Speckstreifen ins Fleisch beim Spicken
'**Spick·zet·tel** ⟨m.; Schülerspr.⟩ kleiner Zettel mit Notizen, von dem man während der Klassenarbeit abschreibt
'**Spi·der** ⟨['spai-] m. 3⟩ zweisitziger Sportwagen mit aufklappbarem Verdeck [engl. „Spinne"]
'**Spie·gel** ⟨m. 3⟩ glatte Fläche, die den größten Teil der auftreffenden Lichtstrahlen zurückwirft u. dadurch ein Abbild des davor befindlichen Gegenstan-

'**spie·gel·glatt** ⟨Adj.⟩ gla gel, vollkommen glatt, ⟨ lag ~ vor uns; die Straß ren
'**spie·gel·gleich** ⟨Adj.; metrisch
'**Spie·gel·gleich·heit** ⟨f.⟩
'**Spie·gel·karp·fen** ⟨m.⟩ … regelmäßig verteilten, b …en
'**Spie·gel·ma·le'rei** ⟨f.⟩ … rei …it teilweise eingese lien …tatt der Bemalung
'**Spie·gel·mel·se** ⟨f.⟩ = K
'**spie·geln 1** ⟨V. i.⟩ Lichts… werfen, wie ein Spiegel den; der Fußboden spieg das Bild schlecht erker Glas darüber spiegelt; M ⟨V. t.⟩ etwas ~ ein Abbil ben, ⟨meist⟩ widerspiege.

nach: Wahrig (1986), 3487

„Spickzettel" machen sich aber auch Redner, z. B. bei familiären oder betrieblichen Festen, und Vortragende, z. B. bei Tagungen, Kongressen, Betriebsversammlungen, wenn sie nicht vom Blatt ablesen wollen, aber eine Hilfe brauchen, um wichtige Punkte nicht zu vergessen. Und „Spickzettel" machen sich auch Lehrer. Sie halten darauf die wichtigsten Unterrichtsschritte, organisatorische Maßnahmen, Visualisierungen usw. fest.

3.2 Ein Blick in den „Spickzettel"-Kasten

Spickzettel
als Unterrichtsskizze

Hilbert Meyer zeigt in seinem Buch den „Spickzettel" einer angehenden Lehrerin für eine Deutschstunde in einer zweiten Klasse der Primarschule.

Adjektive (2. Kl.)
- Frage: Was sind Adjektive?
- Ratespiel:
  Ein Kind merkt sich einen Gegenstand, beschreibt ihn mit Adjektiven, die anderen erraten ihn.
  (benutzten Wörter an Tafel schreiben)
- von Adjektiven Gegensätze suchen und anschreiben
- Stillarbeit: zu 5 Adjektiven Gegensätze suchen und aufschreiben / vorlesen
- Tafelarbeit: mit einigen Adj. kurze Sätze bilden, anschreiben
- Hausaufgabe: kurze Sätze bilden mit: hart, groß, hoch, kalt

Meyer (1986), 58

Der „Spickzettel" stellt eine Art Unterrichtsskizze dar. Könnten Sie anhand dieser Skizze die Stunde halten?

Auf den folgenden Seiten zeigen wir Ihnen das Gegenteil eines solchen „Spickzettels", nämlich die sehr ausführliche Unterrichtsvorbereitung der polnischen Lehrerin (dort verallgemeinernd als „Lehrer" bezeichnet), die Sie in dem Video mit der Unterrichtseinheit *Orientierung in der Stadt* gesehen haben. In diesem Video ging es vor allem um die Veranschaulichung von Lernphasen (siehe Kapitel 2.2.5). Dementsprechend ist die Unterrichtsvorbereitung in Lernphasen aufgebaut. Sie diente gleichzeitig als eine Art Drehbuch für unseren Unterrichtsmitschnitt.

Unterrichtsvorbereitung als Drehbuch

Rückverweis

Lesen Sie sich bitte die Unterrichtsvorbereitung (S. 133 – 140) durch.

1. *Neben dem Strukturprinzip „Lernphasen" hat die Lehrerin noch ein anderes Strukturprinzip benutzt. Welches?*

2. *Reduzieren Sie diese Unterrichtsvorbereitung auf einen „Spickzettel", mit dem Sie diese Stunde mit Ihren Schülern durchführen können.*

Aufgabe 99

Unterrichtsvorbereitung Krakow - Drehbuch

Medium	Lehrer/Lehrerin	Schüler
	Einführungsphase: 15' Stadtplan *Deutsch konkret*, S. 68 liegt auf dem Tageslichtprojektor, nur die Ecke rechts oben ist für die Schüler sichtbar. Lehrer stellt Fragen wie: - „Was seht ihr auf dem Bild?" - „Was passiert hier?" - „Wo sind die Personen?" - „Was fragt das Mädchen?" - „Was hat das Mädchen in der Hand?"	Die Schüler reagieren (muttersprachlich): - Jemand fragt nach dem Weg und der andere zeigt den Weg. - Sie sind in der Stadt auf der Straße. - Das Mädchen hat einen Stadtplan.
	Lehrer stellt weitere Fragen, die den persönlichen Bezug herstellen, z. B.: - „Wer von euch war selbst schon einmal in einer fremden Stadt?" - „Hast du dort nach dem Weg fragen müssen?" - „Hast du den Weg gefunden? Wie bist du zu deinem Ziel gekommen?" - „Hattest du einen Stadtplan?" und/oder: - „Wenn jemand dich hier bei der Schule fragt, wie er (zum Bahnhof) kommt, was sagst du dann?"	Die Schüler erzählen eigene Erfahrungen (muttersprachlich): Mindestens ein Schüler/ eine Schülerin muss erzählen, wie er/sie zum Ziel gekommen ist, damit Schlüsselwörter wie „geradeaus", „nach links/nach rechts", „die ...straße entlang" (muttersprachlich) genannt werden. Ein Schüler beschreibt muttersprachlich den Weg (zum Bahnhof).

Medium	Lehrer/Lehrerin	Schüler
	– „Stell dir vor, du bist das Mädchen auf dem Bild. Was könntest/würdest du fragen?"	
	Lehrer schreibt <u>während dieses Gesprächs Schlüsselwörter</u> aus Dialog 1 an die Tafel, wenn Schüler diese Wörter in ihren Reaktionen verwenden:	
	Schlüsselwörter aus Dialog 1: geradeaus ⟶ nach links ⟵┐ ┘ nach rechts ┌⟶ ┘ die ...straße entlang	
	Lehrer zeigt weitere Teile des Stadtplans auf dem Tageslichtprojektor: - „Was seht ihr jetzt?"	Schüler benennen Teile des Stadtplans: - ein Stadion - ein Kaufhaus - eine Bank usw.
	Lehrer schreibt nur die folgenden Wörter an die Tafel: - das Jugendzentrum - die Post - der Bahnhof - das Schwimmbad - die Bushaltestelle - die Schule - die Bank	
	N.B: Diese Liste an der Tafel stehen lassen, ist später noch einmal nötig.	
	Lehrer: „Ihr hört gleich ein Gespräch, das zu diesem Bild passt, also, was meint ihr: - Wo spielt sich das Gespräch ab? - Wie viele Personen hören wir gleich? - Worum geht es in dem Gespräch?"	Schüler beantworten die Fragen.
	Lehrer: „Ihr bekommt alle eine Kopie vom Stadtplan. Seht euch den Stadtplan nochmal gut an." Kopie Stadtplan verteilen.	Schüler sehen sich den Stadtplan gut an (Straßen, Gebäude, Einrichtungen).
	Lehrer: „Hört jetzt gut zu und versucht a) herauszufinden, wohin das Mädchen möchte,	

Medium	Lehrer/Lehrerin	Schüler
	b) auf dem Stadtplan einzuzeichnen, wie es dorthin kommt."	
	Präsentationsphase: 10'	
	Hörkassette starten: Dialog 1 *Deutsch konkret*, Lehrbuch S. 68.	Schüler hören zu, identifizieren das Ziel des Mädchens, zeichnen den Weg auf dem Stadtplan ein.
	Lehrer: „Was habt ihr alle verstanden?"	Schüler erzählen, was sie verstanden haben.
	[Eventuell, wenn die Schüler zu wenig verstanden haben, den Dialog noch einmal hören lassen: „Habt ihr jetzt mehr verstanden?"]	
	Lehrer: „Wohin wollte das Mädchen?"	Schüler sagen, was das Ziel im Dialog war (die Bushaltestelle).
	Lehrer: „[Name], zeigst du uns mal auf dem Projektor, wie das Mädchen gehen soll?"	Ein Schüler/Eine Schülerin zeigt den Weg auf dem Tageslichtprojektor.
	Lehrer: (während der Schüler/die Schülerin den Weg auf dem Projektor zeigt): „Ja, richtig, zuerst geradeaus, dann nach links über den Rathausplatz, dann etwa 200 Meter geradeaus, die Schulstraße entlang ..."	
	– „Hättet ihr das auch so beschrieben? Wer hat einen anderen Weg gehört?"	
	[Wenn Schüler andere Lösungen haben, darauf eingehen: „Was hast du gehört?" - Eventuell noch einmal Dialog 1 hören lassen und Pausentaste benutzen, wo Schüler etwas anderes gehört haben.]	
	Semantisierungsphase: 20'	
	Lehrer: „Nehmt jetzt bitte euer Lehrbuch, Seite 68. Lest Dialog 1 <u>von hinten nach vorn</u> und unterstreicht <u>mit Bleistift</u> jedes Wort, das ihr nicht versteht."	Schüler arbeiten individuell: Lesen Dialog 1 <u>rückwärts</u> und unterstreichen jedes Wort, das sie nicht verstehen, mit Bleistift.

135

Medium	Lehrer/Lehrerin	Schüler
	Lehrer: „Fertig? Lest jetzt den Dialog noch einmal, aber normal, von vorn nach hinten. - Versucht jetzt die Bedeutung der Wörter, die ihr unterstrichen habt, zu erraten. - Schreibt alle unterstrichenen Wörter in euer Heft und schreibt die Bedeutung, die ihr erraten habt dahinter."	Schüler arbeiten individuell. Lesen Dialog 1. Schüler schreiben unterstrichene Wörter in ihr Heft mit erratenen Bedeutungen dahinter.
	Lehrer: „O.k. [Name], welche Wörter hattest du unterstrichen?"	Der Schüler/Die Schülerin nennt Wörter aus Dialog 1, die er/sie unterstrichen hat.
	Lehrer schreibt diese Wörter untereinander an die Tafel.	
	„Und welche Wörter hast du erraten können, [Name]?"	Der Schüler/Die Schülerin nennt Wörter und (muttersprachlich) Bedeutungen.
	Lehrer fragt bei jedem Wort auch andere Schüler in der Klasse: „Hattest du das auch so verstanden?"	Schüler nennen vielleicht andere (richtige oder falsche) Bedeutungen.
	Lehrer greift muttersprachliche Bedeutungen auf und erklärt die Wortbedeutungen auch einsprachig auf Deutsch (Umschreibungen, Kontexte) und/oder durch Gesten, visuelle Hinweise [Stadtplan]) usw.	
	Lehrer schreibt einsprachige Worterklärungen (Kontexte, Umschreibungen usw.) hinter die Wörter, die schon an der Tafel stehen: „Schreibt das bitte in euer Heft."	Schüler machen sich Wortbedeutungsnotizen in ihrem Heft: Wörter im Kontext, Umschreibungen,...
	Lehrer: „Welche Wörter habt ihr nicht erraten können?"	
	Lehrer gibt Umschreibungen, Kontexte, Hinweise auf den Stadtplan usw. und bittet die Schüler, sich Notizen zu machen.	wie vorher

Medium	Lehrer/Lehrerin	Schüler
	Übungsphase 15'	
	Lehrer: „Also: Wie spricht man nun Unbekannte auf der Straße an, wenn man nach dem Weg fragt? [Name], du suchst z.B. die Bushaltestelle - was fragst du?"	Ein Schüler/Eine Schülerin: „Entschuldigung, wie komme ich zur Bushaltestelle?"
	Lehrer: „Sehr schön." (schreibt gleichzeitig an die Tafel):	
	Entschuldigung, wie komme ich│zur Bushaltestelle?	
	Lehrer: „O.k. Jetzt suchen wir aber nicht die Bushaltestelle, sondern den Bahnhof. Was fragen wir dann? Guckt mal im Lehrbuch auf Seite 69 in Übung 4."	Die Schüler suchen in Übung 4,finden und nennen: „zum Bahnhof".
	Lehrer ergänzt das Modell an der Tafel:	
	Entschuldigung, wie komme ich│zur Bushaltestelle? │zum Bahnhof │...	
	Lehrer: „Wir sehen jetzt <u>zur</u> Bushaltestelle und <u>zum</u> Bahnhof. Wann gebrauchen wir <u>zur</u> und wann <u>zum</u>? Seht euch nochmal Übung 4 auf Seite 69 an. Was seht ihr dort?"	Die Schüler sehen sich noch einmal Übung 4 an und nennen: - zum Jugendzentrum - zur Post - zum Schwimmbad - zum Bahnhof
	Lehrer schreibt an die Tafel und füllt die Tabelle aus, wenn Schüler Beispiele aus Übung 4 nennen; nennt ergänzend noch: „zur Schule, zur Bank" [sonst ist die Induktionsbasis zu schmal].	

Medium	Lehrer/Lehrerin	Schüler

zur	zum
Bushaltestelle	Jugendzentrum
Post	Bahnhof
Schule	Schwimmbad
Bank	

Lehrer: „Vergleicht jetzt mal die beiden Spalten miteinander. Was für Wörter stehen in der „zur"-Spalte? Und was für Wörter stehen in der „zum"-Spalte?"

[Wenn nötig noch stärker steuern: „Achtet mal auf der-, die-, das-Wörter"/Hinweis auf kleine Liste, die noch an der Tafel steht:
- das Jugendzentrum
- die Post
- der Bahnhof
- das Schwimmbad
- die Bushaltestelle
- die Schule
- die Bank].

Lehrer: „So, jetzt haben wir also eine Regel entdeckt. Er schreibt unter die Tabellen (vgl. S. 7):

zur: die-Wort
zum: der-/das-Wort

Lehrer: „Wir können das auch so zusammenfassen: ..."

Lehrer schreibt die folgende Regel an die Tafel:

zur oder zum?

die-Wort?   ja   → zur
            nein → zum

Lehrer: „Was für Gebäude und Einrichtungen gibt es sonst noch auf dem Stadtplan? Wir hatten schon diese hier [Hinweis auf die Liste an der Tafel]..."

Schüler (Spalte):

Schüler entdecken selbst:
- in der „zur"-Spalte: nur „die"-Wörter,
- in der „zum"-Spalte: „der/das"-Wörter.

Schüler nennen die anderen Gebäude/Einrichtungen, die auf dem Stadtplan zu sehen sind.

Medium	Lehrer/Lehrerin	Schüler
	Lehrer ergänzt die Liste, sodass schließlich die folgende Liste an der Tafel steht:	

```
- das Jugendzentrum
- die Post
- der Bahnhof
- das Schwimmbad
- die Bushaltestelle
- die Schule
- die Bank
- das Stadion
- das Kaufhaus
- die Polizei
- die Tankstelle
- das Touristenbüro
- das Rathaus
```

Medium	Lehrer/Lehrerin	Schüler
	Lehrer: „[Name], du suchst den Bahnhof. Was fragst du?"	Der Schüler/Die Schülerin: „Entschuldigung, wie komme ich zum Bahnhof?"
3 min.	[Darauf achten, dass auch die Anredeformel „Entschuldigung, ..." benutzt wird!]	
	Lehrer: „Sehr schön! Prima! - Und [Name], du suchst das Kaufhaus. Was fragst du?"	Der Schüler/Die Schülerin: „Entschuldigung, wie komme ich zum Kaufhaus?" Danach noch etwa 5 andere Schüler.
	Usw., etwa 5 Schüler.	
10 min.	Lehrer gibt allen Schülern jeweils ein Kärtchen. Auf jedem Kärtchen steht ein Ort (z. B. Jugendzentrum, Post...). Ein Schüler fragt jetzt nach dem Weg, und zwar so lange, bis er einen Schüler/eine Schülerin findet, der/die das betreffende Kärtchen hat. Die Schüler antworten also entweder: - „Da gehen Sie ..." - „Tut mir leid, ..."	A fragt B, C, D usw. p fragt q, r, s usw.
12 min.	Lehrer: „Ihr macht jetzt weiter in Partnerarbeit. Schreibt bitte zwei kurze Dialoge nach dem Modell von Dialog 1. In einem Dialog fragt ihr z. B. nach dem Stadion, im zweiten z. B. nach der Polizei."	Schüler schreiben in Partnerarbeit zwei Dialoge nach dem Modell von Dialog 1.
	Lehrer kontrolliert stichprobenartig, während die Schüler zu zweit arbeiten.	

Medium	Lehrer/Lehrerin	Schüler
	Lehrer bittet drei Paare, einen Dialog zu spielen.	Drei Paare spielen jeweils einen Dialog.
	Lehrer: „Das ging schon sehr gut, habt ihr schön gemacht."	
12 min.	„Jetzt machen wir's noch ein bisschen spannender. Ihr arbeitet wieder zu zweit. Einer von euch bekommt von mir einen Stadtplan, wo die Gebäude und Einrichtungen noch nicht drauf sind. Dieser fragt nach dem Weg. Und der andere arbeitet mit Seite 68 aus dem Lehrbuch, wo der Stadtplan steht. Der kann also genau den Weg beschreiben. Ich mache das erst ein paar Mal vor mit [Name]."	
	Lehrer spielt die Situation 2- bis 3-mal durch mit einem Schüler/einer Schülerin. Der Lehrer arbeitet mit Lehrbuch, der Schüler/die Schülerin mit dem leeren Stadtplan. So kann der Lehrer Redemittel wie „geradeaus", „nach links", „nach rechts", „die ...straße entlang" noch einmal hören lassen. Der Schüler/Die Schülerin braucht nur zu fragen.	
	Lehrer: „So, jetzt macht ihr das in Partnergruppen. Ihr fragt 5 Mal, danach tauscht ihr die Rollen."	
	Lehrer verteilt leere Stadtpläne.	Die Schüler üben in Partnerarbeit.
	Lehrer: „Rollentausch. Jetzt bekommt der jeweils andere Schüler einen leeren Stadtplan."	
	Der Lehrer geht während der Partnerarbeit durchs Klassenzimmer und beobachtet die Partnerarbeit.	
	Der Lehrer bittet einige Zweiergruppen, einen Dialog in der Klasse zu spielen.	Einige Paare spielen einen Dialog vor.

3.3 Einen „Spickzettel" zur Unterrichtsvorbereitung selber schreiben

„Spickzettel", darauf haben wir schon hingewiesen, findet man häufig vor allem bei Berufsanfängern, die auf diese Weise den geplanten Verlauf der Stunde in einer Schritt-für-Schritt-Planung festhalten. Im Grunde handelt es sich dabei um eine Unterrichts-skizze, in der versucht wird, den Unterrichtsverlauf vorausplanend festzuhalten. Aber auch viele routinierte Lehrer und Lehrerinnen machen sich noch, vor allem bei neuen Themen oder auf didaktischem Neuland, einen „Spickzettel", wenn dieser auch nur aus einzelnen Stichwörtern, Seitenzahlen, einer Mnemotechnik oder einem geplanten Tafelbild besteht.

„Spickzettel" sind kurz, man wirft ja, wenn überhaupt, nur einen schnellen orientie-renden Blick auf ihn. Eine detailliert ausgearbeitete Unterrichtsplanung birgt die Ge-fahr, dass man sie wie eine Partitur benutzt, dass man krampfhaft an ihr festhält und damit die für einen schülerorientierten Unterricht wünschenswerte Flexibilität verliert.

Was aber kann man auf einen „Spickzettel" schreiben?

Hilbert Meyer empfiehlt

Inhalt des „Spickzettels"

> „alles, was Sie nicht auswendig behalten können, aber während der Stunde wissen müs-sen:
>
> 1. eine Beschreibung des Einstiegs in die Stunde, der vorgesehenen Unterrichtsschritte und des möglichen Unterrichtsergebnisses;
> 2. eine grobe Zeiteinteilung für diese Stunde;
> 3. Notizen zu wichtigen organisatorischen Regelungen. Zusätzlich können je nach Zielstellung und Inhalt der Stunde auf dem Spickzettel notiert werden:
> 4. Vorformulierungen wichtiger Fragen/Impulse und der Arbeitsaufträge;
> 5. Notizen über den Einsatz von Materialien, Arbeitsblättern, Tafelbenutzung oder Hausaufgaben."
>
> Meyer (1986), 61

Der „Spickzettel", die Unterrichtsskizze, sollte so angelegt werden, dass eine schnelle und übersichtliche Orientierung möglich ist, z. B. so:

Zeit	Unterrichtsschritte	Wie? (Methode, Arbeitsformen) Womit? (Medien/Tafelbild) Arbeitsaufträge
5 min	Kontrolle Hausaufgaben	
20 min	Textarbeit	Einteilen in Gruppen, Aufgabe: Wortkarten in logische Reihenfolge legen

Es gibt, wie Sie inzwischen aus unserer Arbeit in dieser Fernstudieneinheit wissen, eine ganze Menge Punkte, die man für die Unterrichtsplanung berücksichtigen sollte und die man eventuell in diese Form der Unterrichtsskizze einbauen kann.

Punkte für die Unterrichtsplanung

In unserem *Modell Didaktische Analyse* (Kapitel 2.1) haben Sie die folgenden Punkte kennen gelernt:

Rückverweise

➤ Lernziele

➤ Lernaktivitäten

➤ Sozialform(en)

➤ Materialien

➤ Medien/Hilfsmittel

➤ Aktivitäten des Lehrers/der Lehrerin

➤ Evaluation der Lernergebnisse, Tests

Bei den Lernphasen **(Kapitel 2.2)** unterschieden wir die Phasen:

➤ Einführung

➤ Präsentation

➤ Semantisierung

➤ Üben

In **Kapitel 2.3** haben wir über die

➤ Art der Grammatikpräsentation und -behandlung gesprochen.

In **Kapitel 2.4** haben wir das

➤ Angebot im Lehrwerk auf Ergänzungen und Weglassungen überprüft.

In **Kapitel 2.5** haben wir über die
➤ Hausaufgaben gesprochen.

Raster für die Unterrichtsvorbereitung

Wie aber wollen Sie alle diese Punkte im Raster Ihres „Spickzettels" berücksichtigen? Zu viele Punkte tragen sicher nicht zu größerer Übersichtlichkeit, besserer Planung und schnellerer Orientierung bei. Deshalb müssen Sie selbst entscheiden, welche Rasterpunkte für Sie am hilfreichsten sind, indem Sie einfach experimentieren.

Aufgabe 100

Welche der obigen Rasterpunkte finden Sie am hilfsreichsten? Stellen Sie sich bitte Ihr Raster-Menü zusammen, mit dem Sie Ihre Stunden planen möchten.

Versuchen Sie mit maximal drei bis vier Großspalten auszukommen. Alle anderen Punkte müssen diesen zu- und untergeordnet werden.

?	?	?	?

Und jetzt probieren Sie es einfach selber aus.

Aufgabe 101

Machen Sie eine konkrete Unterrichtsplanung für eine Ihrer nächsten Stunden oder zu einer von Ihnen ausgewählten Lehrbuchlektion mithilfe Ihres „Spickzettels". Machen Sie den „Spickzettel" so konkret, dass ein Kollege oder eine Kollegin anhand Ihrer Planung die Stunde übernehmen könnte. Konzentrieren Sie sich auf ein Hauptlernziel (und wenige Nebenlernziele), das heißt: Versuchen Sie möglichst intensiv lernen zu lassen. Weniger Stoff intensiv geübt ist besser als zu viel Stoff, der nur oberflächlich behandelt werden kann.

Denken Sie auch an die „Reste" aus der vorangegangenen Stunde und an die Hausaufgaben (siehe Kap. 2.5).

Grobplanung über längere Zeiträume

Jede Stunde steht in einem größeren Zusammenhang, der durch den Lehrplan (das Curriculum, die Rahmenrichtlinien, den Schulplan), das Lehrwerk, die Abschlussprüfungen usw. vorgegeben ist. Um vor lauter Bäumen (sprich: Einzelstunden) den Wald (sprich: die übergeordneten Lernziele, die Jahresplanung) nicht zu vergessen, ist es wichtig, eine Grobplanung über längere Zeiträume vorzunehmen und Unterrichtseinheiten über mehrere Stunden vorauszuplanen.

Aufgabe 102

Planen Sie nun, ausgehend von Ihrem Stundenentwurf aus Aufgabe 101, eine Unterrichtssequenz von etwa einem Monat bzw. etwa 12 Stunden.

1. Stunde: _____

2. Stunde: _____

3. Stunde: _____

4. Stunde: _____

5. Stunde: _____

6. Stunde: _____

7. Stunde: _____

8. Stunde: _____

9. Stunde: _____

10. Stunde: _____

11. Stunde: _____

12. Stunde: _____

4 Evaluation und Fehlertherapie

Zum Unterricht gehört auch die Evaluation der Lernergebnisse und die Fehlertherapie, beides beansprucht Unterrichtszeit, die wir bei der Unterrichtsplanung berücksichtigen müssen.

Vielleicht denken Sie hier gleich an Klassenarbeiten oder Tests. Für detaillierte Ausführungen zu diesen Formen von Evaluation verweisen wir Sie auf die Fernstudieneinheit *Probleme der Leistungsmessung. Lernfortschrittstests in der Grundstufe.* Sehr empfehlen möchten wir an dieser Stelle auch die Fernstudieneinheit *Fehler und Fehlerkorrektur*, in der Verfahren für den täglichen Umgang mit Fehlern im Unterricht beschrieben werden.

Es gibt verschiedene Formen von Evaluation von Lernergebnissen, einige wollen wir hier noch besprechen. Dabei geht es nicht nur um das Beobachten und Beurteilen der Schülerinnen und Schüler, sondern auch darum, dass die Lehrerinnen und Lehrer sich und ihr Lehrverhalten selbst beobachten und gegebenenfalls revidieren.

Im Grunde findet Evaluation ja ständig im Unterricht statt, weil Sie auch ständig Rückmeldungen von Ihren Schülern bekommen:

permanente Evaluation

- Es entsteht Unruhe in der Klasse – natürlich suchen Sie die Ursache dafür und versuchen sie abzustellen.

- Ihre Schüler verwechseln in kommunikativen Situationen immer wieder die Modalverben *sollen* und *müssen* – natürlich überlegen Sie sich, wie Sie den Schülern helfen können, diesen Fehler in Zukunft zu vermeiden.

- Ein Schüler beteiligt sich kaum noch am Unterricht, seine Leistungen werden von Woche zu Woche schlechter – selbstverständlich versuchen Sie herauszufinden, was bei dem Schüler zu diesem veränderten Verhalten geführt hat.

Von Zeit zu Zeit ist es aber angebracht, neben dieser ständigen Evaluation punktuelle Evaluationen durchzuführen.

Dazu können Sie Fragebögen verwenden wie in den folgenden drei Beispielen zu unterschiedlichen Themenbereichen:

Einsatz von Fragebögen

Traust du dir das schon zu? Auf Deutsch ...			
	Ja, ganz sicher.	Ich weiß nicht.	Nein ich glaube nicht.
... einem Deutschen den Weg zum Bahnhof zu beschreiben?			
... ein Telefongespräch mit einem deutschen Brieffreund zu führen?			
... im Internet einen Chat mit einem anderen Sprachschüler zu machen?			
usw.			

Wie oft sollte man deiner Meinung nach im Deutschunterricht ...			
	ganz oft	manch-mal	nie
... Lieder singen?			
... Lernstrategien behandeln?			
... Rollenspiele machen?			
usw.			

Ich finde den Deutschunterricht ...			
	ganz oft	manch-mal	nie
... langweilig.			
... interessant.			
... anstrengend			
usw.			

Zu Ihrer täglichen Praxis gehören Hausaufgaben, Fragen, Übungen, schriftliche und mündliche Tests usw. Auch alle diese Praktiken fallen unter den Begriff *Evaluation*, denn sie kontrollieren Lernziele, beurteilen Fertigkeiten und Kenntnisse, überprüfen Lehr- und Lernresultate.

Übungen geben ständig Rückmeldungen über den Leistungsstand Ihrer Schüler. Voraussetzung ist aber, dass Ihre Schüler das üben, was sie noch nicht können. Wie Sie das effektiv tun können, möchten wir Ihnen ebenfalls an einem Beispiel zeigen.

Schauen Sie sich dazu das folgende individuelle Beobachtungs- und Beurteilungsblatt für *Sprechfertigkeit* an. (Beobachten und Beurteilen sind zentrale Aufgaben der Evaluation.) Auf diesem Blatt wurde der komplexe Prozess des Sprechens in wichtige Teilkomponenten aufgegliedert. Auf der Grundlage dieses Beispiels können Sie auch Beobachtungs- und Beurteilungsblätter für die anderen Fertigkeiten erstellen.

Beobachtungs- und Beurteilungsblätter

Sprechfertigkeit

Name: _____   Punkte: _____

Datum: _____   Note: _____

Grammatik	Redemittel/ Wortschatz	Ausprache/ Intonation	Kommunikatives Verhalten	Inhalt
– korrekt – passt zum Sprechauftrag – abwechslungsreich	– korrekt – passen zum Sprechauftrag – abwechslungsreich	– korrekt – deutlich – normales Tempo	– beeinflusst positiv Gesprächsverlauf – beherrscht soziales Ritual – versteht und reagiert auf Partner	– erfüllt Gesprächsauftrag – macht relevante Aussagen – unterscheidet Haupt- und Nebensachen – strukturiert inhaltlich korrekt
3 2 ▉ 1 0	3 2 ▉ 1 0	3 2 ▉ 1 0	3 2 ▉ 1 0	3 2 ▉ 1 0

Anmerkungen zu den einzelnen **Teilbereichen des Bobachtungsblatts**:

Grammatik:

Hier können Sie die grammatischen Strukturen erfassen, die richtig oder noch mit Fehlern verwendet werden. Selbstverständlich geht es nur um die Strukturen, die bereits behandelt worden sind.

Redemittel/Wortschatz:

Hier können Sie besonders gelungene Formulierungen und treffende Ausdrücke notieren, aber auch alle kommunikativ relevanten Fehler.

Aussprache/Intonation:

Hier halten Sie Aussprache- und Betonungsfehler fest bzw. notieren, welche Bereiche in Ordnung sind.

Kommunikatives Verhalten:

Diese Spalte ist nur bei einem freien Gespräch von Bedeutung. Sie können sich dazu äußern, wie der Schüler auf den Partner reagiert, ob er ihm (Rück-)Fragen stellt, ob er Gesprächsimpulse gibt, den anderen ausreden lässt, auf den Beitrag seines Partners reagiert usw.

Inhalt:

Damit nicht nur gesprochen wird, weil gesprochen werden muss – auch wenn es mit dem Thema nichts zu tun hat – , wird der inhaltliche Aspekt mit in die Beurteilung einbezogen.

Pro Bereich können maximal 3 Punkte erreicht werden, die Grenze zwischen genügend

(2) und ungenügend (1) ist durch ein schwarzes Kästchen markiert, um so gegenüber dem Schüler zu einer klaren Aussage zu kommen: „In diesem Bereich sind deine Leistungen (nicht) ausreichend." Maximal sind 15 Punkte erreichbar. Wenn Sie einen bestimmten Bereich besonders geübt haben und ihn deshalb auch bei der Bewertung besonders berücksichtigen wollen, können Sie ihn mit einem Multiplikationsfaktor versehen (z. B. mal zwei.), wobei sich die Punktzahl verändert.

Wie kann nun mit diesem Beobachtungsblatt im Unterricht gearbeitet werden? Sie lassen, während die anderen Schüler mit etwas anderem (z. B. mit Aufgaben zu einem Lesetext) beschäftigt sind, zwei Schüler (A und B) maximal 10 Minuten miteinander über ein bestimmtes (vorab in der Klasse behandeltes) und von den Schülern vorbereitetes Thema reden und notieren sich auf zwei Blättern (A und B), welche Fehler die Schüler machen und was sie gut machen. Am besten drehen Sie sich ein wenig von den Schülern weg, damit sie durch ihre Bemerkungen auf den Blättern nicht abgelenkt oder irritiert werden.

mit dem Bobachtungs-blatt im Unterricht arbeiten

Anhand der Analyse weiß ein Schüler, wo seine Stärken und Schwächen liegen, wo er noch Punkte gewinnen muss, um seine Note zu verbessern. Er notiert seine Fehler in Form von kleinen prägnanten Übungen und übt entsprechend allein zu Hause oder in dafür vorgesehen Stunden mit einem Partner in der Schule.

Das Beobachtungsblatt gibt aber auch für Sie wichtige Rückmeldungen: Es zeigt Ihnen, wo die Schüler noch Schwierigkeiten haben und was deshalb noch intensiver geübt werden muss.

> *Falls Sie Zugang zu der Videokassette mit der Unterrichtsdokumentation haben, sehen Sie sich nun bitte die „Übungsphase" noch einmal an.*

Aufgabe 103

Beenden möchten wir diese Fernstudieneinheit mit einer Ermutigung: Lehrwerkautoren machen sich viele Gedanken, wenn sie ein Lehrwerk schreiben, und meist haben sie auch viel Erfahrung. Aber: Es sind nicht **Ihre** Gedanken und sie haben nicht **Ihre** Erfahrungen. Und vor allem kennen sie nicht die Unterrichtsbedingungen vor Ort. Deshalb sind **Sie** die größte Autorität bei der Planung und Durchführung Ihres Unterrichts. **Sie** entscheiden, welche Texte und Übungen aus dem Lehrwerk Sie mit Ihren Schülern behandeln und welche Sie weglassen. **Sie** stellen fest, was fehlt und von Ihnen und Ihren Schülerinnen und Schülern hinzugefügt werden muss, um die Lernziele zu erreichen, die **Sie** sich gesetzt haben.

Zusammen mit Ihren Schülerinnen und Schülern entscheiden Sie im Rahmen Ihres Lehrplans souverän über Ziele und Inhalte des Unterrichts und bedienen sich hierzu Ihres Lehrwerk: Es steht in Ihren Diensten – und nicht umgekehrt. Das Ziel dieser Fernstudieneinheit war es, Ihnen dafür das nötige Instrumentarium zu vermitteln. Für Ihre zukünftige Unterrichtsplanung wünschen wir Ihnen viel Erfolg!

5 Lösungsschlüssel

Aufgaben, die Ihre Erfahrung ansprechen oder die nach Ihren Vorstellungen fragen, haben keinen Lösungsschlüssel. Bei Aufgaben, die nach Vermutungen usw. fragen, wird eine mögliche Lösung angeboten.

Aufgabe 7

<u>Als Einflussfaktoren für den Einsatz des Lehrwerks im Unterricht</u> könnten Sie nennen: Lehrplan, Curriculum, Bedürfnisse/Interessen/Lernerfahrungen der Schülerinnen und Schüler, Vorhandensein/Nichtvorhandensein von Medien, Klassenraum (der z. B. die Gruppenarbeit erschwert), allgemeine Unterrichtsbedingungen (wie z. B. zu wenige Stunden für das Fach Deutsch) u. a.

Aufgabe 9

– <u>Das Perfekt wird zu spät eingeführt:</u> eigene „kommunikative" Unterrichtssequenz entwickeln, d. h. Perfekt und Perfektformen nur in Bezug auf das vorgeschriebene Lernziel *Erzählen, was die Schüler am Wochenende, in den Ferien gemacht haben* behandeln.

– <u>Das Perfekt wird zu früh eingeführt:</u> Hier kommt es darauf an, wie sehr die folgenden Lektionen auf der „Perfektlektion" aufbauen und wie sehr sie mit ihr in Wortschatz und Inhalten verzahnt sind. Entweder können Sie diese Lektion dann erst einmal ganz weglassen oder Sie wählen nur die Lerninhalte aus, auf denen die darauf folgenden Lektionen aufbauen. Sie können das Perfekt aber auch behandeln, denn es hat einen hohen didaktischen Wert *(Erzählen, was man gemacht hat)*. Der Lehrplan sollte geändert werden.

Aufgabe 10

① *Tangram 1A:* Der Aufbau der Lektionen „orientiert sich am Unterrichtsverlauf". Die Autoren haben sich also an Ihrer Vorstellung von einem generellen „objektiven" Unterrichtsverlauf orientiert. Ob der nun in Ihre konkrete Unterrichtssituation passt, müssen Sie entscheiden. Es könnte schwierig werden, aus dem vorgegebenen Ablauf auszubrechen, etwas wegzulassen usw. Andererseits können Sie sich dem vorgegebenen Ablauf auch anvertrauen und hätten dann vielleicht nicht so viel Unterrichtsvorbereitung zu leisten.

② *Deutsch aktiv Neu 1A:* Das Material ist „offen", „flexibel" angelegt. Der Lehrer/Die Lehrerin soll hier explizit seinen/ihren Unterricht „selbst kreativ gestalten". Er/Sie kann also leichter auswählen, die Reihenfolge ändern, an die Situation vor Ort adaptieren, eigene Unterrichtsmaterialien einschieben usw. Das bedeutet allerdings, dass die Unterrichtsvorbereitung einen höheren Zeitaufwand erfordert.

③ *Passwort Deutsch 1:* Der „kleinschrittige" Aufbau legt die Vermutung nahe, dass die Unterrichtsplanung einer strengen (grammatischen? Wortschatz?-)Progression folgt, an die Lehrer und Schüler mehr oder weniger gebunden sind, da alles Folgende darauf aufbaut. Das kann einerseits bedeuten, dass man diesem Aufbau folgt, wenn es den eigenen Intentionen und der Lernsituation vor Ort entspricht. Andererseits kann es aber schwierig und aufwendig sein, ein stark strukturiertes Angebot an unterschiedliche Bedingungen vor Ort zu adaptieren.

Aufgabe 11

Die Antwort liegt zum Teil schon in der Antwort von Aufgabe 10. Hauptgrund für die Schwierigkeit, ein geschlossenes Lehrwerksystem an Ihre Unterrichtssituation vor Ort zu adaptieren, ist die Grammatik- und Wortschatzprogression. Auch unterschiedliche Lernziele, die ja eng in die Progression eingebunden sind, spielen eine wichtige Rolle.

Nehmen wir an, Sie wollen Ihre Schüler so schnell wie möglich zum Sprechen und Hörverstehen in der Alltagskommunikation hinführen, weil für den nächsten Sommer ein Austausch mit einer Klasse aus Deutschland geplant ist. Das Lehrwerk, das Sie benutzen, folgt aber einer strengen Grammatikprogression. In vielen Übungen wird die Beherrschung grammatischer Phänomene geübt, allenfalls gibt es ein kleines Angebot von Übungen zu gelenktem Sprechen, freies Sprechen kommt überhaupt nicht vor;

freies Sprechen lernt man aber nur durch freies Sprechen. Hier bleibt Ihnen nichts anderes übrig, als das Lehrwerk eine Zeit lang auf die Seite zu legen und andere Materialien zu benutzen.

Vorteile:

Aufgabe 25

Der Lehrer hat Kursbuch und Lehrerhinweise direkt nebeneinander, kann im Unterricht – von den Lernenden unbemerkt – die Lehrerhinweise lesen und durchführen. Leichte Handhabbarkeit bei der Unterrichtsvorbereitung im Zug, in der Straßenbahn. Der Lehrer überblickt sofort, was Ziel eines Abschnitts ist. Ende der eigenen Notizen zur Unterrichtsvorbereitung. Gute Hilfe bei Vertretungsstunden.

Nachteile:

Der Lehrer wird zu dem Irrglauben verführt, er brauche sich nicht mehr für den Unterricht vorbereiten, da er ja Schritt für Schritt angeleitet wird. Er könnte der Versuchung erliegen, mit dem aufgeschlagenen Lehrerhandbuch ohne Vorbereitung in den Unterricht zu gehen und dieses so, wie in den Marginalien beschrieben, Schritt für Schritt abarbeiten. Er wird dazu verführt, sich nicht mehr selbst mit dem Stoff, der angegebenen Vorgehensweise usw. auseinander zu setzen und sich seine eigenen Gedanken zu machen. Einer der größten Nachteile ist sicher, dass die Inhalte des Buches möglicherweise nur noch „atomisiert" wahrgenommen werden, d. h. als Randnotizen zu einzelnen Unterrichtsschritten, und dadurch der Blick auf das Ganze verloren geht.

1. Die *erste Frage* bei einer Unterrichtsvorbereitung lautet: ***Was sollen die Schüler lernen?***

Aufgabe 26

Nur Aussage b) beschreibt ein Lernziel, d. h. beschreibt, was der Lernende am Ende der Unterrichtsstunde dazugelernt hat, was er am Ende der Unterrichtsstunde kann.

Aufgabe 28

Aussage a) ist kein Lernziel. Sie beschreibt nur, was die Lehrerin/der Lehrer in der Unterrichtsstunde macht, nicht aber das, was der Lernende dazulernt.

A 3, B 1, C 2.

Aufgabe 29

<u>**Lernziele**</u> können sich beziehen auf:

Kenntnisse, d. h., wir möchten erreichen, dass die Schüler nach der Unterrichtsstunde etwas wissen, was sie vorher (so) noch nicht wussten. Ein Lernziel im Bereich *Kenntnisse* könnte zum Beispiel so lauten: „Der Schüler kann bei den folgenden Verben andeuten, welchen Kasus sie regieren: *antworten, gehören, danken, gratulieren*". Oder, auf landeskundliches Wissen bezogen: „Der Schüler kann auf einer unbeschrifteten Landkarte Deutschlands die folgenden Flüsse identifizieren: *Rhein, Main, Elbe* usw.".

Fertigkeiten, d. h., wir möchten erreichen, dass die Schüler nach der Unterrichtsstunde etwas können, was sie vorher noch nicht konnten. Ein Lernziel im Bereich *Fertigkeiten* könnte zum Beispiel so lauten: „Der Schüler kann in einem Rollenspiel ein Kaufgespräch am Kiosk führen und dabei die Form *ich möchte* + Akkusativ korrekt verwenden". Oder, auf den Bereich der Landeskunde bezogen: „Der Schüler kann zum Thema *Ausgehen* einen interkulturellen Vergleich zwischen dem eigenen Land und den deutschsprachigen Ländern anstellen". Oder: „Der Schüler kann die folgenden Techniken des interkulturellen Vergleichs zwischen dem eigenen Land und den deutschsprachigen Ländern anwenden" (folgt eine Auflistung der Techniken).

Haltungen, d. h., wir möchten erreichen, dass die Schüler nach der Unterrichtsstunde etwas fühlen, finden oder wollen, was sie vorher (so) noch nicht fühlten, fanden oder wollten, dass sie ihre Haltungen (Einstellungen, Attitüden) gegenüber Menschen, Problemen usw. ändern. Ein landeskundliches Lernziel im Bereich der *Haltungen* könnte etwa so lauten: „Die Lernenden haben das stereotype Bild, das sie möglicherweise von der ‚Unfreundlichkeit der Deutschen, besonders Ausländern gegenüber' haben, relativiert".

Aufgabe 30		**Verben, die gut geeignet sind für die Formulierung beobachtbarer Lernziele:**

auflisten (z. B. *Redemittel auflisten*) – auswählen (z. B. *richtige Präpositionen auswählen*) – beantworten – benennen – differenzieren – entwerfen – erklären – festlegen – identifizieren – klassifizieren – konstruieren – lösen – ordnen – schreiben – skizzieren – verbinden – vortragen – zeichnen – zuordnen

Diese Verben sind deshalb besser für Lernzielbeschreibungen geeignet als die anderen, weil sie beobachtbares Verhalten beschreiben und weniger Interpretation zulassen. Ein Verb wie *kennen* z. B. ist weniger geeignet. Denn: Was ist genau gemeint mit einem Lernziel wie: „Der Schüler kennt die Grammatikregel für die Deklination des Adjektivs"? Bedeutet dies, dass er die Regeln auswendig kann? Dass er sie anwenden kann (nur in schriftlichen Übungssätzen) oder „automatisiert", im freien Gespräch?

Aufgabe 33

Unterrichtsstunde mit *Lernziel 1*	Jeder Schüler arbeitet für sich. In eine Tabelle schreibt er Pro- und Kontra-Argumente für die drei Landschaften. Er sammelt Redemittel, um seine Entscheidung zu begründen, und Redemittel, um die Kontra-Argumente seiner Mitschüler entkräften zu können. Die Lehrerin notiert sich während der Diskussion wichtige Fehler und bespricht sie im Anschluss an die Diskussion.
Unterrichtsstunde mit *Lernziel 2*	Die Schüler machen sich während der Lektüre des Textes zu zweit oder allein Notizen, die sie für die spätere Textproduktion gebrauchen können. Sie schreiben unter Verwendung der entsprechenden Briefkonventionen einen persönlichen Brief. Die Lehrerin sammelt die Briefe ein, korrigiert sie zu Hause und bespricht sie in der nächsten Stunde.
Unterrichtsstunde *mit Lernziel 3*	Die Schüler übersetzen den Text allein oder zu zweit (unter Zuhilfenahme eines Wörterbuchs?) ins Spanische. Die Lehrerin hilft, wo nötig.
Unterrichtsstunde *mit Lernziel 4*	Die Schüler arbeiten allein oder zu zweit. Die Lehrerin hilft, wo nötig.
Unterrichtsstunde *mit Lernziel 5*	Ü 32a: Die Schüler arbeiten zu zweit oder in Kleingruppen. Die Hypothesen werden an der Tafel gesammelt. Ü 32b: Die Schüler sammeln zu zweit oder in Kleingruppen Landschafts- und Ortsnamen und können auf dieser Basis Hypothesen in Bezug auf den globalen Inhalt des Textes bilden. Die Ergebnisse werden in der Klasse besprochen.

Aufgabe 34

Die *zweite Frage* bei einer Unterrichtsvorbereitung lautet: ***Was sollen die Schüler tun?***

Aufgabe 35

Lernaktivitäten:

Menschen können im Prinzip aus jeder Erfahrung lernen. Jede menschliche Aktivität kann deshalb zur Lernaktivität gemacht werden, z. B. *sich etwas ansehen, ein Problem lösen, etwas aufschreiben, Informationen ordnen, etwas entwerfen, Fragen beantworten, erklären, benennen, identifizieren, zeichnen* usw.

Allerdings: Nicht jede Lernaktivität führt bei jedem Menschen zu den gewünschten Lernzielen. Nicht jeder Mensch lernt auf die gleiche Art und Weise. Lernaktivitäten sind deshalb so auszuwählen, dass sie einen bestimmten Lernenden so effektiv wie möglich zum Lernziel führen.

1. Das müssen die Schüler können: Präpositionen, Akkusativ und Dativ, Modalverben, Fragesätze.

2. Je nach Ausgangslage können die Schüler die folgenden <u>Lernaktivitäten</u> ausführen:
   - einen Modelldialog hören und/oder lesen, in dem nach dem Weg gefragt wird, und in dem der Weg beschrieben wird;
   - zeigen, ob sie den Modelldialog verstanden haben (z. B. Fragen zum Inhalt beantworten);
   - den Modelldialog nachsprechen, um die Aussprache zu üben;
   - mit dem Modelldialog üben, z. B. in Zweiergruppen: Schüler A fragt nach dem Weg, Schüler B beschreibt den Weg.

Aufgabe 36

Lernziel	Lernaktivitäten
Unterrichtsstunde mit *Lernziel 1*	Die Schüler sammeln Redemittel und argumentieren.
Unterrichtsstunde mit *Lernziel 2*	Die Schüler schreiben einen Brief.
Unterrichtsstunde mit *Lernziel 3*	Die Schüler übersetzen den Text.
Unterrichtsstunde mit *Lernziel 4*	Die Schüler schreiben Schlüsselwörter an den Rand des Textes.
Unterrichtsstunde mit *Lernziel 5*	Die Schüler bilden Hypothesen.

Aufgabe 37

Die *dritte Frage* bei einer Unterrichtsvorbereitung lautet: **Arbeiten die Schüler individuell, in Gruppen oder …?** – Es ist die Frage nach den Sozialformen.

Aufgabe 38

Die folgenden *Sozialformen* kommen am häufigsten vor:

Aufgabe 39

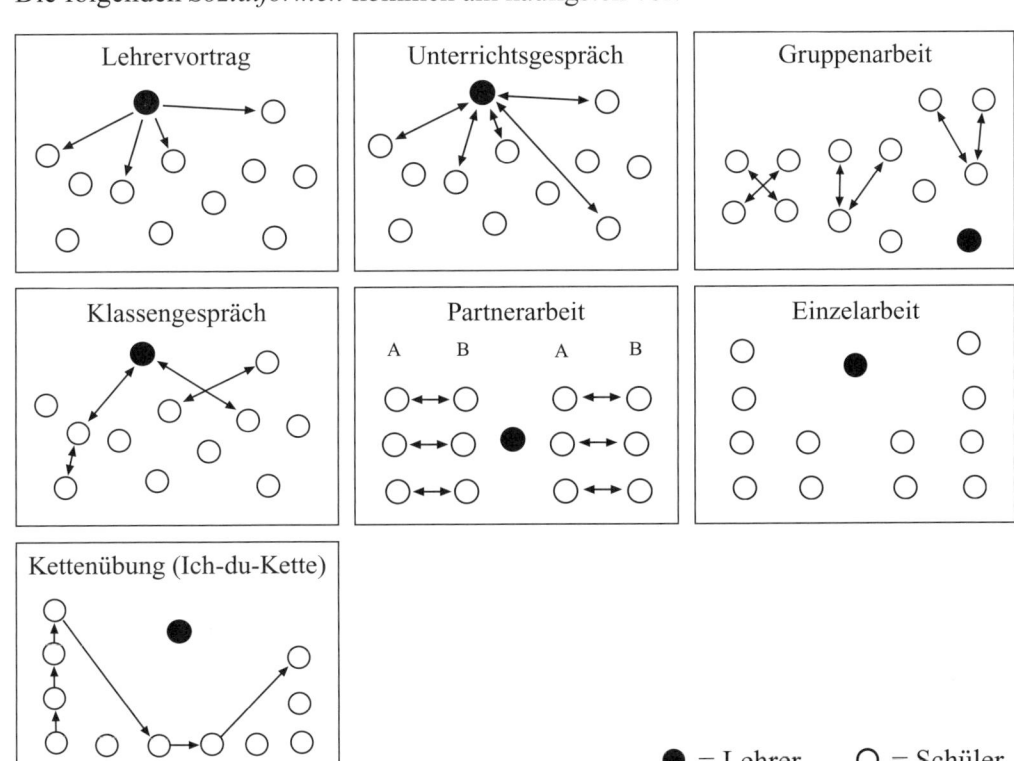

● = Lehrer   O = Schüler

Aufgabe 40

Sinnvolle *Sozialformen* sind:

Übung	*Sozialform*
Ü 32a:	Einzelarbeit, Partnerarbeit, Kleingruppe, eventuell Plenum
Ü 32b:	erst individuell, dann Partnerarbeit
Ü 32c:	individuell, Partnerarbeit, Besprechung im Plenum

Aufgabe 41

Die *vierte Frage* bei einer Unterrichtsvorbereitung lautet: **Mit welchem Übungsmaterial wird gearbeitet?**

Aufgabe 42

Lernziel	*Lernaktivität*	*Sozialform*	*Material*
1	III	B	c
2	IV	A	a
3	I	D	b
4	II	C	d

Aufgabe 43

Vorhandene Materialien: Lesetext, Karte patagonische Halbinsel, Übungen.

Zusätzliche Materialien: Werbematerial aus Reisebüro/Fremdenverkehrszentrale, Fotos, Internet.

Aufgabe 44

	Materialien	*Lernaktivitäten*
Ü 4	Dialog, Stadtplan	Dialog hören, auf dem Stadtplan mitverfolgen
Ü 5	Dialog	Dialog zu zweit nachsprechen
Ü 6	Redemittel/Wortkarten	Komposita trennen, Betonung markieren
Ü 7	Redemittel/Dialogmuster	Dialoge vorbereiten und üben
Ü 8	Piktogramme/Redemittel	Piktogramme und Redemittel zuordnen: Richtungsangaben

Aufgabe 45

Die *fünfte Frage* bei einer Unterrichtsvorbereitung lautet: **Welche Medien/Hilfsmittel brauche ich (als Lehrer/Lehrerin)?**

Aufgabe 46

Bei der Wahl der Hilfsmittel spielen alle vorangegangen Entscheidungen eine Rolle. Welches Hilfsmittel man einsetzt, hängt z. B. nicht nur vom Lernziel und von den geplanten Lernaktivitäten ab, sondern auch davon, welche Sozialform man anwendet. Bei Partnerarbeit z. B. liegt die Verwendung einer Wandkarte (auf der z. B. Lesestrategien aufgelistet sind) weniger auf der Hand als das Verteilen von Fotokopien (auf denen die betreffenden Lesestrategien abgedruckt sind). Umgekehrt passt die Verwendung von Folien auf dem Tageslichtprojektor in der Regel besser zu Stundenabschnitten, in denen im Plenum gearbeitet wird, als zur Gruppenarbeit. Oder wenn die Schüler z. B. in Kleingruppen über Thesen diskutieren sollen, sollte man besser Kopien verteilen, auf denen die Thesen abgedruckt sind (und die Thesen nicht etwa mit einem Diaprojektor an die Wand projizieren).

Beispiel 1:

1. *Lernziel:* Die Schüler verstehen einen Modelldialog, in dem nach dem Weg gefragt wird.
2. *Lernaktivitäten:* Die Schüler hören sich den Modelldialog an.
3. *Sozialform:* Alle Schüler hören sich gleichzeitig den Modelldialog an.

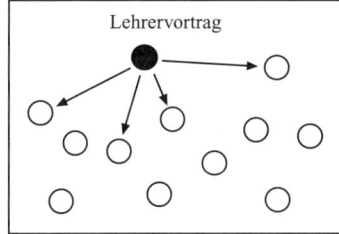

4. *Material:* Modelldialog
5. *Hilfsmittel/Medien:* Kassettenrekorder, Kassette

Beispiel 2:

1. *Lernziel:* Die Schüler können in einer speziell darauf ausgerichteten Übungssituation nach dem Weg fragen. Sie verstehen, was ihr Gesprächspartner antwortet.
2. *Lernaktivitäten:* Die Schüler üben.
3. *Sozialform:* Partnerarbeit

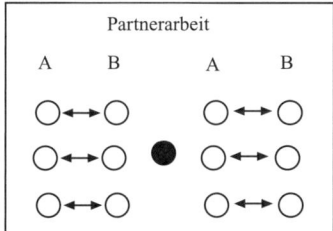

4. *Material:* Übung
5. *Hilfsmittel/Medien:* – 10 Fotokopien Stadtplan für Schüler A,
   – 10 Fotokopien mit Besuchszielen für Schüler B

Aufgabe 47

Verwendete Medien/Hilfsmittel: Lehrbuch.

Hilfsmittel, die man zusätzlich benutzen könnte: Landkarte, Werbematerial, Fotos, Video, Internet.

Aufgabe 48

Alle vorher getroffenen Entscheidungen (über Lernziel, Lernaktivitäten, Sozialformen, Inhalte, Hilfsmittel/Materialien) bestimmen direkt, was Sie als Lehrer/Lehrerin in der Unterrichtsstunde alles tun müssen.

Beispiel:

1. *Lernziel:* Die Schüler können in einer speziell darauf ausgerichteten Übungssituation auf Deutsch nach dem Weg fragen. Sie verstehen, was ihr Gesprächspartner antwortet.
2. *Lernaktivität:* Die Schüler üben.
3. *Sozialform:* Partnerarbeit
4. *Inhalt:* Dialog
5. *Hilfsmittel/Materialien:* Fotokopien (Stadtplan/Besuchsziele)
6. *Aktivität der Lehrerin/des Lehrers:* Sie/Er bewegt sich im Klassenraum, hört sich die Gespräche der Zweiergruppen an, macht sich Notizen (z. B. zu Fehlern, die oft gemacht werden).

<u>Aufgabe 49</u>	Man könnte als Lehrer/Lehrerin z. B.:
	Phase 1:
	– die Intonation korrigieren,
	– schwierige Sätze an die Tafel schreiben und Betonungen markieren.
	Phase 2:
	– herumgehen und Notizen machen,
	– Schülern helfen, Schüler ermutigen,
	– individuell korrigieren,
	– notierte Erfahrungen aus Partnerarbeit ins Plenum einbringen.

<u>Aufgabe 50</u>

1. **Lernziel**: Was sollen die Schüler lernen?
2. Welche **Lernaktivitäten** führen zum Lernziel?
3. Welche **Sozialform** passt am besten zu den Lernaktivitäten?
4. Welche **Materialien** lösen die gewünschten Lernaktivitäten aus?
5. Mittels welcher **Medien/Hilfsmittel** werden die Materialien am besten angeboten?
6. Was **soll ich als Lehrer/Lehrerin** in der Unterrichtsstunde **tun**?

<u>Aufgabe 51</u>

Die Lernaktivitäten und die Auswahl der Materialien soll von der Lernzielsetzung abhängen.

Wenn man die Reihenfolge bei der Unterrichtsvorbereitung umdreht, dann ist das, was die Schüler lernen, nur noch ein zufälliges Ergebnis von Entscheidungen, die der Lehrer/die Lehrerin ohne klare Begründung getroffen hat. Die Lehrerin/Der Lehrer kann in solchen Fällen – falls danach gefragt wird – nicht begründen, warum ihr/sein Unterricht so aussieht, wie er aussieht. Diese Vorgehensweise schließt einen Bezug zur Aktualität keineswegs aus. Es ist durchaus vorstellbar, dass die Lehrerin/der Lehrer einen attraktiven, aktuellen Text findet, mit dem sie/er gern arbeiten möchte. Aber auch dann sollte die erste Entscheidung bei der Unterrichtsvorbereitung die sein, *was* die Schüler lernen sollen.

<u>Aufgabe 52</u>

Funktionen der Evaluation von Lernzielen

Funktion 1:

Feststellen, ob die Schüler jetzt das wissen/können/finden/fühlen/wollen, was der Lehrer/die Lehrerin mit der Unterrichtsstunde erreichen wollte. Wenn das nicht gelungen ist, muss der Lehrer/die Lehrerin daraus Konsequenzen ziehen.

Funktion 2:

Feststellen, ob alle Entscheidungen, die bei der Unterrichtsvorbereitung getroffen wurden, richtig waren. Diese Funktion ist vor allem dann wichtig, wenn die Schüler die Lernziele nicht erreicht haben oder wenn wir als Lehrer/Lehrerin etwas Neues ausprobieren. Wir möchten dann wissen, wo vielleicht etwas schief gegangen ist, oder ob es Möglichkeiten gibt, den Lernprozess (noch) besser zu gestalten.

Schon bei der Unterrichtsvorbereitung sollten Sie deshalb an Möglichkeiten denken, wie Sie feststellen können, ob die Schüler das von Ihnen angestrebte Ziel erreicht haben oder nicht. Deshalb müssen Lernziele bei der Unterrichtsvorbereitung so formuliert werden, dass sie beobachtbares Verhalten der Lernenden beschreiben. (Siehe dazu Kapitel 2.1.1 (S. 31 *Wie formuliert man Lernziele?*).

<u>Aufgabe 53</u>

1. Richtige Reihenfolge der Phasen:

1	2	3	4
B	D	C	A

3.

Phase	Schüler	Lehrer
1 (B)	beantworten Fragen, erzählen von eigenen Erfahrungen	zeigt Stadtplan (Tageslichtprojektor), stellt Fragen, regt die Schüler an, über eigene Erfahrungen zu erzählen
2 (D)	hören sich das Gespräch an, verfolgen die Wegbeschreibung auf dem Stadtplan	bedient Kassettenrekorder, stellt Fragen, bedient Tageslichtprojektor
3 (C)	lesen das Gespräch, erraten Wortbedeutungen, stellen Fragen	ermutigt die Schüler, Wortbedeutungen aus dem Kontext abzuleiten, gibt Worterklärungen
4 (A)	a) schreiben kleine Dialoge b) üben in Zweiergruppen: B stellt Fragen, A antwortet.	a) bewegt sich in der Klasse, hilft, macht Notizen b) bewegt sich in der Klasse, hilft, macht Notizen.

Aufgabe 54

Beispiel	Ziel
11	Ü 11.1a. und 11.1b. aktivieren Vorwissen/Vorerfahrungen der Schüler, machen sie neugierig auf den Text (c.).
12	Bei Ü 15a. sammeln die Schüler das, was ihnen zum Thema *Schule* einfällt, bei Ü 15b. bilden sie einfache Hauptsätze, die sie bei Ü 15c. zu komplexeren Sätzen verbinden. Damit sind sie bei Ü 15d. in der Lage, eine Postkarte zum Thema *Schule* zu schreiben.
13 a/b	Ü 28a. und 28b. motivieren die Schüler, machen sie neugierig auf das Thema, stellen einen persönlichen Bezug zum Text in Ü 31 *Hören und Lesen* her.

Aufgabe 55

Motivation:

1. Schüler, die motiviert sind, lernen besser.

2. Möglichkeiten, Schüler zu motivieren:
   - Texte, Themen und Situationen so auswählen, dass sie für die Schüler inhaltlich spannend und interessant sind.
   - Den Schülern Gelegenheit bieten, über Themen und Situationen zu sprechen, die sie interessieren.
   - Spannung aufbauen. Auch etwas Alltägliches kann zum Rätsel gemacht werden, z. B. indem nur ein Teil eines Bildes zum Text gezeigt wird oder indem der Lehrer ein Bild zum Text mit einem Blatt Papier abdeckt, in dem Fenster ausgeschnitten sind, die eines nach dem anderen geöffnet werden.
   - Bezug zum Schüler herstellen: *Was würdest du machen, wenn ...?*
   - Die Schüler bitten, ihre Meinungen/Erfahrungen zum Thema des Textes/zur Situation zu äußern.
   - Den Schülern Gelegenheit bieten, über ihre Erfahrungen zum Thema des Textes/zur Situation zu berichten.
   - Bezug zum Lehrer herstellen, indem er über eigene Erfahrungen berichtet, die etwas mit dem Inhalt des Textes zu tun haben.

3. Möglichkeiten, die Schüler zu motivieren:
   - *Warst du schon in einer unbekannten Stadt? Wie hast du dich orientiert?*
   - Rollenspiel in der Muttersprache: Einheimischer – Fremder.
   - Was passiert auf dem Bild? Schüler Hypothesen darüber aufstellen lassen, was die beiden Personen im Bild sagen.

4. Bei Anfängern ist es selbstverständlich unmöglich zu verlangen, dass sie im einführenden Gespräch ausschließlich Deutsch sprechen. Von Fortgeschrittenen darf man das schon eher verlangen, aber auch hier sollte man die Schüler nicht überfordern. Hauptsache ist es, die Schüler zu motivieren. Wenn der Gebrauch der Fremdsprache zur Barriere wird, sollte man den Schülern gestatten, ihre Muttersprache zu benutzen.

Aufgabe 56

1. **Einführungsphase:**
   – Vorkenntnisse der Schüler über das Thema/die Situation aktivieren,
   – Schüler motivieren,
   – Bedeutung der Schlüsselwörter aus dem Text vermitteln
   – Kontext erklären; z. B. bei Modelldialogen die Schüler darüber informieren, wer mit wem, wo, worüber spricht.

2. Der Text, der eingeführt wird, kann für die Schüler sprachlich zu schwierig sein, um ihn sofort global verstehen zu können. Vor allem, wenn Schlüsselwörter (d. h. die wichtigsten Informationsträger im Text) unbekannt sind, ist es sinnvoll, die Bedeutung dieser Wörter schon in der Einführungsphase zu besprechen. Das Aktivieren von Vorwissen und die Informationen zum Kontext helfen den Schülern, sprachliche Schwierigkeiten beim Verstehen des Textes zu überwinden.

Aufgabe 57

In diesem Text geht es ums *Wäschewaschen*.

Aufgabe 58

Vorkenntnisse aktivieren:

Wenn die Schüler am Anfang eines Hörtextes zuerst darüber rätseln müssen, wer hier spricht, wo das Gespräch stattfindet oder worum es im Hörtext geht, dann kann der Lehrer/die Lehrerin nicht auch noch von ihnen verlangen, dass sie verstehen, was sie hören. Deshalb ist es immer sinnvoll, in der Einführungsphase diese Informationen bereitzustellen. Das gelingt bei Gesprächen am besten anhand eines Bildes, das darstellt, wer wo worüber spricht. Ähnliches gilt für Lesetexte. Hier können Haupt- und Zwischenüberschriften, Grafiken und Bilder Hinweise geben.

Aufgabe 59

Phase 1: *Einführung*	
Lernziel	Hinführung zum Thema, Vorwissen aktivieren, Schlüsselwörter kennen lernen (*links, rechts, geradeaus*)
Lernaktivitäten	Schüler berichten aus eigener Erfahrung (ggf. in der Muttersprache), sie beschreiben, was sie auf dem Bild sehen und welche Situation sie sich vorstellen.
Sozialform(en)	Unterrichtsgespräch
Materialien	Folie (Stadtplan)
Medien/Hilfsmittel	Tageslichtprojektor
Aktivitäten des Lehrers/der Lehrerin	– Tageslichtprojektor bedienen – Fragen stellen (*Was siehst du auf dem Bild? Was machen die Personen? Kennst du so eine Situation?* usw.) – Schlüsselwörter einführen, erklären, anschreiben usw.

Texte in Lehrwerken können auch die folgenden Funktionen haben:

- Texte, an denen die Schüler ihr *Hörverstehen* üben.
- Texte, an denen die Schüler ihr *Leseverstehen* üben.

Diese globalen Funktionen können weiter unterteilt werden:

Wichtiges von weniger Wichtigem unterscheiden lernen, Hypothesen bilden lernen, Textbaupläne erkennen können usw. (Siehe dazu die Fernstudieneinheiten *Fertigkeit Hören, Fertigkeit Lesen* und *Fertigkeit Schreiben.*)

Aufgabe 60

Texte, mit deren Inhalten sich die Schüler diskursiv auseinander setzen:

Aufgabe 62

Präsentationstechniken für *Hörtexte*	Vorteile	Nachteile
1. Der <u>Lehrer</u>/Die <u>Lehrerin</u> trägt den Hörtext vor (die Bücher der Schüler sind geschlossen).	Erleichtert das Verstehen, da die Sprechweise des Lehrers/der Lehrerin den Schülern vertraut ist und er/sie sich auf die Schüler einstellen kann (langsam vorlesen, besonders deutlich artikulieren, betonen usw.). Mimik, Gestik.	– Lehrer haben leider nur selten eine so gute Aussprache wie Muttersprachler. – Nicht jeder Lehrer hat so viel schauspielerische Begabung, dass er Dialoge allein vorspielen kann.
2. Die <u>Schüler</u> lesen den Hörtext vor (jeweils 1 – 3 Schüler, je nach Rollen im Hörtext, die anderen lesen bei geöffneten Büchern mit).	Phonetik und Intonation können geübt werden.	– Schüler, die einen unbekannten Text vorlesen, verstehen wenig vom Inhalt. – Die Aussprache der Schüler kann nicht als Modell ausreichen. – Ein holpriger Vortrag demotiviert die anderen Schüler. – Ein Text wird präsentiert, der möglicherweise noch nicht verstanden werden kann.
3. Der Hörtext wird mit <u>Kassette</u> präsentiert. Die Bücher sind geschlossen.	Gute akustische Qualität (bei guten technischen Voraussetzungen), man kann authentische Sprache, regionale und soziale Varianten präsentieren.	Oft fehlt es an guten technischen Rahmenbedingungen (keine oder schlechte Rekorder, schlechte akustische Bedingungen, fehlende oder schlechte Kassettenprogramme).
4. Der Hörtext wird als Hör-Seh-Text über <u>Video</u> präsentiert. Die Bücher sind geschlossen.	Situativer Kontext, gute akustische Qualität (im Idealfall) denkbar, man kann authentische Sprache, regionale und soziale Varianten präsentieren.	Oft fehlt es an guten technischen Rahmenbedingungen (keine oder schlechte Rekorder, andere Systeme, schlecht kopierte Kassetten).

5. Der Hörtext wird mit <u>Kassette</u> präsentiert. Die Bücher sind geöffnet.	Was gehört wird, wird auch als Schriftbild gesehen, das erleichtert das Hören.	– Es wird nicht (in erster Linie) das Hören geübt, sondern (auch) das Lesen. – In realen Situationen kann auch nicht mitgelesen werden.

Aufgabe 64

Präsentationstechniken für *Lesetexte*	Vorteile	Nachteile
1. Die <u>Schüler</u> lesen den Text still für sich.	– Authentische Situation: So werden die Texte im außerschulischen Leben gelesen.	keine
2. Der <u>Lehrer</u>/Die <u>Lehrerin</u> liest den Text vor.	Vor allem im Anfängerunterricht: – Die Schüler lernen, Laut- und Schriftbild zu assoziieren. – Wenn der Text gut vorgelesen wird, erleichtert das das Verstehen. – Das Lesetempo der Schüler wird stark gesteuert.	– Die Schüler können ihr Lesetempo nicht selbst bestimmen. – Es wird nicht nur das Lesen geübt, sondern auch das Hören. Das kann negativ sein bei der Fertigkeitsüberprüfung.
3. Die <u>Schüler</u> lesen den Text laut vor.	keine	– Das Textverständnis ist beeinträchtigt. – Eine schlechte Aussprache demotiviert die anderen. – siehe Lösung zu Aufgabe 62.2.
4. Der Text wird mit einer <u>Kassette</u> vorgespielt, die Schüler lesen mit.	siehe 2.	siehe 2.

Aufgabe 65

Techniken für die *Einführungsphase*: A, E, F, G, H

Techniken für die *Präsentationsphase*: B, C, D, I, J

Aufgabe 66

1. Motivationsfördernder als andere können die Techniken F, G, H, J sein. Besonders bei J kommt es durch die Partner- oder Gruppenarbeit zu Gesprächen und einem Gedankenaustausch über den Text. Eine solche Schüler-Schüler-Interaktion regt das Interesse weiter an (siehe auch Kap. 2.1.3 *Sozialformen*).

ohne sprachliche Aktivität	sprachlich reproduktive Aktivität	sprachlich produktive Aktivität
Beispiel 16a	Beispiel 15	Beispiel 16b
Beispiel 17	Beispiel 18/Übung b	Beispiel 18/Übung a
Beispiel 19	Beispiel 18/Übung c	

1. **Charakterisierung der Techniken (zur Überprüfung des Globalverständnisses):**

Beispiel 15: Inhalt des Hörtextes wiedergeben.

Beispiel 16: Textverständnis überprüfen/sichern, Inhalt mündlich wiedergeben.

Beispiel 17: Richtige Lösung ankreuzen.

Beispiel 18/Übung a: Textverständnis überprüfen/sichern, Inhalt der Abschnitte zusammenfassen durch Formulierung von Überschriften.

Beispiel 18/Übung b: Selektives Lesen, d. h. bestimmte Informationen heraussuchen.

Beispiel 18/Übung c: Selektives Lesen, d. h. bestimmte Informationen heraussuchen.

Beispiel 19: Selektives Hören, d. h. dem Hörtext bestimmte Informationen entnehmen und diese auf Bilder übertragen.

2. **Techniken, um zu kontrollieren**, ob die Schüler den präsentierten Text global verstanden haben:

   a) Schon <u>während</u> der Präsentation können Schüler dazu angeregt werden, gezielt zuzuhören/mitzulesen. Hier sind ein paar Beispiele von Aufgaben, die dazu geeignet sind:

– Sind diese Behauptungen richtig oder falsch?	R	F
Oliver hat gerade sein Taschengeld gekriegt.		
…		

   – Bring diese Sätze in die rіachtige Reihenfolge:

Niels kriegt Besuch.   *Die Clique möchte ins Kino gehen.*   *Oliver hat einen Job.*

   – <u>Wer</u> sagt <u>was</u>? Kreuze bitte an.

   Ich bin fertig. – Stefan ist faul.

Niels	Bettina	Oliver

   Im Allgemeinen eignen sich hier Aufgaben, bei denen die Schüler etwas ankreuzen, streichen oder unterstreichen müssen.

   b) <u>Nachdem</u> die Schüler den Text gehört oder gelesen haben, sind z. B. die folgenden **Kontrollaufgaben** möglich:

   – dieselben wie unter Punkt a).

   – *Mehrfachwahlaufgaben, z. B.*

Oliver hat	A	*einen neuen Job.*	☐
	B	*ein neues Haustier.*	☐
	C	*eine neue Freundin.*	☐

– *Textsalat:* Absätze des Textes werden durcheinander gebracht. Die Schüler müssen den ursprünglichen Text wiederherstellen (auch Präsentationsphase).

– *Schema* ausfüllen:

Wer?	
Tat was?	
Wann?	
Wo?	
Wie?	
Warum?	
Mit welchem Ergebnis?	

– *Inhaltsfragen* zum Text.
– *Bilder* zum Text so ordnen, dass sie dem Textinhalt entsprechen.
– Bei einer Wegbeschreibung: den *Weg* in einen Stadtplan *einzeichnen*.
– *Zuordnungsübungen.*

Literaturhinweis

Weitere Aufgaben dieser Art finden Sie z. B. in der *Übungstypologie zum kommunikativen Deutschunterricht* (Neuner u. a. 1981) bei den so genannten A-Übungen (S. 52 – 67) und im *Aufgaben-Handbuch Deutsch als Fremdsprache* (Häussermann/Piepho 1996).

So kann z. B. eine solche Abfolge aussehen:

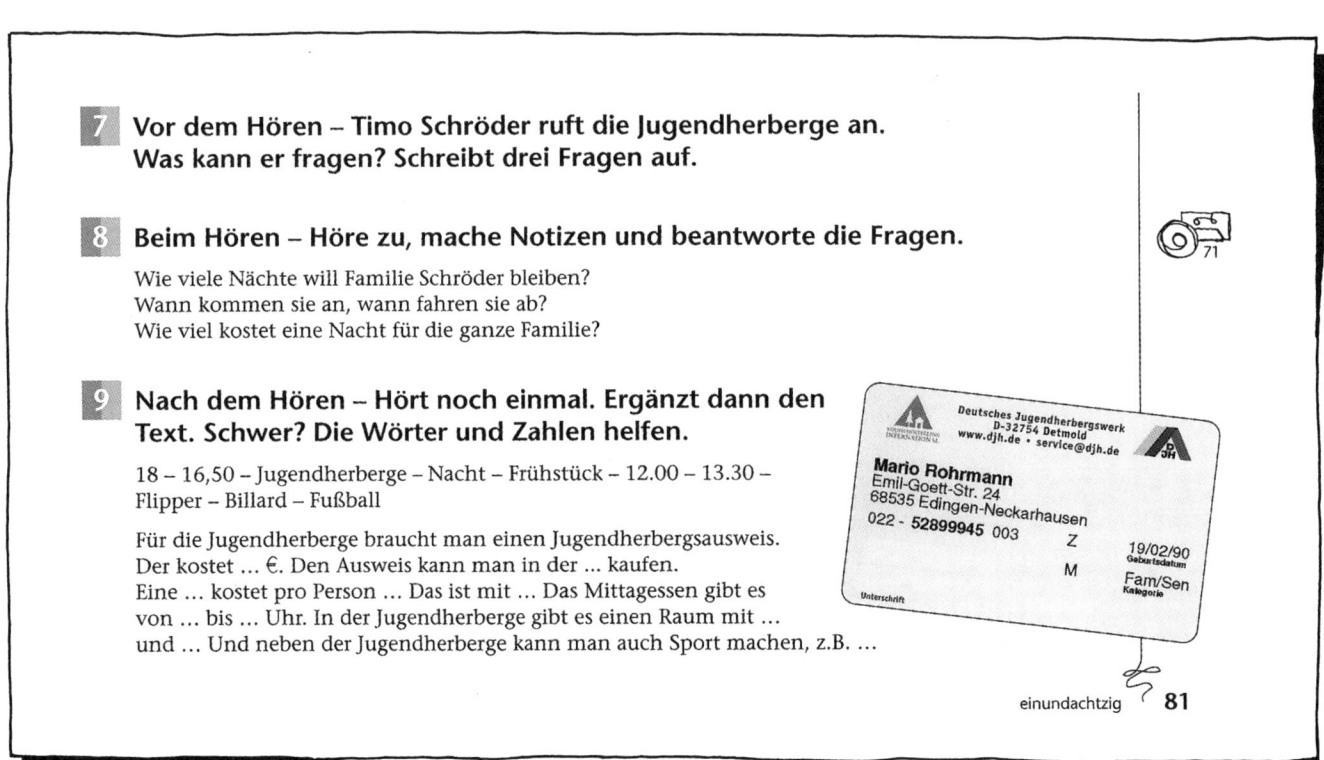

Funk u. a. (2002), 81

Phase 2: *Präsentation*	
Lernziel	Die Schüler verstehen den Text global.
Lernaktivitäten	Dialog hören, Wegbeschreibung auf dem Stadtplan einzeichnen
Sozialform(en)	Einzelarbeit
Materialien	Dialog, Stadtplan
Medien/Hilfsmittel	Kassette, Kassettenrekorder Arbeitsblätter (Stadtplan)
Aktivitäten des Lehrers/der Lehrerin	Kassettenrekorder bedienen

Semantisierungstechniken (nach: Bohn 1999)

Wir unterscheiden nichtsprachliche und sprachliche Erklärungsverfahren.

Nichtsprachliche Erklärungstechniken:

– Piktogramme

– andere Zeichen

– Zahlen

– bildliche Veranschaulichung

– gegenständliche Veranschaulichung: Die Lehrerin/Der Lehrer zeigt einen Gegenstand.

– Gestik/Mimik/Pantomime

– Klangbilder: Bestimmte Wortbedeutungen werden durch die Imitation von Geräuschen erkennbar, z. B. *pfeifen, zischen.*

Sprachliche Erklärungstechniken:

Einsprachige:

– Erklären durch den Kontext

– Hinweis auf bekannte Wörter:

- Synonyme, z. B. *Bücherei – Bibliothek*
- Antonyme, z. B. *Tag – Nacht, hell – dunkel*
- Wortbildungskenntnisse, z. B. *vitaminreich, kalorienarm*
- Reihen, z. B. *laufen – traben – rennen – sprinten*

– Logischer Bezug:

- Hierarchisierung, Gruppenbildung, z. B. *Bäume – Kiefer – Birke – Fichte*
- Analogien, z. B. *Zucker – süß = Pfeffer – scharf*
- Gleichung, z. B. *ein Dutzend = 12 Stück*

– Umschreibende Erklärung:

- Definition
- Beispielsätze
- Paraphrasen, z. B. *bunt: etwas hat mehrere Farben*

Zweisprachige:

– Übersetzung

– Wortähnlichkeit zwischen Mutter- und Fremdsprache

– Wortähnlichkeit zwischen erster und zweiter Fremdsprache

– Internationalismen

Aufgabe 72

1. Verwendet werden zwei Semantisierungstechniken: Demonstration über Bild und Verwendung des Wortes in eindeutigem Kontext.

2. Bei der Arbeit in der Klasse könnte der Lehrer/die Lehrerin Handlungen wie „sich duschen", „sich die Haare waschen", „sich die Zähne putzen" vorführen. Auch Definitionen *(Eine Zahnbürste braucht man, um sich die Zähne zu putzen)* oder Erschließung zusammengesetzter Wörter *(Bad + e + Tuch = Badetuch)* sind hier möglich. Das Wort *rasieren* gehört zu den westeuropäischen „Internationalismen".

Aufgabe 73

Phase 3: *Semantisierung*	
Lernziel	Die Schüler verstehen den Text auf der Satz- und Wortebene. Die Schüler lernen neue Wörter und Strukturen kennen und verstehen.
Lernaktivitäten	Die Schüler lesen den Text noch einmal und fragen nach der Bedeutung von unbekannten Wörtern und Strukturen. Die Schüler leiten Wortbedeutungen aus dem Kontext ab.
Sozialform(en)	Klassengespräch oder Gruppengespräch (zum kontextuellen Erschließen bzw. Erraten der Wörter und Strukturen)
Materialien	Fotokopie (Stadtplan)
Medien/Hilfsmittel	Tafel
Aktivitäten des Lehrers/der Lehrerin	Tafelanschrieb, Fragen stellen und/oder beantworten, Ermunterung zu Ratestrategien

Aufgabe 74

Fertigkeiten/Teilfertigkeiten	Beispiel
Aussprache/Intonation	21, 22 (Ü3), 29
Schreiben	evtl. 23, 26, 27, evtl. 28 (Ü17), 29 (Ü25)
Grammatik	24, 25, 28 (Ü14, Ü15)
Sprechen	23, 28 (Ü17), 29 (Ü25)
Wortschatz	25, 26
Lesen	22 (Ü2), 27, 28 (Ü16)
Hören	22 (Ü1, Ü3), 23, 29 (Ü22)
Rechtschreibung	29 (Ü24)

Aufgabe 75

Fertigkeiten: Schreiben = Schreibfertigkeit, Sprechen = Sprechfertigkeit, Lesen = Leseverstehen, Hören = Hörverstehen.

Teilfertigkeiten: Rechtschreibung, Wortschatz, Grammatik, Aussprache/Intonation.

Teilfertigkeiten, die beim Schreiben eines Bewerbungsbriefes integriert werden müssen:
- Rechtschreibung
- Grammatik: Begründung
- Wortschatzbereich „Bewerbung"
- Floskeln: Anrede, Grußformen
- Textsorte *Brief*

1. Erfahrungen beim Lernen mit zweisprachigen Wörterbüchern:
- Mühseliges, langweiliges Auswendiglernen der Wörter.
- Wenig effizient, die Schüler erinnern sich oft nur noch an die Stelle, wo das Wort stand, nicht aber an die Bedeutung.
- Funktioniert besser mit farbigen Markierungen (z. B. für Artikel, Verben mit Akkusativ/Dativ/Präposition usw.).

Argumente gegen das Einprägen zweisprachiger Wörterlisten:
- Schüler bringen Wörter, die sie in Wörterlisten gelernt haben, leicht durcheinander.
- Schüler verstehen Wörter, die sie in Wörterlisten gelernt haben, oft nicht, wenn sie diese Wörter in einem anderen Kontext lesen oder hören.
- Schüler lernen die Wörter nur, weil der Lehrer/die Lehrerin es von ihnen verlangt. Nach der Prüfung vergessen sie die meisten sehr schnell.

2. Andere Möglichkeiten, neue Wörter zu lernen:

visuell, assoziativ, akustisch, taktil, olfaktorisch (Verknüpfung mit Gerüchen), mit Hinweis auf bekannte Wörter in der Fremdsprache/anderen Fremdsprachen/ähnlichen Wörtern in der Muttersprache.

Die Zeit, die Schüler auf das Lernen zweisprachiger Wörterlisten verwenden, kann besser verwandt werden, um spannende, motivierende Texte zu lesen oder zu hören, in denen die Wörter, die die Schüler rezeptiv beherrschen sollen, in vielen unterschiedlichen Kontexten vorkommen. Eine Möglichkeit für die Schüler, systematisch an ihrem Wortschatz zu arbeiten, ist die *Vokabelkartei*.

Wesentlich ist, dass im Gedächtnis der Schüler starke und untereinander zu assoziativen Netzwerken verknüpfte Gedächtnisspuren entstehen. Es gibt viele Übungsmöglichkeiten, die gerade darauf abzielen.

Vgl. hierzu die Studieneinheiten *Wortschatzarbeit und Bedeutungsvermittlung* und *Probleme der Wortschatzarbeit*.

Beispiel 1:

Feiertage	Jahreszeiten	Essen	Trinken	Verkehrsmittel
Neujahr	Winter	Müsli	Bier	Bus
Weihnachten	Herbst	Kartoffeln	Wasser	Fahrrad
Pfingsten	Sommer	Fleisch	Wein	Zug
1. Mai	Frühling	Joghurt	Milch	Auto

Beispiel 2:

1. glühend – heiß – warm – lau – kühl – kalt – eiskalt
2. wunderschön – schön – mittelprächtig – ganz nett – hässlich

Merkmale	Beispiel 31 (Übung 1)	Beispiel 32 (Übung 2)
reproduktiv		x
produktiv	x	
geschlossen		x
offen	x	
formorientiert		x
inhaltsbezogen	x	
schriftlich		x
mündlich	x	
Regelanwendung		
stark gesteuert		x
weniger stark gesteuert	x	

2. Es ist besser, zuerst eine stärker gesteuerte Übung (Beispiel 32, Übung 2) machen zu lassen, da sie die Beherrschung der neu gelernten Strukturen überprüft und Grundlagen zur freien Äußerung legt.

Auf der Basis dieser Grundlage können anschließend freiere, kreativere Übungen durchgeführt und die Schüler zu freiem Sprechen ermutigt werden.

Am Anfang der Übungsphase	Am Ende der Übungsphase
stark gesteuert	weniger stark gesteuert
Regelanwendung	
formorientiert	inhaltsorientiert
geschlossen	offen
	Automatisierung
reproduktiv	produktiv
schriftlich	mündlich

Phase 4: *Üben* (interaktive Strukturübung)	
Lernziel	die Strukturen *das stimmt, tut mir Leid, stell dir vor und etwas gern tun* interaktiv (kommunikativ) festigen und anwenden
Lernaktivitäten tivitäten	Verben/Aktivitäten nennen/aufschreiben Frage-/Antwortübung mit verschiedenen Verben/Aktivitäten
Sozialform(en)	Partnerarbeit
Materialien	Buch mit Redemittelvorgabe und Arbeitsanleitung
Medien/Hilfsmittel	Buch
Aktivitäten des Lehrers/der Lehrerin	erklärt die Übung, hört bei einzelnen Paaren zu, notiert sich eventuelle Fehler

Phase	Schüler/Schülerinnen	Lehrerin
Einführung	berichten über eigene Erfahrungen; machen Vorhersagen über den Text	bittet die Schüler über Erfahrungen zu berichten; schreibt Schlüsselwörter an die Tafel; fordert die Schüler auf, Vorhersagen über den Text zu machen
Präsentation	hören aktiv zu, indem sie den Weg auf einem Stadtplan einzeichnen; erzählen, was sie verstanden haben; ein Schüler zeigt den Weg auf dem Tageslichtprojektor	erteilt eine Aufgabe zum Hörtext; präsentiert den Text (mit Kassettenrekorder); fragt die Schüler, was sie alles verstanden haben; kontrolliert das globale Textverständnis
Semantisierung	erraten die Bedeutung unbekannter Wörter; machen sich Notizen zu Wortbedeutungen	regt Schüler an, Wortbedeutungen zu erraten; erklärt Wortbedeutungen mithilfe variierter Semantisierungstechniken
Üben	sammeln Beispiele für die Verwendung der Formen *zum/zur*; entdecken – angeleitet von der Lehrerin – die Grammatikregel für die Verwendung von *zum* und *zur*; wenden die Regel in einer stark gesteuerten Übung an; schreiben Dialoge „Wegbeschreibung" in Partnerarbeit; üben das Gespräch „Wegbeschreibung" in einer offenen Übung (Partnerarbeit)	sammelt Beispiele für die Verwendung der Formen *zum/zur* und ordnet sie an der Tafel; leitet die Schüler an bei der Entdeckung der Regel für die Verwendung von *zum* und *zur*; schreibt die Regel an die Tafel; organisiert die Übung im Plenum und die Partnerarbeit; betreut die Schüler bei den Übungen in Partnerarbeit

	Akkusativ des Personalpronomens	*„tut mir Leid"*	*Freundschaft*
Einführung		X	X
Präsentation		X	X
Semantisierung		X	
Übung – geschlossen		X	
Übung, – offen	X		

1. Floskeln und Wendungen, die ohne grammatische Analyse gelernt werden können, sind zum Beispiel:
   – *Wie geht's dir?*
   – *Das schmeckt mir gut.*
   – *Wie gefällt es dir hier?/Gefällt dir das?*
   – *Wem gehört das?*
   – *Herzlichen Glückwunsch zum Geburtstag.*
   – *Ich bin nicht von hier.*
   – *Komm doch mal her!*
   – *Pass auf!*
   – *Entschuldigen Sie die Verspätung.*

	Regel 1	*Regel 2*
viel Terminologie (Metasprache)		X
wenig Terminologie	X	
konkret	X	
abstrakt		X
beschreibt die Sprachsystematik		X
bietet eine Handlungsvorschrift, beschreibt Denkschritte	X	
zielt auf Einsicht in die Sprachsystematik		X
zielt direkt darauf, dass gelernt wird, die Sprachform korrekt zu gebrauchen	X	X

	Regel 1		*Regel 2*		*Regel 3*		*Regel 4*	
	+	–	+	–	+	–	+	–
1. Die Regel ist eine Montageanleitung.	+			–		–	+	
2. In der Regel gibt es keine Ausnahmen.	+			–	+		+	
3. Die Regel ist funktional.	+			–		–	+	
4. Die Regel ist anschaulich.	+			–		–	+	
5. Es gibt in der Regel nicht mehr linguistische Terminologie als notwendig. Die Terminologie ist konkret.	+			–		–	+	

Eine Alternative zu Regel 2 wäre, dass die Schüler systematisch zu jedem Infinitiv die 3. Person Sg. des Präsens Indikativ dazulernen, also z. B. *fahren – er fährt.*

Als Regel lernen die Schüler dazu:

> Stammvokal bei *du* = Stammvokal bei *er*

Eine Alternative zu Regel 3 wäre, die üblichsten Zeitbestimmungen (z. B. *jedes Jahr, letzte Woche, nächsten Montag*) als Lexik, also ohne Grammatikregel, lernen zu lassen.

deduktiv	induktiv
Der Lehrer/Die Lehrerin gibt die Regel vor.	Die Schüler entdecken die Regel selbst.
1. Einfacheres Verfahren für den Lehrer/die Lehrerin.	Komplizierteres Verfahren für den Lehrer/die Lehrerin.
2. Vom Abstrakten zum Konkreten: Zuerst die Regel, dann die Beispiele.	Vom Konkreten zum Abstrakten: zuerst die Beispiele, dann die Regel.
3. Die Schüler vergessen die Regel schneller.	Die Schüler vergessen die Regel nicht so leicht.
4. Die Schüler bleiben vom „Herrschaftswissen" der Lehrkraft abhängig.	Die Schüler werden in Entscheidungsprozessen selbstständig.
5. Es kostet weniger Zeit.	Es kostet mehr Zeit.
6. Die Regel ist garantiert richtig.	Die Regel kann falsch sein.
7. Die Schüler spielen eine weniger aktive Rolle.	Die Schüler werden aktiviert.

Aufgabe 91

Reihenfolge:
1. D Die Schüler lernen viele Beispiele in Kontexten kennen.
2. A Die Schüler entdecken, um welche grammatische Struktur es sich handelt.
3. B Die Schüler vergleichen und kategorisieren Beispiele.
4. C Die Schüler leiten eine Regel ab.

Aufgabe 92

1. *Sprachformen:*
   - die Dativergänzung des Personalpronomens (*mir, dir, ihm/ihr, uns, euch, ihnen*),
   - die Akkusativergänzung.

2. *Regelfindung:* Ausgehend von einem Dialog, der alle Personalpronomen enthält, wird anhand von Mehrfachwahlaufgaben überprüft, ob die Bedeutung des Personalpronomens und seine Position links von der Akkusativergänzung deutlich sind.

   Die Schüler schreiben Beispielsätze in ein vorgegebenes Schema, um zu sehen, welche Verben nur eine Akkusativergänzung und welche eine Dativ- und Akkusativergänzung haben.

3. *Anwendung der Regel in Übungen:* Interaktive Übungen (A6 *Gibst du mir ...?* → *Jetzt tauschen Sie ...*), B3 Diskussion in Kleingruppen, B5 und B6 Lückenübung).

Aufgabe 95

4.

Übung Nr.	Aufbau der Sequenz	Lernakti-vitäten	Inter-aktion	Gründe, um zu kommu-nizieren	Inhalts-bezug	Sozial-form	(Teil-) Fertig-keiten	Selbst-äuße-rung
A	**A:** Semanti-sierung neuer Wörter, die für Thema relevant sind	Semanti-sierung	L–S		Thema	Einzel	Wortschatz	
A1		Intonation	LW–S L–S	Intonation üben	Thema	Partner	Aussprache, Intonation	
A2	**A2:** Verste-henskontrolle	ankreuzen	L–S	Kontrolle	Thema	Einzel	Hörver-stehen	
A3	**A3:** Personal-pronomen	ankreuzen	LW–S L–S	Kontrolle	Grammatik	Einzel	Grammatik	
A4	**A4:** Satz-struktur er-kennen	Satzteile markieren	LW–S L–S	Kontrolle	Grammatik	Einzel	Grammatik	
A5	**A5:** Regel-findung an-hand von Dialog	Regelfin-dung	LW–S L–S	Kontrolle	Grammatik	Einzel	Grammatik	
A6	**A6:** interak-tive Übung, um neue Struktur an-zuwenden	sprechen	S–S	man braucht etwas, was die anderen haben	Austausch von Sachen	Gruppe	Sprechen	
B1		Geschich-te erzäh-len	S–S	etwas erzäh-len, etwas wissen wollen		Gruppe	Sprechen, Zuhören	
B2	**B2:** Textver-ständnis	Text lesen, Mehrfach-auswahl-antworten markieren	LW–S L–S	Textver-ständnis		Einzel	Lesen	
B3	**B3:** Diskus-sion über Text, um Struktur in „Maxisitu-ation" anzu-wenden	diskutieren	S–S	Meinung äußern usw.	Thema	Gruppe	Sprechen	Meinung äußern
B4		Text lesen, Mehrfach-auswahl-antworten markieren	LW–S L–S	Textver-ständnis	Thema	Einzel	Lesen	
B5	**B5:** Personal-pronomen im Text	Bewusst-machung	LW–S L–S	Kontrolle	Grammatik	Einzel	Grammatik	
B6		Lücken ergänzen	LW–S L–S	Kontrolle	Grammatik	Einzel	Grammatik	

L–S = Lehrer – Schüler, S–S = Schüler – Schüler, LW–S = Lehrwerk – Schüler

1. Die Lehrerin strukturiert ihre Unterrichtsvorbereitung auch nach: Lehreraktivitäten – Schüleraktivitäten.

2. *Eine* Möglichkeit für einen **Spickzettel** könnte sein:

   a) Folie auf dem Tageslichtprojektor, Fragen zum Bild.

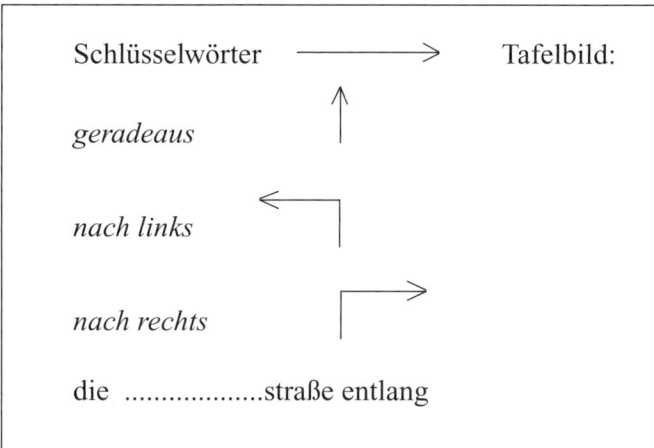

   Weitere Wörter an der Tafel: *Jugendzentrum, Post, Bahnhof, Schwimmbad, Bushaltestelle, Schule, Bank.*

   Spekulieren: Was für ein Gespräch könnte zu diesem Bild passen?

   b) Kopie Stadtplan verteilen, Dialog hören lassen, Weg auf dem Tageslichtprojektor zeigen lassen

   c) Lehrbuch S. 68, Dialog rückwärts lesen und unbekannte Wörter unterstreichen lassen; Dialog normal lesen und unbekannte Wörter raten (an die Tafel schreiben)

   Schüler ⎯⎯⎯>ins Heft

   d) Üben: *Entschuldigung, wie komme ich zur/zum ...?*

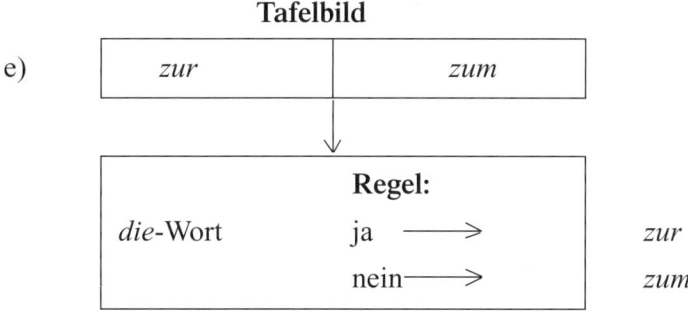

   f) Wortliste ergänzen und üben

   g) Wortkarten verteilen und üben

   h) Partnerarbeit: Dialog schreiben und spielen

   i) Partnerarbeit mit Stadtplan

1. Die Lehrerin lobt die Schüler, wiederholt ab und zu den fehlerhaften Satz der Schüler richtig, verbessert aber nicht. Das ist in dieser Phase auch nicht so wichtig. Wichtiger ist, dass die Schüler zum Sprechen ermuntert werden.

2. Die Schüler wiederholen aber immer gleiche Fehler, zum Beispiel fehlt immer der Artikel: *Da ist Bushaltestelle* usw. Wichtig wäre es, die Schüler auf diesen unterlingual verursachten Fehler hinzuweisen: „Im Polnischen sagt man ..., aber im Deutschen heißt es ...". Danach könnte man die richtige Form in der folgenden kleinen Kettenübung üben:

   A: *Haus.* – B: *Da ist das Haus. Baum.* – C: *Da ist das Haus und der Baum. Jugendheim.* – D ... usw.

6 Glossar

Aktivitäten (Pl.)/Übungen (Pl.):

- **sprachlich reproduktiv** (S. 72): Der Schüler verwendet nur das Sprachmaterial, das vorgegeben ist (z. B. „Suche im Text Informationen über ...")

- **sprachlich produktiv** (S. 72): Der Schüler verwendet eigene sprachliche Formulierungen (z. B. „Wie könnte die Geschichte weitergehen?") (→ Übungen).

audiolingual (S. 23): Methodische Konzeption, die das Hören (audio) und Sprechen (lingual) ins Zentrum des Sprachenlernens rückt (audiolinguale Methode, audiolinguale Lehrwerke).

audiovisuell (S. 23): Methodische Konzeption, die das Hören (audio) mit dem Visuellen (dem Sichtbaren), d. h. mit dem Bild, verbindet. Die audiovisuelle und die audiolinguale Methode sind häufig miteinander verknüpft.

Curriculum, das (S. 13): Enthält eine genaue Beschreibung der staatlichen Vorgaben (Schulgesetze, Prüfungsordnungen usw.), der Unterrichtsziele (der zu erwerbenden Qualifikationen), der Lerninhalte, der Lernverfahren, eventuell der Lehr- und Lernmittel (Bücher, Geräte, Arbeitsmaterialien) und der Verfahren und Instrumente zur Kontrolle des Lernerfolgs. (→ Lehrplan, → Rahmenrichtlinien)

deduktiv (S. 110): Die Regel wird vorgegeben und dann mit Beispielen veranschaulicht. (→ induktiv)

Fertigkeiten (Pl.):

- **kommunikative F.** (S. 10): Im Sprachunterricht: die Fertigkeiten, die Kommunikation zwischen Sprechern verschiedener Sprachen ermöglichen, also: Hören, Sprechen, Lesen und Schreiben.

- **produktive F.** (S. 95): Fertigkeiten, bei denen Sprache aktiv produziert werden muss, also: Sprechen und Schreiben (im Gegensatz zu den so genannten rezeptiven Fertigkeiten Hören und Lesen).

Frontalunterricht, der (S. 9): *frontal*: befindet sich an der Vorderseite/Front; *im Unterricht*: der Lehrer bzw. die Lehrerin befindet sich vor der Klasse und behandelt alle Schüler als Einheit, der ein bestimmter Lehrstoff vermittelt wird; alle Schüler blicken zum Lehrer.

induktiv (S. 110): Aus Beispielen wird eine Gesetzmäßigkeit abgeleitet: Schüler entdecken eine Regel selbst. (→ deduktiv, → Lernen, entdeckendes)

kommunikative Lehrwerke (Pl.) (S. 11): Lehrwerke, mit denen vor allem die vier Fertigkeiten Hören, Sprechen, Lesen und Schreiben erworben werden sollen. Bahnbrechend für Deutsch als Fremdsprache waren die Lehrwerke *Deutsch aktiv* und *Themen*.

kommunikativer Ansatz, der (S. 10): Die Neuorientierung der Fremdsprachendidaktik seit Anfang der 1970er-Jahre, bei der es darum ging, die kommunikativen Fertigkeiten vor allem für die Alltagskommunikation zu erwerben.

Kurzzeitgedächtnis, das (S. 98): Hier werden Informationen zwischen fünf Sekunden und 20 Minuten gespeichert. (→ Langzeitgedächtnis)

Langzeitgedächtnis, das (S. 94): Nach dem Drei-Speicher-Modell werden Informationen im Ultrakurzzeitgedächtnis zwischen wenigen Sekundenbruchteilen bis zu zwei Sekunden gespeichert, bevor sie über das Kurzzeitgedächtnis ins Langzeitgedächtnis gelangen und dort dann fest gespeichert werden und abrufbar sind. (→ Kurzzeitgedächtnis)

Lehrplan, der (S. 13): Auswahl und Strukturierung der Lehrinhalte in den einzelnen Fächern und Schulstufen nach bestimmten Unterrichtszielen mit Angabe der Wochen- und Jahresstunden. (→ Curriculum, → Rahmenrichtlinien)

Lernen:

- **bewusstes L.** (S. 10): Der Schüler versteht die Zusammenhänge und kann aus dem Gelernten Konsequenzen ziehen (z. B. weiß der Schüler, dass die Ableitung *-bar* besagt, dass das im Verb ausgedrückte Geschehen möglich/erlaubt ist: *Der Pilz ist essbar* = Er kann/darf gegessen werden).

- **entdeckendes L.** (S. 20): Der Schüler entdeckt eine Regel, einen Zusammenhang usw. „selbst" (und bekommt es nicht vom Lehrer mitgeteilt); entdeckendes L. geschieht jedoch meist nicht von selbst, sondern wird durch bestimmte Vorgaben gelenkt, z. B. durch die Art der Präsentation oder der Fragestellung, durch entsprechende Raster, die ergänzt werden sollen, usw.

- **imitatives L.** (S. 10): Der Schüler ahmt ein Vorbild/Modell nach; dieses Modell kann der Lehrer sein, der dem Schüler einen Satz vorspricht und den dieser nachspricht, es kann ein Sprecher auf einem Tonträger sein; imitatives L. geschieht auch durch Abschreiben von Texten; häufig ist damit auch „auswendig lernen" verbunden.

- **intentionales L.** (S. 91): Bewusstes, zielgerichtetes Lernen (z. B. Vokabeln lernen).

- **inzidentelles L.** (S. 91): Ein unbewusstes, automatisches Lernen, das heißt, man lernt ohne ausdrückliche Absicht „so nebenbei", z. B. durch unbewusste Aufnahme neuen Wissens oder durch Nachahmung.

Lernpsychologie, die (S. 11): Wissenschaft, die sich mit den Lernprozessen beschäftigt.

Lernstrategie, die (S. 11): Plan, um ein Lernziel zu erreichen (z. B. Wortgruppen bilden, um Wörter besser lernen und behalten zu können).

Lerntechnik, die (S. 11): Bestimmte Fertigkeit, um etwas zu lernen (z. B. der Schüler schreibt Wortkarten, um Vokabeln zu lernen).

Lernziel, das (S. 13): Ziel, das sich ein Mensch für sein eigenes Lernen setzt bzw. das die Lehrmaterialien/der Lehrplan anstreben. Neben allgemeinen Lernzielen (z. B. Schüler sollen selbstständig und kritisch denken lernen) gibt es fachliche Lernziele (z. B. die Schüler sind in der Lage, auf Deutsch nach dem Weg zu fragen).

Memorisierungsübung, die (S. 106): Wörter, Strukturen und Redemittel werden durch intensives inhaltsbezogenes Üben auswendig gelernt.

Metasprache, die (S. 109): Die Sprache, mit der Aussagen über eine Sprache, in unserem Fall Deutsch als Fremdsprache, gemacht werden (z. B.: „Im Deutschen gibt es drei Artikel.").

Pattern drill, der (S. 23): *Pattern* (engl. = Muster, Schema). Bestimmte Strukturmuster (sich wiederholende Laute, Wörter und Sätze) werden stark gesteuert eingeübt (*Drill*) (z. B. *Wohin gehst du?/Schule – Ich gehe in die Schule. Wohin gehst du?/ Garten – Ich gehe in den Garten* usw.).

Pragmalinguistik, die (S. 11): Bereich der Linguistik, der sich mit Sprache als besonderer Form des menschlichen Handelns beschäftigt.

Projektarbeit, die (S. 20): Die Schüler arbeiten gemeinsam an einem Projekt, das oft auch fächerübergreifend ist (z. B. Internet-Spiel mit einer Partnergruppe aus einem anderen Land; Lerntagebuch der ganzen Klasse; Recherche: Deutsches im eigenen Land suchen usw.).

Rahmenrichtlinien (Pl.) (S. 13): Geben einen allgemeinen Rahmen vor (z. B. für alle Fremdsprachen), nach dem der Unterricht ausgerichtet wird (Prinzipien der Unterrichtsgestaltung: z. B. „Die gehörte und gesprochene Sprache hat Vorrang gegenüber der geschriebenen bzw. literarisch überlieferten Sprache"). (→ Lehrplan, → Curriculum)

Ratestrategien (Pl.) (S. 80): Strategien, die einem Schüler helfen, Unbekanntes zu verstehen (z. B. bei einem unbekannten Wort den Kontext zu Rate ziehen).

Redemittel (Pl.) (S. 117): Sprachliche Realisierungsmittel eines Sprechaktes (z. B. gibt es zu dem Sprechakt „nach dem Weg fragen" folgende Redemittel: *Entschuldigen Sie, können Sie mir sagen ...?, Wie komme ich am besten ...?, Ich habe eine Frage: ...?*).

Semantisierung, die (S. 58, Definition S. 80): Die Bedeutung unbekannter Wörter, Redemittel und Sätze wird ermittelt.

Sozialform, die (S. 20): Art der Zusammenarbeit im Unterricht: Einzelarbeit, Partnerarbeit, Gruppenarbeit, Projektgruppe, Plenum usw.

Soziokultur, die (S. 9): a) Das kulturelle Wertesystem von gesellschaftlichen Gruppen (z. B. das sexuelle Verhalten von deutschen Jugendlichen); b) Soziale Verhältnisse und kulturelle Werte einer ganzen Gesellschaft (z. B. in Deutschland einerseits, in Mexiko andererseits).

soziokulturelle Unterschiede (Pl.) (S. 81): Unterschiedliche kulturelle und soziale Bedingungen in verschiedenen Ländern (z. B. die unterschiedliche Situation arbeitsloser Jugendlicher in Deutschland, die durch Maßnahmen des Arbeitsamtes gefördert werden, und in Brasilien, wo es keine solche Institution gibt).

subjektive Theorien (Pl.) (S. 101): Theorien, die jemand vertritt, die nicht unbedingt mit dem wissenschaftlichen Diskussionsstand übereinstimmen. (z. B.: „Ich finde es wichtig, dass die Schüler erst einmal solide Grammatikkenntnisse erwerben.").

Textverständnis, das:

- **Detailverständnis, das** (S. 72): Die Schüler verstehen alle Details eines Textes.

- **Globalverständnis, das** (S. 72): Die Schüler verstehen das Wichtigste (die Hauptaussage, den Hauptinhalt) eines Textes.

Übungen (Pl.):

- **formorientierte Ü.** (S. 95): Hier geht es primär um formale Korrektheit, weniger um kommunikatives Üben (z. B.: „Ergänzen Sie die Präposition: *Das Buch liegt auf _____ Tisch*").

- **geschlossene Ü.** (S. 95): Hier gibt es nur eine richtige Lösung (z. B.: „Ergänzen Sie: Entschuldigung, wie komme ich _____ Bahnhof?").

- **inhaltsbezogene Ü.** (S. 95): Hier geht es um inhaltliche Aussagen (z. B.: „Was meinen Sie? Führen Sie den Satz weiter *Mir gefällt dieser Text, weil ...*").

- **offene Ü.** (S. 95): Hier sind mehrere Lösungen möglich (z. B.: „Was sagt B?" A: *Hallo, wie geht's?* B: _____.").

- **stark gesteuerte Ü.** (S. 95): Hier gibt es enge Vorgaben, die die Schüleraussagen steuern (z. B.: „Schreibe mithilfe folgender Wörter eine Einladung: *nächster Mittwoch, mein Geburtstagsfest, 16 Uhr, herzlich einladen*".).

- **weniger stark gesteuerte Ü.** (S. 95): Hier gibt es wenige Vorgaben, die dem Schüler mehr Möglichkeiten zu eigenen Lösungen lassen (z. B.: „Du hast bald Geburtstag und lädst deinen Freund/deine Freundin ein."). (→ Aktivitäten/ Übungen)

vorentlastet/Vorentlastung, die (S. 58): Verstehenshilfen, die vor der Textbehandlung gegeben werden (um z. B. die „Last" unbekannter Wörter vorwegzunehmen).

Wortschatz, der:

- **produktiver W.** (S. 91): Wörter, die die Schüler in gesprochenen oder geschriebenen Texten selbst verwenden sollen.

- **rezeptiver W.** (S. 90): Wörter, die die Schüler nur verstehen sollen, wenn sie einen Text lesen oder hören.

7 Literaturhinweise

Fachliteratur

Zitierte Fernstudieneinheiten sind mit * vor dem Namen gekennzeichnet.

*BISCHOF, Monika/KESSLING, Viola/KRECHEL, Rüdiger (1999): *Landeskunde und Literaturdidaktik*. Fernstudieneinheit 3. Berlin/München: Langenscheidt.

*BOHN, Rainer (1999): *Probleme der Wortschatzarbeit*. Fernstudieneinheit 22. Berlin/München: Langenscheidt.

*BOLTON, Sibylle (1996): *Probleme der Leistungsmessung. Lernfortschrittstests in der Grundstufe*. Fernstudieneinheit 10. Berlin/München: Langenscheidt.

*DAHLHAUS, Barbara (1994): *Fertigkeit Hören*. Fernstudieneinheit 5. Berlin/München: Langenscheidt.

DOYÉ, Peter (1988): *Typologie der Testaufgaben für den Unterricht Deutsch als Fremdsprache*. Berlin/München: Langenscheidt.

FAUSER, Peter u. a. (1983): *Lernen mit Kopf und Hand*. Weinheim: Beltz.

*FUNK, Hermann/KOENIG, Michael (1991): *Grammatik lehren und lernen*. Fernstudieneinheit 1. Berlin/München: Langenscheidt.

FREMDSPRACHE DEUTSCH. *Zeitschrift für die Praxis des Deutschunterrichts,* H. 25/2002: „Motivation im Deutschunterricht". Hrsg. von Peter Bimmel. Stuttgart: Klett International.

GEBAUER, M. u. a. (1977): *Praxis der Unterrichtsvorbereitung*. Stuttgart: Klett-Cotta.

HÄUSSERMANN, Ulrich/PIEPHO, Hans-Eberhard (1996): *Aufgaben-Handbuch Deutsch als Fremdsprache. Abriss einer Aufgaben- und Übungstypologie*. München: iudicium.

HELBIG, Gerhard u. a. (Hrsg.) (2001): *Deutsch als Fremdsprache. Ein internationales Handbuch*. 2. Halbband. Berlin/New York: de Gruyter.

*KAST, Bernd (1999): *Fertigkeit Schreiben*. Fernstudieneinheit 12. Berlin/München: Langenscheidt.

KLAFKI, Wolfgang (1962): *Didaktische Analyse als Kern der Unterrichtsvorbereitung*. In: KLAFKI, Wolfgang u. a.: *Didaktische Analyse*. Hannover: Schroedel.

*KLEPPIN, Karin (1998): *Fehler und Fehlerkorrektur*. Fernstudieneinheit 19. Berlin/München: Langenscheidt.

KWAKERNAAK, Erich (1981): *Een fasenmodel voor het vreemde-todenonderwys*. In: *Levende Talen* 358/1981, S. 1 – 35.

MEYER, Hilbert (1986): *Leitfaden zur Unterrichtsvorbereitung*. Frankfurt/M.: Scriptor.

MEYER, Hilbert (1987a): *Unterrichtsmethoden I: Theorieband*. 3. Aufl., Frankfurt/M.: Scriptor.

MEYER, Hilbert (1987b): *Unterrichtsmethoden II: Praxisband*. 3. Aufl., Frankfurt/M.: Scriptor.

*MÜLLER, Bernd-Dietrich (1994): *Wortschatzarbeit und Bedeutungsvermittlung*. Fernstudieneinheit 8. Berlin/München: Langenscheidt.

MÜLLER-FOHRBRODT, Gisela u. a. (1978): *Der Praxisschock bei jungen Lehrern*. Stuttgart: Klett.

*NEUNER, Gerhard/HUNFELD, Hans (1993): *Methoden des fremdsprachlichen Deutschunterrichts*. Fernstudieneinheit 4. Berlin/München: Langenscheidt.

NEUNER, Gerhard u. a. (1981): *Übungstypologie zum kommunikativen Deutschunterricht*. Berlin/München: Langenscheidt.

REISENER, Helmut (1989): *Motivierungstechniken im Fremdsprachenunterricht. Übungsformen und Lehrbucharbeit mit englischen und französischen Beispielen*. Ismaning: Hueber.

SCHELLER, Ingo (1981): *Erfahrungsbezogener Unterricht. Praxis, Planung, Theorie für Deutsch, Sozialkunde, Geschichte, Geographie, Kunst*. Frankfurt/M.: Scriptor.

STRAUSS, Dieter (1984): *Didaktik und Methodik Deutsch als Fremdsprache. Eine Einführung*. Berlin/München: Langenscheidt.

WESTHOFF, Gerard (1981): *Inleiding en model didaktische analyse*. Utrecht: Pedagogisch didaktisch instituut voor de leraarsopleiding.

WESTHOFF, Gerard (1987): *Didaktik des Leseverstehens*. Ismaning: Hueber.

*WESTHOFF, Gerard (1997): *Fertigkeit Lesen*. Fernstudieneinheit 17. Berlin/München: Langenscheidt.

*ZIEBELL, Barbara (2002): *Unterrichtsbeobachtung und Lehrerverhalten*. Fernstudieneinheit 32. Berlin/München: Langenscheidt.

ZIMMER, Hubert, D. (1989): *Antizipationsprozesse. Voraussetzung für verstehendes Hören und Lesen*. In: *Materialien Deutsch als Fremdsprache*. Hrsg. vom Arbeitskreis Deutsch als Fremdsprache beim DAAD (AKDaF)/Regensburg, 28, S. 31 – 38.

ZIMMERMANN, Günther (1990): *Grammatik im Fremdsprachenunterricht der Erwachsenenbildung*. Ismaning: Hueber.

ZIMMERMANN, Günther/WISSNER-KURZAWA, Elke (1985): *Grammatik lehren. lernen. selbstlernen*. Ismaning: Hueber.

8   Quellenangaben

Lehrwerke Deutsch als Fremdsprache

ALKE, Ina u. a. (1998): *Tangram*. Deutsch als Fremdsprache. Lehrerbuch 1A. Ismaning: Hueber, III.

BIMMEL, Peter u. a. (1992a): *So Isses. Deutsch für die 90er für Ibo, mavo, havo, vwo*. Textbuch 1, S. 103. 's Hertogenbosch: Malmberg.

BIMMEL, Peter u. a. (1992b): *So Isses. Deutsch für die 90er für Ibo, mavo, havo, vwo*. Arbeitsbuch 1, S. 147. 's Hertogenbosch: Malmberg.

BOLTE, Henning u. a. (1987): *Alles paletti*. Deutsch für die Grundstufe. Arbeitsbuch 1. Leiden: Spruyt, Van Mantgem, De Does, S. 6f.

CAMÚ, Alvaro u. a. (1994a): *Wegweiser*. Ein Lehrwerk für Jugendliche: Bd. 2 *Weiter geht's*. Lehrbuch und Arbeitsbuch. Santiago: Goethe-Institut, S. 15.

CAMÚ u. a. (1994b): *Wegweiser*. Ein Lehrwerk für Jugendliche. Bd. 2 *Weiter geht's*. Arbeitsbuch. Santiago: Goethe-Institut, S. 25 – 27.

DALLAPIAZZA, Rosa-Maria u. a. (1998): *Tangram*. Deutsch als Fremdsprache. Kursbuch IA. Ismaning. Hueber, S. 43 – 47, 52, 53.

FISCHER-MITZIVIRIS, Anni/JANKE-PAPANIKOLAOU, Sylvia (2000): *Blick 1*. Mittelstufe Deutsch für Jugendliche und junge Erwachsene. Lehrbuch, 3. Aufl. Ismaning: Hueber, S. 30.

FUNK, Hermann u. a. (1994a): *sowieso 1*. Deutsch als Fremdsprache für Jugendliche. Kursbuch 1. Berlin/München: Langenscheidt, S. 17, 50, 89, 90.

FUNK, Hermann u. a. (1994b): *sowieso 1*. Deutsch als Fremdsprache für Jugendliche. Arbeitsbuch 1. Berlin/München: Langenscheidt, S. 59.

FUNK, Hermann u. a. (1995a): *sowieso 1*. Deutsch als Fremdsprache für Jugendliche. Lehrerhandbuch 1. Berlin/München: Langenscheidt, S. 104.

FUNK, Hermann u. a. (1995b): *sowieso 2*. Deutsch als Fremdsprache für Jugendliche. Kursbuch 2. Berlin/München: Langenscheidt, S. 38/39, 41.

FUNK, Hermann u. a. (2002): *geni@l*. Deutsch als Fremdsprache für Jugendliche. Kursbuch A1. Berlin/München: Langenscheidt, S. 81.

FUNK, Hermann u. a. (2003): *geni@l*. Deutsch als Fremdsprache für Jugendliche. Lehrerhandbuch A1. Berlin/München: Langenscheidt, S. 20.

GRAU, Helmut u. a. (1990): *Wegweiser*. Ein Lehrwerk für Jugendliche. Bd. 1 *Auf geht's!*. Kursbuch. Santiago: Goethe-Institut, S. 60/61.

GRAU, Helmut u. a. (1991): *Wegweiser*. Ein Lehrwerk für Jugendliche. Bd. 1: *Auf geht's!*. Arbeitsbuch. Santiago: Goethe-Institut, S. 50/51, 80.

HASENKAMP, Günther (2000): *Leselandschaft 1*. Unterrichtswerk für die Mittelstufe. 2. Aufl. Ismaning: Verlag für Deutsch, S. 14.

KELLER, Susy u. a. (2002): *geni@l*. Deutsch als Fremdsprache für Jugendliche. Arbeitsbuch A1. Berlin/München: Langenscheidt, S. 80.

KOPP, Gabriele/FRÖLICH, Konstanze (2001): *Pingpong 1Neu. Dein Deutschbuch*. Lehrbuch. Ismaning: Hueber, S. 26, 72.

KOPP, Gabriele/FRÖLICH, Konstanze (2001): *Pingpong 1 Neu. Dein Deutschbuch*. Kursbuch und Arbeitsbuch. Ismaning: Hueber, Arbeitsbuch, S. 49.

LEMCKE, Christiane u. a. (1996): *Moment mal!* Lehrwerk für Deutsch als Fremdsprache. Arbeitsbuch 1. Berlin/München: Langenscheidt, S. 57, 72.

MARTINI, Maddalena (1993): *Lesekurs für Anfänger*. Firenze: Sansoni, S. 20, 102 – 104.

MEYER, Hilbert (1986): *Leitfaden zur Unterrichtsvorbereitung*. Frankfurt/M.: Scriptor, S. 58.

MÜLLER, Helmut/KAST, Bernd (1993): *Locke und Dabbe proben die Verständigung*. Ein Videokurs Deutsch als Fremdsprache. Begleit- und Arbeitsbuch. Stuttgart: Ernst Klett Sprachen GmbH, S. 145.

NEUNER, Gerhard u. a. (1986): *Deutsch aktiv Neu*. Ein Lehrwerk für Erwachsene. Lehrbuch 1A. Berlin/München: Langenscheidt, S. 3, 53, 59, 61.

NEUNER, Gerhard u. a. (1988): *Deutsch aktiv Neu*. Ein Lehrwerk für Erwachsene. Lehrerhandreichungen 1A. Berlin/München: Langenscheidt, S. 8.

NODARI, Claudio u. a. (1996): *Kontakt 1*. Deutsch für fremdsprachige Jugendliche. Textbuch. Zürich: Lehrmittelverlag des Kantons Zürich, S. 32.

SEEGER, Harald (1997a): *Wer? Wie? Was? Mega 1*. Schülerbuch Stufe 1, S. 43. Köln: Gilde-Buchhandlung Carl Kayser.

SEEGER, Harald (1997b): *Wer? Wie? Was? Mega 1*. Schülerarbeitsheft Stufe 1, S. 24. Köln: Gilde-Buchhandlung Carl Kayser.

VOIT, Hella u. a. (1992): *Prima!* Deutsch für Schüler. Lehrbuch. Firenze: Sansoni, S. 128, 294/295, 296.

VORDERWÜLBECKE, Anne/VORDERWÜLBECKE, Klaus (1995): *Stufen International 1*. Stuttgart: Ernst Klett Sprachen GmbH, S. 103, 124.

WAHRIG, Gerhard (1986): *Deutsches Wörterbuch*. München: Mosaik Verlag; © Verlagsgruppe Bertelsmann, Spalte 3487.

ZEISIG, Nicole/GHAHRAMAN-BECK, Anneliese (2001): *Passwort Deutsch – der Schlüssel zur deutschen Sprache*. Lehrerhandbuch 1. Stuttgart: Ernst Klett Sprachen GmbH, S. 4.

ZIMMER, Hubert, D. (1989): *Antizipationsprozesse. Voraussetzung für verstehendes Hören und Lesen*. In: *Materialien Deutsch als Fremdsprache*. Hrsg. vom Arbeitskreis Deutsch als Fremdsprache beim DAAD (AKDaF)/Regensburg, 28, S. 31/32.

Angaben zu den Autoren

Peter Bimmel arbeitet als Fremdsprachendidaktiker am Institut für die Lehreraus- und -fortbildung (ILO) der Universität Amsterdam. Dissertation zum Thema: *Training und Transfer von Lesestrategien* (1999). Mitautor des niederländischen Jugendlichenlehrwerks für DaF *So isses*. Mitherausgeber der Zeitschrift *Fremdsprache Deutsch*. Mitautor der Fernstudieneinheit 18 *Deutschunterricht planen*. Arbeitsschwerpunkte: Methodik-Didaktik Deutsch als Fremdsprache, Lernerautonomie und Lernstrategien, Motivation im Fremdsprachenunterricht, Kooperatives Lernen.

Bernd Kast war drei Jahre als Studienrat, danach 15 Jahre als Dozent für Deutsche Sprache und Literatur an einer pädagogischen Hochschule in Utrecht/Niederlande tätig. Seit 1987 bis Anfang 2006 arbeitete er in verschiedenen Bereichen im Goethe-Institut. Er lebt jetzt mit seiner Familie in der Nähe von Lissabon.

Gerhard Neuner war bis 2005 Professor für Deutsch als Fremdsprache an der Universität Kassel. Er war in der Aus- und Weiterbildung von Lehrenden im Bereich DaF tätig. Seine Arbeitsschwerpunkte: Curriculumforschung und -entwicklung; Lehrmedienforschung und -entwicklung; Landeskundedidaktik; Unterrichtsforschung und Entwicklung neuer Lehr- und Lernverfahren. Veröffentlichungen u. a.: Mitautor mehrerer Lehrwerke für Deutsch als Fremdsprache (u. a. *Deutsch aktiv* und *Deutsch aktiv Neu*; *Deutsch konkret*; *Neuer Start*; *Sowieso*); Mitautor von Fachbüchern (u. a. *Übungstypologie zum kommunikativen Deutschunterricht* (1981); *Zur Analyse, Begutachtung und Entwicklung von Lehrwerken für den fremdsprachlichen Deutschunterricht* (1994) und mehrerer Fernstudieneinheiten (*Methoden des fremdsprachlichen Deutschunterrichts; Angewandte Linguistik und fremdsprachlicher Deutschunterricht*) und zahlreicher Beiträge in Fachzeitschriften, Handbüchern, etc. Herausgeber wiss. Buchreihen, Mitherausgeber der Fachzeitschrift *Fremdsprache Deutsch*.